CATARATA

Jesús de Andrés

El voto de las armas

GOLPES DE ESTADO EN EL SISTEMA INTERNACIONAL
A LO LARGO DEL SIGLO XX

CATARATA

DISEÑO COLECCIÓN: GALLEGO&PÉREZ-ENCISO

FUENCARRAL, 70
28004 MADRID
TEL. 91 532 05 04
FAX. 91 532 43 34
LOSLIBROSDELACATARATA@CYAN.ES

EL VOTO DE LAS ARMAS
GOLPES DE ESTADO EN EL SISTEMA
INTERNACIONAL A LO LARGO DEL SIGLO XX

ISBN: 84-8319-107-5
DEPÓSITO LEGAL: M-44012-2000

AND I WILL PUT THAT BUSINESS IN YOUR BOSOMS, WHOSE EXECUTION TAKES YOUR ENEMY OFF

William Shakespeare, *Macbeth, III acto*

ÍNDICE

INTRODUCCIÓN 15

Golpes de Estado en el siglo XX 15
Golpes de Estado y cambio político 26
Bibliografía 34

CAPÍTULO 1. OCTUBRE DE 1917 ¿GOLPE O REVOLUCIÓN? 37

Textos seleccionados 45
1. Manifiesto del general Kornílov tras el golpe del 25 de agosto de 1917 45
2. Resolución del Consejo de la República del día 24 de octubre 46
3. El marxismo y la insurrección 47
4. El arte de la insurrección 50
5. El golpe de Estado trotskista 53
6. La insurrección de octubre 55
7. Los acontecimientos de los días 24 y 25 de octubre de 1917 56
8. La opinión de la prensa: conspiración 58
9. La opinión de la prensa: revolución 59
Bibliografía 59

CAPÍTULO 2. GOLPES DE ESTADO EN EL PERÍODO DE ENTREGUERRAS 61
Textos seleccionados 73
10. El putsch de Kapp 73
11. El avance del fascismo en Italia 75
12. La Marcha sobre Roma 76
13. Discurso de Hitler con motivo del XV aniversario del putsch de 1923 76
14. El abandono de la estrategia golpista 78
15. Manifiesto del general Primo de Rivera tras el golpe de 1923 79
16. Bando del general Primo de Rivera (13-IX-1923) 83
17. Alfonso XIII y el golpe de Primo de Rivera 84
18. Testimonio del presidente Hipólito Yrigoyen sobre el golpe de 1930 85
Bibliografía 87

CAPÍTULO 3. GOLPES DE ESTADO DURANTE LA II REPÚBLICA ESPAÑOLA 91
Textos seleccionados 101
19. Bando del general Sanjurjo tras el golpe de agosto de 1932 101
20. Manifiesto del general Sanjurjo 102
21. El fracaso del golpe de Sanjurjo 105
22. "Carta a los militares de España", de José Antonio Primo de Rivera 105
23. Los rumores de golpe tras las elecciones del 16 de febrero de 1936 107
24. La conspiración del general Mola 109
25. Bando del general Franco declarando el estado de guerra en Canarias 111
26. Manifiesto del general Franco al iniciar la rebelión 114
27. Bando del General Saliquet del día 18 de julio 117

28. Bando del general Mola del día 19 de julio 119
29. El golpe del coronel Casado contra el gobierno de Negrín 122
30. La toma del poder republicano
por el Consejo Nacional de Defensa 124
Bibliografía 127

CAPÍTULO 4. GOLPES DE ESTADO EN LATINOAMÉRICA 129

Textos seleccionados 139
31. Proclama del general Lonardi tras el golpe
antiperonista de 1955 139
32. Acta de la Revolución Argentina tras el golpe
de Estado de 1966 141
33. Estatuto del Gobierno Revolucionario peruano
tras el golpe de 1968 144
34. Panamá y el golpe nacionalista de Torrijos en 1968 146
35. Constitución de la Junta de Gobierno Militar chilena 149
36. El último discurso de Salvador Allende 151
37. Declaración del Partido Comunista Chileno
el día del golpe 153
38. Declaración de la Confederación Episcopal
de Chile tras el golpe 156
39. Discurso de Navidad del general Videla noventa
días antes del golpe 157
40. Proclama golpista del proceso de reorganización nacional
argentino de 1976 158
41. Objetivos del proceso de reorganización nacional 161
Bibliografía 162

CAPÍTULO 5. TRANSICIONES A LA DEMOCRACIA Y GOLPES DE ESTADO 165

Textos seleccionados 173
42. Comunicado distribuido entre los militares
portugueses antes del golpe 173

43. Programa del Movimiento de las Fuerzas Armadas tras el golpe del 25 de abril de 1974 175
44. Comunicado del General Spínola, presidente de la Junta de Salvación Nacional 181
45. El golpe de Spínola del 11 de marzo de 1975 182
46. El fracaso del golpe antirrevolucionario 183
47. Mensaje de Vasco Gonçalves, primer ministro del Gobierno provisional 184
48. Bando del teniente general Milans del Bosch. 23 de febrero de 1981 186
49. Nota de la Junta de Jefes de Estado Mayor 187
50. Alocución de Francisco Laína, director de la seguridad del Estado 188
51. Editorial de la edición especial del diario *El País* 189
52. El manifiesto del teniente coronel Antonio Tejero 190
53. Mensaje televisivo del Rey al pueblo español 191
54. Bando del general Milans del Bosch anulando el anterior 191
55. Primeras acciones del gobierno tras el golpe 192
56. Nota del Ministerio de Defensa tras el golpe 193
57. Comunicado de la Dirección Soviética anunciando el relevo de Gorbachov 195
58. El llamamiento de Yeltsin a los ciudadanos de Rusia 196
59. El secuestro de Gorbachov en Crimea 198
60. Manifiesto del Comité de Emergencia 200
61. Las valoraciones de Kriuchkov sobre el golpe 205
Bibliografía 206

CAPÍTULO 6. GOLPES DE ESTADO A FINALES DE SIGLO ¿EL FIN DEL GOLPISMO? 209

Textos seleccionados 209
62. Comunicado oficial Nº 001. El autogolpe de Fujimori de 1992 218

63. Primer decreto tras el autogolpe 219
64. Manifiesto al país del presidente Fujimori 222
65. El autogolpe guatemalteco de 1993 229
66. Decreto nº 1400. El autogolpe de Yeltsin de 1993 231
Bibliografía 236

INTRODUCCIÓN

GOLPES DE ESTADO EN EL SIGLO XX

Política y conflicto son conceptos inherentes. Desde la aparición de las primeras colectividades humanas organizadas una y otro han estado idisolublemente unidos. La lucha por el poder ha ocupado, en todo momento, un lugar principal en los conflictos políticos y podemos retroceder en la historia tanto como lo deseemos en busca de situaciones resueltas por la utilización de la violencia. Los ejemplos históricos de magnicidios, guerras civiles, insurrecciones, rebeliones, revoluciones y otras muchas manifestaciones de la lucha política llevada hasta sus últimas consecuencias o, mejor dicho, de la acción derivada de los conflictos, se hacen innumerables. De cada uno de ellos podríamos citar casos concretos que han tenido efectos de enorme trascendencia. Si fijamos nuestra atención, por ejemplo, en el amplio listado de revoluciones triunfantes, la francesa de 1789, la rusa de 1917, la mexicana de idéntico año, la china de 1949, la cubana de 1959, la argelina de 1962 o la iraní de 1979, entre otras, estaremos en condiciones de valorar la importancia del fenómeno. Otro tanto ocurre con los golpes de

Estado y el enorme catálogo que, de ellos, han dejado tras de sí los siglos XIX y XX. Distintos actores han utilizado los golpes de Estado como técnica de acceso al poder, como mecanismo de permanencia en el mismo, como forma de dirimir rivalidades o de alejar y excluir a determinados grupos. Su éxito siempre ha tenido efectos considerables, bien inmediatos, como las dictaduras que sufrieron los regímenes latinoamericanos durante la mayor parte del siglo XX, bien a más largo plazo, como la desaparición de las monarquías en España en 1931, tras el fracaso del régimen surgido del golpe de Primo de Rivera de 1923, y en Grecia en 1974, tras el referéndum que condenó el apoyo del rey al golpe de los coroneles de 1967. Incluso cuando los golpes de Estado se han quedado en intentona debido a su fracaso las consecuencias, en ocasiones, han sido terribles, como lo fue la guerra civil española tras el fracaso del golpe militar de julio de 1936, o imprevisibles, como la propia desaparición de la Unión Soviética tras el fracaso del golpe reaccionario de agosto de 1991. Fue un golpe de Estado, en abril de 1974, en Portugal, el que abrió el período de transiciones políticas, denominado por algunos autores como *ola democratizadora*, que afectó principalmente al sur de Europa, a Latinoamérica y a la Europa del Este a lo largo del último cuarto del siglo XX. Un amplio movimiento militar acabó con el gobierno de Marcelo Caetano, prolongador de la dictadura salazarista, a través de un bien organizado golpe de Estado, acontecimiento paradójicamente conocido como la *revolución* de los claveles. Aunque la era de las transiciones a la democracia avivó un fecundo período de golpes de Estado no se trataba, ni mucho menos, de algo novedoso sino de una forma de intervención política con una dilatada *tradición* a sus espaldas. En el momento de producirse el golpe portugués, Aldo Rizzo contabilizaba un total de cuarenta y tres casos en los que los militares detentaban directamente el poder, lo que suponía que la tercera parte de los países independientes estaba gobernada por las fuerzas armadas. No era ajena a este hecho la utilización constante por las *élites* de los golpes de Estado como forma de sustitución política: a lo largo del período contemporáneo y especialmente en todo el siglo veinte han sido uno de los métodos más comunes de cambiar gobiernos, hasta el punto de que en los años setenta, según Carlos Barbé, más de la mitad de los gobiernos del mundo tenían su origen en golpes de Estado, siendo estos más usuales que los procesos electorales o la sucesión monárquica.

En principio los golpes de Estado, por definición, son políticamente neutros. Consisten en la alteración o destrucción del orden político por parte de las *élites* políticas o de determinados cuerpos de la Administración, generalmente las fuerzas armadas, recurriendo a la violencia o a la amenaza de su utilización con el fin de controlar o conquistar el poder estatal. Es decir, se trata de una técnica que en principio no implica un resultado concreto ya que pueden dar lugar tanto a dictaduras como a democracias. Ahora bien, la práctica histórica nos enseña que, por lo general, han conducido a la articulación de regímenes autoritarios conservadores cuando no manifiestamente criminales. Las consecuencias que algunos de los golpes de Estado más destacados han tenido para sus sociedades de referencia son sobradamente conocidos. Las dictaduras militares que asolaron a buena parte de los países latinoamericanos en los años setenta fueron consecuencia directa de golpes militares que, más allá de la mera consecución del poder, pretendían erradicar, y así lo hicieron, todo tipo de reformismo izquierdista que supusiera una amenaza a los intereses de los grupos a los que representaban las fuerzas armadas. La denominada "Doctrina de Seguridad Nacional", que sirvió de apoyo ideológico a todos estos golpes, convirtió a los ejércitos latinoamericanos en los defensores de los valores occidentales y de las esencias cristianas. Nada mejor, para asegurar su pervivencia, que luchar intensamente contra sus enemigos, siendo identificados éstos en el interior de cada Estado. De esta forma, las fuerzas armadas pasaron a asumir funciones policiales represivas que dejaron un rastro de muertos, desaparecidos y exiliados cuya memoria sigue condicionando las políticas desplegadas por los regímenes que llegaron después. Aunque los casos más emblemáticos fueron los de Chile, tras el golpe de 1973, y Argentina, tras el de 1976, idéntica situación se vivió en Bolivia, en 1971, tras el golpe de Hugo Bánzer, en Uruguay, también en 1973, en Perú en 1975 y en Ecuador, un año después.

Otro tanto puede decirse de lo ocurrido en buena parte de los países descolonizados, especialmente en África, donde se ha pasado de una situación de golpismo incentivado por las superpotencias en su afán de ampliar sus dominios a un golpismo derivado de su nueva situación periférica en la que el olvido internacional ha abonado las luchas internas con idénticos resultados catastróficos, muchas veces ignorados, que los que tuvieron lugar en Latinoamérica. Tampoco puede olvidarse lo ocurrido en momentos más alejados pero, sin duda, trascendentales como el período de entreguerras, en pleno enfrentamiento entre visiones antagónicas del mundo. O en la utilización antirrevolucionaria por parte de los ejércitos europeos que, con la coartada de frenar el avance de las ideas bolcheviques o, simplemente, de impedir la acción de las respectivas izquierdas nacionales, no dudaron en asaltar el poder para imponer su visión ideológica y defender activamente sus intereses. La dictadura franquista, que a lo largo de varias décadas condicionó el destino de numerosas generaciones, es un buen ejemplo del resultado al que, en ocasiones, ha conducido la utilización de esta particular forma de conquista del poder. No es de extrañar, por tanto, que su uso haya supuesto una tentación para determinados actores políticos en situaciones delicadas, de especial enfrentamiento o en las que estaba en juego la propia supervivencia política. Es el caso de los procesos de transición: este tipo de cambio, caracterizado en todo momento por la incertidumbre sobre sus resultados finales, ha dado pie a la lucha entre distintos grupos por controlar la situación en un sentido favorable a sus intereses. En este contexto los golpes de Estado han corregido el rumbo del cambio político afectado a su velocidad o simplemente dándolo por terminado. Una vez más han sido los defensores de las viejas dictaduras los que, ante la incapacidad para decidir el resultado del proceso a través del apoyo a sus ideas, manifestaron su voluntad recurriendo al uso de las armas. De esta forma, la amenaza de que se produjeran golpes de Estado fue la espada de Damocles que condicionó buena parte de las estrategias desarrolladas en todos estos procesos y que planteó no pocas dificultades a la hora de tomar decisiones ya que atender a las demandas de los grupos pro-golpistas equivalía al inmovilismo que estos grupos pretendían, es decir, a conseguir sus objetivos sin necesidad de intervención alguna, mientras que radicalizar las reformas en la dirección contraria tenía el peligro de activar al movimiento golpista. El *voto de las armas* dejó sentir sus preferencias, imponiéndolas en la medida de lo posible, por activa o por pasiva, y limitando siempre a su favor los resultados obtenidos.

Lejos de haber desaparecido, el fenómeno golpista sigue en vigor aunque adaptado a la nueva situación internacional. A lo largo del tiempo sus técnicas y formas de puesta en práctica han evolucionado al mismo ritmo en que lo han hecho la tecnología en telecomunicaciones y armamentos y la organización administrativa de los Estados. Con la intención de realizar una aproximación a un fenómeno político tan extendido, y de tan graves consecuencias, como han sido los golpes de Estado haremos un recorrido, centrándonos en ámbitos y períodos concretos, por la particular literatura golpista y antigolpista que nos ha proporcionado el siglo XX. Su adaptación a diferentes momentos, su utilización en contextos radicalmente distintos y su empleo por actores con objetivos dispares quedan reflejados en los textos recogidos en este libro. Los documentos históricos que nos permiten acercarnos al golpismo son innumerables: instrucciones de los sublevados, proclamas y bandos golpistas, manifiestos preparatorios, comunicados públicos, medidas legales, declaraciones, etc. En la mayoría de los casos son los propios actores protagonistas los que nos hablan desde sus escritos, en los que buscan la justificación o la legitimidad para sus actos. Por lo general hablan por sí mismos: el barroco estilo del dictador Primo de Rivera; la confusión de Gorbachov en su secuestro; la hipocresía de Franco justificando el golpe de julio de 1936 como el deseo de hacer "reales en nuestra Patria, por primera vez, y por este orden la trilogía Fraternidad, Libertad e Igualdad"; la lucidez de aquellos políticos como Azaña o Allende que, detentando el poder, veían caer el rayo golpista; la posición de la Conferencia Episcopal Chilena al referirse al "patriotismo y desinterés que han expresado los que han asumido la difícil tarea de restaurar el orden institucional" y a la "tradición de democracia y humanismo de nuestras Fuerzas Armadas"; la ideología de Videla, Massera y Agosti, promotores del golpe argentino de 1976, al apelar a la búsqueda de una "ubicación internacional en el mundo occidental y cristiano"; etcétera. Algunos de los textos incluidos han sido traducidos expresamente para esta edición, como el decreto de Yeltsin, tras el autogolpe de 1993, o las declaraciones de Kriuchkov, presidente del KGB y uno de los máximos organizadores del golpe de agosto de 1991 en la URSS. En otros casos, como en el de los documentos relativos al autogolpe de Fujimori en Perú, en abril de 1992, sólo habían aparecido en su momento en la prensa nacional. En la mayoría de las ocasiones la dispersión y la dificultad de encontrar algunos de los textos ha hecho recomendable su inclusión.

Con el fin de facilitar el manejo de esta obra se han seleccionado seis grandes temas que cubren la práctica totalidad del siglo y que, ordenados cronológicamente, abordan distintas cuestiones en torno a la discusión política y académica generada por los golpes, dando preferencia, por su cercanía e importancia, a los que han tenido lugar en el ámbito latino. La intensidad de los golpes de Estado a lo largo del siglo XX ha sufrido notables altibajos. Aun siendo evidente la importancia de las circunstancias internas de cada sistema político a la hora de desencadenarse cualquier intentona golpista, no lo es menos el peso de los factores internacionales debido al apoyo que se puede recibir de otros países, a la influencia del contexto mundial o a la evolución de determinados acontecimientos en el plano internacional. Como resultado directo de la coyuntura internacional podemos encontrar momentos históricos que alcanzan picos máximos en la práctica golpista: en Europa la etapa de mayor auge fue el período de entreguerras; en los nuevos países descolonizados lo fueron los años sesenta y setenta;

el período de guerra fría influyó de forma importante en América Latina y en lo que se ha dado en llamar *tercer mundo*; etc. Ya a lo largo del siglo XIX tuvieron lugar numerosos golpes de Estado, algunos de ellos de especial trascendencia, en determinadas zonas del planeta. En países como España el recurso al golpe de Estado como herramienta de intervención política y de acceso al poder fue constante desde el comienzo del período contemporáneo. Bajo la forma de pronunciamientos fue utilizada a lo largo de todo el siglo XIX en la pugna por el poder que mantuvieron las distintas *élites* de corte liberal o absolutista, siendo ingente la cantidad de intentonas llevadas a cabo. Otro tanto ocurrió en Latinoamérica que, entre otras cosas, conservó algunos de los métodos de intervención política de la metrópoli. Sin embargo, al llegar el siglo XX la situación en el mundo hispano estaba bastante tranquila al respecto. En España entre 1886 y 1923 no hubo ningún golpe de Estado. De igual forma, la mayoría de los países de Latinoamérica disfrutaron de un período relativamente tranquilo. Aunque esa tranquilidad no fue absoluta, ya que países como, por ejemplo, Colombia comenzaron el siglo con relevos gubernamentales inconstitucionales y violentos (como ocurrió con el golpe del vicepresidente José Manuel Marroquín del mes de julio de 1900 o el del general Rafael Reyes de diciembre de 1904), sí nos indica, claramente, la especial importancia que sobre la eclosión golpista tiene el contexto internacional.

A la hora de clasificar los textos incluidos en la siguiente obra hemos elegido un criterio que compagine determinados períodos históricos con zonas concretas o países específicos. Dado que hasta la primera guerra mundial la situación es lo suficientemente estable como para que no abunden los golpes de Estado, comenzaremos en el período de entreguerras en el que se producen dos hechos señalables. En primer lugar, el análisis de la Revolución Rusa abrirá la discusión sobre la forma en que los bolcheviques accedieron al poder, desatando un largo debate, que llega hasta nuestros días, en torno a si la acción fue un golpe de Estado o por el contrario se trató de una revolución. Se trata de una interesante polémica que nos abre distintas puertas para el entendimiento de lo que han supuesto los propios golpes de Estado a lo largo del siglo. También nos permite observar de qué forma han sido calificados como golpes determinados hechos históricos a los que se buscaba deslegitimar. En el afán de echar tierra sobre lo que supuso la Revolución Rusa poco ha importado la precisión conceptual en la utilización de las categorías de cambio. No obstante, sorprende comprobar como incluso tras la desaparición de la Unión Soviética hay quien todavía persiste en la empresa, innecesario esfuerzo, por otra parte, ya que el sistema soviético no necesitó, a lo largo de sus siete décadas de existencia, de ayudas externas para su descrédito. Se bastó por sí mismo. El segundo hecho de este período lo constituye la lucha que se establece entre el fascismo, el comunismo y el liberalismo, tres formas antagónicas de entender la organización de lo político, en su lucha por el poder estatal. A lo largo de los años veinte son numerosas las intentonas de uno u otro signo que, saltándose los mecanismos establecidos de acceso al poder, intentan apoderarse del mismo a través de golpes de fuerza violentos e ilegales. Junto a ellas pervivirán formas tradicionales de intervención, por lo general militar, con el objetivo de instaurar dictaduras nacionalistas o conservadoras como fueron los casos de Wolfgang Kapp en la Alemania de 1920 o el golpe del general Primo de Rivera en la España de 1923. Dentro de esta etapa tan agitada que comprende lo ocurrido entre las dos guerras mundiales nos centraremos en un caso concreto, importante no sólo por su cercanía sino por las propias repercusiones internacionales que tuvo en su momento y por el gran interés que todavía hoy sigue despertando: el golpismo que, en los años treinta, acosó a la Segunda República española hasta acabar con ella. Los golpes de agosto de 1932 y de julio de 1936, el definitivo, centrarán nuestra atención sin olvidar un golpe llevado a cabo en los últimos días de la República: la sublevación del coronel Casado contra el gobierno de Negrín, sin gran trascendencia histórica pero que nos sirve para completar el tratamiento del fenómeno.

Los golpes originados en el orden bipolar resultado de la segunda guerra mundial centrarán nuestra atención también de forma preferente.

En este orden, conocido como *guerra fría*, el centro del sistema gozó de estabilidad mientras que la inestabilidad quedó reservada para la periferia. De esta forma, la lucha entre el Este y el Oeste tuvo lugar las más de las veces en aquellos países periféricos o del tercer mundo que, inexorablemente, se veían abocados a quedar bajo la influencia de uno de los dos polos. Es evidente el apoyo exterior, por activa o por pasiva, a los golpes latinoamericanos, donde la presencia e intervención de los Estados Unidos llegó incluso a suministrar formación en las técnicas golpistas a oficiales de aquellos países. Tras el triunfo de la revolución cubana, en 1959, surgieron numerosos grupos guerrilleros, con el apoyo, por lo general, del bloque soviético, a los que los Estados Unidos intentaron eliminar fomentando los golpes militares. La participación norteamericana, por ejemplo, en el golpe chileno de 1973 no fue nunca ocultada sino que llegó a ser reconocida por el secretario de Estado, Henry Kissinger, quien dijo actuar en nombre de los intereses superiores de los Estados Unidos. También en otras zonas los militares contaron con el beneplácito norteamericano para poner en marcha sus golpes. Los ejemplos de Grecia, en 1967, o de Turquía, en 1980, miembros ambos de la OTAN, demuestran como, hasta con países aliados, en caso de crisis política y para evitar males mayores se prefería un gobierno militar que cerrara las puertas a la influencia soviética. En el caso contrario la ayuda de la URSS se centró principalmente, al no disponer de apoyos sustanciales en las fuerzas armadas, en los movimientos guerrilleros, revolucionarios o independentistas que, en África, América Latina y Asia, desarrollaban su política expansionista, pero sin excluir el apoyo concreto a determinados golpes. De entre la enorme variedad de países que sufrieron repetidos golpes de Estado hemos restringido el análisis a Latinoamérica. No sólo por su cercanía sino, especialmente, porque quizá allí se hizo presente el fenómeno como en pocos lugares: además de los golpes militares de orientación conservadora también hubo golpes de signo modernizador, neopopulistas, abiertamente enfrentados al imperialismo norteamericano, lo cual hace doblemente interesante lo ocurrido en esta zona.

El período de transiciones a la democracia abierto en la Europa del Sur desde mediados de los años setenta, continuado en Latinoamérica a lo largo de los ochenta y culminado en la Europa del Este desde finales de los ochenta fue otro momento de especial tensión golpista. La inestabilidad, incertidumbre y existencia de distintas visiones de cómo debía culminarse cada uno de los procesos dará lugar a la aparición de focos de tensión que, en ocasiones, estallarán en forma de golpes de Estado. Los golpes de distinto signo en Portugal, Latinoamérica, España o la Unión Soviética, entre otros, vendrán determinados por la evolución de las luchas internas entre distintos sectores a la hora de afrontar el cambio político. Particular atención el golpe portugués de abril de 1974 y los acontecimientos que lo acompañaron. También nos centraremos en el golpe de Estado del 23 de febrero de 1981, conocido como el 23-F, no sólo por razones obvias de cercanía sino también por algunas de las características que en él confluyen: su desarrollo extemporal, su particular fracaso y las consecuencias que tuvo para un proceso, la transición española, que ha sido señalado como modelo. Los militares golpistas españoles pretendieron unir, conjuntamente, dos modelos clásicos de intervención. El pronunciamiento de Milans del Bosch en Valencia venía a emular la reinstauración del absolutismo por parte de Elío, en 1814, poniendo el ejército a los pies del Rey. Tejero, por su parte, ejecutó su asalto y secuestro del Congreso al puro estilo de Pavía en 1874. Formas militares del siglo XIX pero con la vista y la memoria puestas en un golpe triunfante del XX. Cuando Milans del Bosch redacta su bando golpista (*Documento* 48) lo hace teniendo delante la declaración del estado de guerra que hiciera pública el general Andrés Saliquet el 18 de julio de 1936 en Valladolid (*Documento* 27), copiando al pie de la letra párrafos enteros. El último golpe que se recoge, de los ocurridos en este período de transiciones, es el que tuvo lugar en agosto de 1991 en la antigua Unión Soviética. La importancia de este acontecimiento queda fuera de toda duda ya que su fracaso supuso la propia desaparición del mayor Estado del planeta, la transformación de la sociedad internacional y toda una serie de cambios cuyos efectos comenzamos tan sólo ahora a experimentar.

Por último, y en relación directa con el golpe soviético, intentaremos atisbar las nuevas condiciones resultantes del final de la guerra fría y la forma en que el denominado nuevo orden internacional ha afectado a un fenómeno tan extendido como los golpes de Estado. Como conclusión de lo acontecido en la última década del siglo puede anotarse que los golpes de Estado no han desaparecido, tan sólo han experimentado algunos cambios derivados del nuevo contexto internacional. En unos casos, al perder la función de control que en ciertos momentos cumplieron, han desaparecido determinados tipos de golpes como, por ejemplo, los golpes militares latinoamericanos clásicos; en otros han cobrado nueva fuerza como elemento de resolución de conflictos y enfrentamientos en la lucha por el Estado y por los recursos naturales que han mantenido las distintas *élites* nacionales, como ha sucedido en los golpes africanos; en otros, en fin, han aparecido donde antes no existieron, respondiendo a una dinámica de lucha entre potencias regionales por imponer su influencia asociada a enfrentamientos de raíz cultural, como ha venido sucediendo en algunas repúblicas exsoviéticas. Toda vez que el control que ejercían las superpotencias sobre los distintos países ha desaparecido para dar paso al autocontrol que exige el nuevo orden económico, los golpes de Estado han dado paso a un golpe de mercado permanente que no necesita de acciones espectaculares. El nuevo orden internacional surgido tras la guerra fría ha afectado a los golpes de Estado al haberse transformado el medio en que se mueven los actores políticos. Sin embargo la permanencia de los golpes como forma de acceso al poder no sólo no ha desaparecido sino que, a la vista de lo sucedido en buena parte del planeta, parece gozar de buena salud.

Antes de pasar a abordar cada uno de los temas propuestos nos detendremos, brevemente, en los orígenes históricos del concepto *golpe de Estado.* Sobre este asunto se suele pasar de largo en la mayoría de trabajos, haciendo que la confusión conceptual y escasa precisión terminológica marquen la pauta. Dada la enorme laguna existente al respecto creemos necesario proponer una aproximación a la historia de un concepto y de un fenómeno al que no se ha prestado la atención que merece. Para ello, en las siguientes páginas, intentaremos aclarar su significado y delimitarlo cronológicamente, así como definir algunas de sus características y observar sus principales peculiaridades. Al final de cada capítulo se incluye una breve bibliografía complementaria que puede ser de utilidad para profundizar en las cuestiones propuestas.

GOLPES DE ESTADO Y CAMBIO POLÍTICO

En innumerables ocasiones se usa de forma coloquial la expresión golpe de Estado para definir acontecimientos de lucha por el poder, independientemente del momento histórico en que hayan tenido lugar los hechos, cuando los actores participantes pertenecen a la *élite* política. No parece ésta una correcta utilización del término ya que sólo tras la consolidación de las estructuras administrativas que definen al Estado moderno, en el período contemporáneo, alcanza sus características propias. Numerosos autores lo han utilizado para definir algunos de los fenómenos clásicos de confrontación en los que está presente el uso de la violencia ya que se trata de conflictos que giran en torno a la lucha por el poder y que están asentados en la rivalidad entre distintos grupos. No es difícil, por ejemplo, oír hablar hoy en día de los golpes de Estado en la Grecia antigua o de los golpes de Estado militares durante el Imperio Romano. Bien es cierto que a lo largo de toda la era antigua, de la Edad Media y del período moderno son numerosos los conflictos que pueden ser comparados con golpes de Estado, sin embargo la utilización de este término para referirnos a ellos no es la más adecuada ya que la composición de las sociedades, la organización de las comunidades políticas y la forma de las instituciones del momento distaban enormemente de las de la era contemporánea, momento en que define sus características y se consolida. Cuando Platón, Aristóteles o Cicerón elaboran distintos discursos sobre la forma de mantener la organización política abordan también el porqué de su caída aunque no llegan a ver la razón última en que se apoyaban las constantes luchas internas de la Antigüedad: la débil institucionalización de los puestos de poder. Ante la falta de mecanismos de cambio y, especialmente, por la ligazón existente entre las personas y los puestos que ocupaban era necesario destruir a los adversarios políticos para acabar con sus sistemas de dominación. Sin embargo poco tenían que ver las estructuras políticas antiguas con las contemporáneas. Conforme el Estado vaya adquiriendo sus elementos definitorios se irán apreciando diferencias en la forma de abordar el estudio de sus formas de derrocamiento. De esta forma, Maquiavelo hablará de conjuraciones y analizará detenidamente sus características, Bodin analizará las sediciones haciendo hincapié en sus causas y resultados y Hobbes hará lo propio con las rebeliones a lo largo de toda su obra. Aun cuando muchos de los casos estudiados por estos autores tienen elementos en común con lo que, según transcurra el tiempo, se denominarán golpes de Estado tampoco parece adecuada la utilización del concepto en esta época ya que ni el propio Estado ni sus estructuras estaban conformados y los actores políticos y sus comportamientos tenían poco que ver con los de siglos recientes.

De modo sistemático la expresión golpe de Estado fue utilizada por primera vez en 1639, cuando Gabriel Naudé publicó sus *Considérations politiques sur les Coups d'État*. Sin embargo no tenía en aquel entonces el significado que le damos hoy en día. En último término la obra de Naudé se inscribía entre aquellas que trataban sobre la razón de Estado, tema que invadió la literatura política de la época, asumiendo plenamente los postulados maquiavélicos. En su definición los golpes de Estado eran "acciones audaces y extraordinarias que los príncipes se ven obligados a ejecutar (...), contra el derecho común, y sin guardar ningún orden ni forma de justicia, arriesgando el interés de los particulares por el bien general". Es decir, un golpe de Estado venía a ser la aplicación técnica de la razón de Estado por parte del gobernante. Tan sólo a partir de la Revolución Francesa se comenzará a identificar derrocamiento de gobierno con golpe de Estado. Tardaría la expresión ciento cincuenta años, los que van desde la publicación de la obra de Naudé hasta el comienzo de la Revolución Francesa, en recobrar un protagonismo que ya no volvería a perder. En esta recuperación del concepto jugarían un importante papel los historiadores franceses que, desde el siglo XIX, utilizaron la expresión para definir algunos de los muchos acontecimientos violentos e inconstitucionales de toma del poder que caracterizaron a la Revolución y que sin embargo no usaron para designar otras acciones semejantes del tiempo de los Borbones. Entre los repetidos intentos de toma inconstitucional y violenta del poder para los que se utilizaría la definición de golpes de Estado durante la Revolución cabe destacar los que tuvieron lugar en el período del Directorio: 18 de fructidor del año V, 22 de floreal del año VI, 30 de pradial del año VII y 18 de brumario del VII. Este último condujo a Napoleón Bonaparte al poder y, dada su enorme trascendencia, se convirtió en modelo para futuros golpes, especialmente por su intención de conciliar el empleo de la violencia y el respeto, al menos formal, a la legalidad. Cuando años más tarde, en 1851, un sobrino suyo, Luis Napoleón, acabe mediante un golpe de Estado con el período de continuas revoluciones que surcaron la primera mitad del siglo XIX, su acción sería considerada como el golpe de Estado por antonomasia y la consolidación del concepto definitiva.

Las transformaciones sufridas por el Estado liberal hasta su consolidación modificaron, como no podía ser de otra manera, la propia forma de los golpes de Estado. En este sentido, fue determinante la articulación tanto de la organización administrativa en que se materializa el Estado como de los principios jurídico-constitucionales que lo definen. La organización del Estado como un cuerpo administrativo con unas funciones definidas, un personal profesionalizado y una distinción clara de poderes, en cuyo seno se produce un proceso constante de creación de intereses, hizo más compleja la conquista de aquél al no quedar reducido al monarca pero facilitó su estructuración posibilitando, en definitiva, el acceso a sus mecanismos de funcionamiento y control. Igualmente, la configuración del Estado y del sistema político a través de reglas jurídicas que definen y delimitan su marco de actuación, determinando incluso las posibles formas de cambio, permitió una más fácil identificación de los golpes al implicar siempre éstos violaciones de la legalidad. Por tanto, toda vez que para realizar un golpe será necesario el control de distintas organizaciones administrativas estatales (e incluso no estatales), cobrarán más fuerza los aspectos técnicos que permitan dicho control. A su vez la necesaria creación y consolidación de un cuerpo de funcionarios, que garantiza el funcionamiento imparcial de unas estructuras administrativas cada vez más complejas, incrementó la importancia del papel jugado por éstos. En concreto, la profesionalización de los ejércitos mediante su transformación en organizaciones administrativas los convirtió, en tanto que poseedores del recurso a la violencia, en pieza central para asegurar el mantenimiento del sistema político o permitir e incluso llevar a cabo el derrocamiento de los gobiernos. Así las cosas, llegado el siglo XX dos de los aspectos principales de todo golpe de Estado cuales son la forma en que se llevan a cabo y los actores que lo protagonizan adquieren un perfil definido al encuadrarse en los límites del Estado. No es de extrañar, por tanto, que algunos de los primeros análisis realizados sobre los golpes de Estado desde planteamientos no exclusivamente históricos incidieran en las cuestiones técnicas y en los actores protagonistas.

Conforme avance el siglo, y de forma especial tras la segunda guerra mundial, al calor de la consolidación de las ciencias sociales, los trabajos que abordarán las cuestiones técnicas de la acción política se inscribirán en un marco académico generador de abundante bibliografía. No obstante, algunos trabajos diseñados originalmente como proyectos de investigación terminaron convirtiéndose en manuales para potenciales golpistas. Alumnos aventajados, bien instruidos en las academias militares norteamericanas, tuvieron, en ocasiones, la oportunidad de mejorar su técnica y aplicar sus conocimientos. Numerosos militares latinoamericanos recibieron formación al respecto y terminaron ejecutando golpes exitosos: Pinochet, Stroessner o Videla, entre otros. El libro de Edward Luttwak (*Coup d'État. A Practical Handbook*) es ilustrativo en este sentido. Realiza un detenido trabajo de análisis y observación de enorme valor para los estudiosos del cambio político pero también tiene, no sabemos si a su pesar, aplicación directa en caso de disponer el lector de un ejército preparado y fiel. Luttwak considerará cuándo es posible la realización de un golpe y cómo debe ser su estrategia, planificación y ejecución. La primera limitación técnica pesará sobre los organizadores ya que son pocos los que ocupan la posición apropiada para poderlos llevar a cabo, circunscribiendo los actores a las fuerzas armadas. La estrategia del golpe deberá considerar en primer lugar la posibilidad de neutralizar las defensas del Estado, en especial las fuerzas armadas y los cuerpos de policía así como los elementos paramilitares y los servicios secretos. La planificación tendrá presente la necesaria neutralización de las fuerzas políticas (personalidades del gobierno y ajenas a éste), los medios de comunicación, las telecomunicaciones, el control de las rutas de entrada a las ciudades, del tráfico rodado, de los aeropuertos y edificios públicos, la neutralización de determinados grupos religiosos, de los partidos políticos, sindicatos, etc. La ejecución consistirá en la aplicación activa de los dos pasos anteriores teniendo en cuenta el tiempo y sin incurrir en errores que desmantelen lo previsto. Para ello se crearán diferentes equipos encargados del control de cada una de las situaciones planificadas. A continuación, una vez realizado el golpe, se procederá a estabilizar las propias fuerzas golpistas, el funcionamiento de la administración y a controlar cualquier intento de movilización popular. Una detallada planificación del golpe deberá llevar a sus ejecutores a considerar desde la redacción de los primeros manifiestos públicos hasta los aspectos represivos pasando por el control de la economía. Es decir, la utilización de una técnica adecuada permitirá el éxito de la operación independientemente de los objetivos últimos que se persigan.

Mayor limitación al ámbito académico han tenido los estudios dedicados a los actores protagonistas. En este caso hay que señalar que en la búsqueda de un marco teórico mínimo con pretensiones de universalidad el estudio de los golpes de Estado recorrerá idéntico camino al de otros procesos de cambio y al de otras manifestaciones de violencia política, siempre a caballo entre aquellas teorías que ponen su atención en los aspectos estructurales de la sociedad de referencia y aquellas otras que lo hacen en la preponderancia de la acción humana y, por tanto, insisten en los aspectos volitivos de la cuestión. De esta forma, desde los años cincuenta las principales teorías que han tratado los golpes han recurrido al análisis de los factores que los propician y de la identidad de los actores cuya promoción asegura. Si en las interpretaciones de los años sesenta era claro el peso de las teorías de la modernización, posteriormente cobraría actualidad el papel de los protagonistas para, finalmente, llegar a vías de encuentro. Así, el enfoque clásico de Samuel Huntington hacía referencia al grado de institucionalización de los sistemas políticos: existirá posibilidad de golpe cuando las instituciones sean incapaces de adaptarse a determinadas situaciones o de aumentar su complejidad para asumir nuevos roles políticos. En este marco se produce una lucha entre actores con recursos de poder que facilita el golpe de Estado al imponerse el grupo que más posee, es decir, el ejército. No obstante, en ocasiones se cayó en la tentación de justificar los golpes militares como una solución eficaz a la inestabilidad existente; esta justificación funcional fue predominante en buena parte de los estudios realizados en los años sesenta, en los que se consideraba a los militares y a los golpes militares promotores de la modernización política. Los golpes que en los años cincuenta y sesenta tuvieron lugar en Latinoamérica, Oriente Medio, África y algunos países asiáticos (Siria en 1949, Bolivia en 1951 y 1964, Venezuela en 1952, Egipto en idéntico año, Perú en 1956 y 1968, Irak y Sudán en 1958, Brasil en 1964, Nigeria y Argentina en 1966, entre otros) condicionaron este tipo de enfoques.

Las teorías que centraron su atención en los actores lo hicieron de forma preferente, como es lógico, sobre las fuerzas armadas, definiendo el golpe de Estado militar y analizando las estrategias y motivaciones de aquéllas. Los procesos de descolonización iniciados a partir de 1945 aumentaron la cifra de países independientes, en los que se formaron unas fuerzas armadas que, desde el primer momento, emprendieron la lucha por el Estado. Según Charles Tilly, desde que finalizó la segunda guerra mundial "el Estado medio del Tercer Mundo ha pasado más de la mitad de sus años de independencia en manos de militares", siendo lógico por tanto que, "al aumentar el poder de los militares, aumentara también la frecuencia de los golpes de Estado en el Tercer Mundo". De esta forma, al analizar los procesos de democratización y sus posibilidades de ruptura por la acción de los golpes de Estado, en la literatura de los ochenta primó el análisis de las élites. Los golpes de 1973 en Chile y Uruguay, así como el argentino de 1976, en un contexto estructural cuando menos aceptable, aconsejaban la búsqueda de nuevas vías de investigación. La posibilidad de un golpe de Estado, grave amenaza en los procesos de transición, se vino a inscribir, tal y como hemos señalado, en el difícil equilibrio dibujado por la lucha entre distintos grupos con intereses, ideologías y objetivos diferentes. En los últimos años, sin embargo, se ha recuperado parte de la teoría de la modernización integrándola en postulados más amplios que tienen en consideración lo producido por los teóricos de las transiciones. Sirva como ejemplo el trabajo de Huntington, quien en *La tercera ola*, modifica y actualiza posiciones anteriores sobre el golpismo, incorporando a sus planteamientos una visión histórica en la que concede principal importancia al papel de los actores, especialmente a los militares. En este sentido, la sociología militar ha definido la intervención militar como el ejercicio de un poder político por parte de los militares en virtud del empleo de la fuerza o de su amenaza de utilización, lo que comúnmente ha sido calificado como pretorianismo. No obstante, a pesar de ser las fuerzas armadas los principales actores capaces de realizar un golpe de Estado no hay que olvidar que determinados civiles, pertenecientes al propio gobierno, pueden también organizarlo con éxito. De hecho, buena parte de los golpes triunfantes a lo largo del siglo XX se han producido bajo la forma de autogolpes que han terminado con el sistema político violentando las constituciones y reforzando el poder de los ejecutantes. Dos golpes importantes y recientes como los realizados en la antigua Unión Soviética, en 1991, y en la nueva Federación Rusa, en 1993, se han caracterizado precisamente por ser golpes originados en el ámbito del poder civil, en los que las fuerzas armadas han jugado un papel secundario. Incluso en una zona de tradicional intervención militarista como América Latina el golpe de Estado de Alberto Fujimori, en Perú, en 1992, o el fracasado intento del presidente guatemalteco Jorge Serrano Elías, en 1993, fueron autogolpes producidos en la esfera política civil en el que los militares desempeñaron un papel cómplice pero sin intervenir directamente. Como bien observa Rosemary O'Kane, la excesiva importancia concedida a los militares en los golpes de Estado queda puesta en entredicho al observar que sólo uno de cada seis gobiernos formados tras un proceso golpista está compuesto completamente por militares.

A modo de resumen podemos acercarnos al universo conceptual de los golpes de Estado a través de la realización de cuatro preguntas básicas, *¿quién?*, *¿por qué?*, *¿cómo?* y *¿qué (consecuencias)?*, que nos aclararán cuatros aspectos fundamentales como son los que hacen referencia a los actores, las causas, el desarrollo o técnica aplicada y los resultados del golpe. Los actores susceptibles de realizar un golpe de Estado serán las fuerzas armadas o aquellos grupos gubernamentales con capacidad de movilizar determinados recursos de poder, es decir, siempre miembros de las administraciones estatales capaces de desarrollar la técnica necesaria para asegurar su éxito. En cuanto a las causas que dan lugar a los golpes están en relación directa, bien con la aspiración de estos sectores a conseguir el gobierno, cambiar las políticas desarrolladas o transformar el régimen político, bien con la supuesta amenaza de su posición en determinada coyuntura histórica. En cualquier caso siempre hay una referencia justificadora por parte de los actores anclada en la existencia de una razón de Estado que mueve a dichos grupos a ejecutar el golpe. El desarrollo se caracteriza por la utilización de la violencia o por la amenaza de la misma, por la sorpresa de la acción, por estar precedido de una fase conspirativa y por la ruptura manifiesta de la legalidad y de la legitimidad del régimen asaltado. Las consecuencias de todo golpe, en especial en determinados procesos de cambio, serán decisivas ya que generan alteraciones cruciales en el ritmo de las transformaciones. En caso de éxito, el resultado supone la implantación de una nueva legalidad y la asunción de un nuevo principio legitimador, además de cambios de personal y de normativa legal en el gobierno, instituciones y régimen en general. Supone, en definitiva, modificaciones más o menos profundas en las políticas y las personas. De esta forma, los resultados tendrán especial importancia en aquellos momentos de cambio político en los que las pretensiones de los actores son variadas y no está todavía definida la forma definitiva del régimen como son los procesos de transición política. Señalar por último, una vez más, que, aunque los golpes pueden darse con intenciones variadas, la posibilidad que tienen algunos colectivos de controlar sus mecanismos es bastante escasa. Es por ello que, aunque políticamente neutros, en sus resultados se han manifestado mayoritariamente como una técnica reaccionaria y, por supuesto, escasamente democrática. Cuando a través del voto de las urnas no se consiguen determinados objetivos o, simplemente, no se defienden propiedades, intereses o principios, queda el recurso al voto de las armas.

BIBLIOGRAFÍA

AGÜERO, Felipe, *Militares, civiles y democracia*, Madrid, Alianza, 1995.

AGULHON, Maurice, *Coup d'État et Republique*, París, Presses de Sciences Po, 1997.

ALONSO BAQUER, Miguel, *El modelo español de pronunciamiento*, Madrid, Rialp, 1983.

BARBÉ, Carlos, "Golpe de Estado", en Norberto BOBBIO, Nicola MATTEUCCI y Grianfranco PASQUINO, *Diccionario de Política*, Madrid, Siglo XXI, 1991.

BUSQUETS, Julio, *Pronunciamientos y golpes de Estado en España*, Barcelona, Planeta, 1982.

CARLTON, Eric, *The State against the State. The Theory and Practice of the Coup d'Etat*, Aldershot, Scolar Press, 1997.

CEPEDA GÓMEZ, José, *El ejército español en la política española (1787-1843): conspiraciones y pronunciamientos en los comienzos de la España liberal*, Madrid, Fundación Universitaria Española, 1990.

COMELLAS, José Luis, *Los primeros pronunciamientos en España. 1814-1820*, Madrid, CSIC, 1958.

CORTÉS LÓPEZ, José Luis, *El golpismo en África Negra*, Madrid, CIDAF, 1982.

DUMONT, Jean (dir.), *Les coups d'État*, Loos-lez-Lille, Hachette, 1963.

FERGUSON, Gregor, *Coup d'État: a practical manual*, Nueva York, Sterling, 1987.

FINER, Samuel E., *The Man on Horseback: The Role of the Military in Politics*, Nueva York, Praeger, 1962.

FITCH, John S., *The Military Coup d'Etat as a Political Process*, Baltimore, John Hopkins University Press, 1977.

GOODSPEED, Donald James, *Golpes de Estado*, Barcelona, Luis de Caralt, 1966.

GREENE, Thomas H., *Comparative Revolutionary Movements*, Englewood Cliffs, Prentice-Hall, 1990.

HARBESON, John W. (ed.), *The Military in African Politics*, Nueva York, Praeger, 1987.

HUNTINGTON, Samuel P., *El orden político en las sociedades en cambio*, Barcelona, Paidós, 1996 (ed. original de 1968).

— *La tercera ola. La democratización a finales del siglo XX*, Barcelona, Paidós, 1994.

LEGUINECHE, Manuel, *El estado del golpe*, Barcelona, Argos Vergara, 1981.

LUTTWAK, Edward, *Coup d'État. A Practical Handbook*, Nueva York, Sterling, 1995 (ed. original de 1968).

MALAPARTE, Curzio, *Técnica del golpe de Estado*, Madrid, Ediciones Ulises, 1931.

NAUDÉ, Gabriel, *Consideraciones políticas sobre los golpes de Estado*, Madrid, Tecnos, 1998 (ed. original de 1639).

NORDLINGER, Eric A., *Soldiers in Politics: Military Coups and Goverments*, Scarborough, Prentice-Hall, 1977.

O'KANE, Rosemary H.T., *The Likelihood of Coups*, Aldershot, Avebury, 1987.

PERLMUTTER, Amos, *Lo militar y lo político en el mundo moderno*, Madrid, Ediciones Ejército, 1982.

PEÑAS ESTEBAN, Francisco Javier, *Occidentalización, fin de la Guerra Fría y relaciones internacionales*, Madrid, Alianza, 1997.

TILLY, Charles, *Coerción, capital y los Estados europeos, 990-1990*, Madrid, Alianza, 1990.

VIDAL, César, *La estrategia de la conspiración*, Barcelona, Ediciones B, 2000.

RIZZO, Aldo, *La alternativa en uniforme*, Barcelona, Euros, 1976.

CAPÍTULO 1

OCTUBRE DE 1917 ¿GOLPE O REVOLUCIÓN?

La conquista del poder por los bolcheviques durante la jornada del 25 de octubre de 1917, según el viejo calendario ortodoxo, originó una polémica sobre la definición de tal acontecimiento que llega hasta nuestros días. A lo largo de los años, numerosos autores han analizado lo ocurrido en Rusia durante las jornadas de octubre y buena parte de ellos ha considerado que aquellos hechos atendían, por su técnica y desarrollo, a las características de un golpe de Estado. Este espinoso asunto, tras el que muchas veces latía un debate más profundo sobre la legitimidad del proceso revolucionario, nos sirve, en cualquier caso, para introducir las diferencias entre golpe y revolución y fijar así mejor las características específicas del primero. Todavía hoy es común encontrar obras que abordan las jornadas revolucionarias de octubre como si de un golpe se tratara, sin tener en cuenta otros aspectos del momento e incluso sin definir previamente qué se entiende por golpe. Junto a ellas, tampoco han faltado las que consideran que se trató de una inevitable revolución generada por fuerzas históricas imposibles de contener. Desde la obra clásica de Curzio Malaparte, quien en 1931 calificaba lo ocurrido como golpe trotskista, hasta libros más recientes como, por ejemplo, el de Sergei Melgunov, que en 1984 hablaba del golpe de Estado bolchevique, son innumerables los trabajos que mantienen que la toma del poder por los revolucionarios rusos fue fruto de la aplicación de una táctica golpista y no de los resultados de una acción revolucionaria. También abundan, evidentemente, aquellos que inciden en su carácter revolucionario. Lo difícil es no encontrar valoraciones al respecto: cuando ha sido así se ha debido principalmente a la débil conceptualización que ha caracterizado a la mayoría de las obras de contenido histórico, más centradas en los aspectos narrativos de la acción que en cuestiones teóricas.

Los autores que consideran que en octubre de 1917 tuvo lugar un golpe de Estado lo hacen, por lo general, apoyándose en el concepto *blanquista* de "putsch" frente a los que, por lo general, se han apoyado en la teoría marxista que interpreta que se produce la maduración de una sociedad nueva en el marco de otra antigua. Así, por ejemplo, para Lionel Kochan "no era ningún secreto que en el cuartel general bolchevique en Smolni se estaba preparando alguna clase de *coup*"; para Brian Moynahan "la decisión de poner en marcha el golpe fue tomada el 10 de octubre"; por su parte Jean Meyer considera que Lenin "había optado por el golpe". De igual forma autores como Cesar Vidal analizan lo ocurrido bajo el prisma del golpe de Estado, mientras otros como Miguel Platón consideran que lo que hicieron "los bolcheviques, bajo la dirección de Trotski, es dar el primer golpe de Estado moderno", en este caso en una obra de contenido divulgativo. No faltan, por supuesto, opiniones radicalmente contrarias como la de Ted Grant, quien afirma que "en el intento de desacreditar a los bolcheviques no se han escatimado falsificaciones del registro histórico. El truco más común es el de describir la Revolución de Octubre como un golpe de Estado sangriento", o la de Ernest Mandel, para quien en la campaña de denigración de la Revolución Rusa se han construido algunos mitos como el considerar que la "revolución no habría sido más que un diabólico golpe de Estado dirigido por un maestro de la maniobra, Lenin, y ejecutado por una pequeña secta de revolucionarios profesionales".

Tanto en unas obras como en otras el debate de fondo, por lo general, ha sido sustraído y se ha enfocado la cuestión dependiendo de la valoración personal realizada de los acontecimientos. Cuando se ha buscado la crítica a los bolcheviques, a sus líderes, al sistema soviético o a cualquier referente comunista se han catalogado los hechos como golpe de Estado, cuando se ha pretendido ensalzar a cualquiera de los anteriores se ha incidido en el carácter revolucionario de los mismos. En pocos casos ha prevalecido un criterio objetivo, no elaborado de antemano. En último término ha sido imposible establecer un debate serio al respecto debido a que los dos conceptos, golpe de Estado y revolución, han tenido un significado indefinido, en ocasiones intercambiable, han sido usados sin criterio delimitador alguno y, especialmente en el caso de los golpes, han quedado por lo general fuera del marco académico. De esta forma, la valoración como golpe de Estado ha ido ligada al carácter peyorativo que ha acompañado a la expresión; por el contrario cuando se ha pretendido dotar a los hechos de connotaciones positivas se ha utilizado el término revolución, cuyo componente épico, no conspirativo, popular y liberador de injusticias le dotaba de una presunta legitimidad de origen difícil de justificar en el caso de los golpes. Tal y como afirma Carlos Taibo, aunque una sucinta descripción de lo ocurrido en Rusia en octubre de 1917 "puede reforzar la impresión de que el triunfo bolchevique lo fue de un proyecto maquiavélico en virtud del cual una organización férrea y disciplinada llevó adelante un tan gigantesco como habilidoso proceso de manipulación de masas, las cosas fueron, probablemente, más complejas".

Si establecemos una comparación entre golpes de Estado y revoluciones a través de las cuatro preguntas que planteábamos en la introducción (*¿quién?, ¿por qué?, ¿cómo? y ¿qué (consecuencias)?*) posiblemente sea más sencillo aclarar la cuestión. Los actores, en el caso de la revolución, no pertenecen a la esfera estatal sino que son ajenos a la misma y hay una participación activa de las masas. Las causas son diferentes tanto en las motivaciones de los protagonistas (las revoluciones pretenden cambios profundos en la sociedad, que van más allá de la mera sustitución del gobierno; en los golpes está presente una particular razón de Estado que trata de salvar al mismo) como en las condiciones políticas y sociales de partida. Resultado de esto, las consecuencias serán radicalmente distintas. Además hay que tener en cuenta que las revoluciones son, por lo general, procesos largos y los golpes acontecimientos mucho más acotados en el tiempo. No hay golpe de Estado que dure tres años ni revolución que se resuelva en una noche. Tan sólo existe coincidencia parcial en el modo en que se producen, en los aspectos técnicos de la insurrección. Como bien reconoce Ernest Mandel "si la Revolución de Octubre no fue una intentona golpista tampoco fue el simple desenlace de un espontáneo levantamiento de masas. Fue también una insurrección metódicamente preparada y ejecutada por los bolcheviques y sus aliados". El triunfo de la revolución de octubre culminó todo un período de entusiasmo transformador, de agitación social, de creación continua de soviets locales, de movimiento de masas. Bien es cierto que en todo proceso revolucionario puede tener lugar un golpe de Estado, pero sólo cogiendo la parte por el todo se puede llegar a identificar a ambos.

En los textos que componen este primer capítulo se ha pretendido reflejar el debate existente sobre la consideración de los acontecimientos de octubre de 1917 como un golpe o como una revolución. El primero de los textos (*Documento* 1), sin embargo, es ajeno a esta cuestión y recoge la proclama del jefe del ejército ruso, general Kornílov, quien, el 25 de agosto de 1917 llevó a cabo un golpe de Estado que pretendía acabar con el Gobierno Provisional que gobernaba en Rusia desde la revolución de febrero de ese mismo año. La historia rusa del siglo XIX nos descubre, tras la apariencia imponente del Imperio y de la monarquía zarista, un país atrasado, con unas estructuras políticas y estatales rígidas, de espaldas a los movimientos liberales que se consolidaban en el resto de Europa. Los zares, en su pretensión de conservar el sistema heredado, mantuvieron una política exterior que avivaba la ilusión de ser equiparables al resto de potencias europeas. En realidad, tras la fachada imperial no había más que un país agrícola en el que pervivía un atraso feudal y una pobreza extrema. La derrota zarista en la guerra de Crimea (1853-1856), contra Francia y Gran Bretaña, evaporó el espejismo y obligó a poner en marcha algunos cambios. Las reformas emprendidas decretaron la abolición de la servidumbre, lo que posibilitó la aparición de una mano de obra que tendría gran importancia en el desarrollo industrial posterior. Sin embargo, la apertura política, lejos de llevarse a cabo, se evitó por todos los medios, radicalizando más, si cabe, a los pequeños grupos de oposición revolucionaria, especialmente anarquistas y marxistas. La industrialización comenzada en 1890, además de aprovechar la mano de obra existente, trajo consigo la aparición de una clase industrial que reivindicó las ideas liberales. De este modo, la revolución de 1905 enfrentó a la anticuada autocracia zarista (la vieja nobleza, el ejército y la Iglesia Ortodoxa) con los dos nuevos grupos formados en los últimos años, siendo, por tanto, un movimiento reivindicador impulsado por los valedores de las ideas liberales y, a la vez, una revuelta obrera y campesina. Una serie de concesiones liberales, como la creación de un Parlamento (la *Duma*), tranquilizaron a la nueva clase urbana; la formación del primer Soviet de diputados de San Petersburgo relajó los ánimos en las clases más desfavorecidas. En febrero de 1917, en plena guerra mundial, la situación volvió a repetirse. En esta ocasión las protestas sólo se detuvieron con la abdicación del monarca. De nuevo el frente fue doble: el Gobierno Provisional, de corte liberal, y el Soviet, reconstrucción del de 1905, acabaron con el poder de la autocracia. A partir de la revolución de febrero regresaron numerosos revolucionarios al país, entre ellos Lenin, quien dedicó sus esfuerzos a analizar la situación y preparar la definitiva revolución. Ante la amenaza que para algunos sectores constituían las constantes presiones de los grupos izquierdistas así como el dominio de éstos en el Soviet de Petrogrado, quien ejercía el poder real frente a un Gobierno Provisional a la espera de formar una Asamblea Constituyente tras la guerra, Kornílov pretendió dar un giro derechista enfrentándose al Gobierno de Kerenski. Para ello marchó con el ejército hacia Petrogrado y Kerenski lo destituyó. El fracaso del golpe de Estado, sin posible duda sobre su catalogación, sirvió de pretexto para acelerar el proceso insurreccional bolchevique. Los soviets recobraron fuerzas y los bolcheviques, desprestigiados en los últimos meses, fueron rehabilitados. La capacidad de movilización de las masas había quedado de manifiesto en la oposición al golpe.

En el segundo texto (*Documento* 2) se recoge la resolución presentada por la izquierda socialrevolucionaria y menchevique en el Consejo de la República, también conocido como pre-Parlamento, intentando evitar la insurrección bolchevique que comenzaría al día siguiente. El Consejo de la República era un órgano consultivo, un consejo de hombres sabios, de distinta extracción, en el que estaban representados todos los partidos políticos. Su existencia se debía a la necesidad de preparar el camino a la futura Asamblea Constituyente. El Gobierno Provisional había hecho, tras la revolución de febrero, propósito de convocar una Asamblea Constituyente, proceso que se demoró continuamente. El 12 de noviembre, unos días después del comienzo de la Revolución de Octubre, tuvieron lugar los comicios para la misma. Demasiado tarde, ya que los bolcheviques controlaban el poder y se negaron a reconocer una institución vinculada a la etapa de Kerenski. Tan sólo celebraría una sesión, el 5 de enero de 1918. Entretanto, a la espera de la misma, el Consejo se convirtió en una cámara de discusión, que fue abandonada por los bolcheviques el 7 de octubre de 1917, unos días antes del comienzo de la insurrección. Tras la salida de los bolcheviques y ante la amenaza de una inminente insurrección, los miembros del pre-Parlamento aprobaron la resolución en la que se advertía del peligro que suponían la amenaza bolchevique y la pasividad del Gobierno. En realidad se trataba de un voto de censura al Gobierno de Kerenski así como un ataque a la pretensión bolchevique de alzarse con el poder. En cualquier caso, da cuenta de que la intención bolchevique era abiertamente conocida aunque rechazada por las fuerzas mayoritarias de izquierda. La fecha corresponde, al igual que en el texto anterior, a la utilizada por el viejo calendario ruso que llevaba, con respecto al calendario occidental, trece días de retraso.

Los siguientes textos (*Documentos* 3 y 4) corresponden a sendos escritos de Lenin y Trotski en torno a la cuestión de la insurrección. Lenin se defiende de las acusaciones de blanquismo, doctrina derivada de las teorías del revolucionario francés Louis Blanqui criticada por la voluntad de conquista del poder apoyándose en una minoría activa, una *élite* revolucionaria y métodos conspiradores. Frente a esta acusación, Lenin defiende la concepción marxista de la insurrección como un arte y expone los pasos a dar para conseguir el éxito de la misma. La detenida planificación técnica de la insurrección demuestra el perfecto conocimiento por parte de Lenin de las estructuras estatales y de las prioridades estratégicas para derribar al Estado. La preferencia concedida al asalto a las centrales de telégrafos y teléfonos (donde se debería situar el Estado Mayor revolucionario) demuestra que Lenin era consciente de la importancia que tenía el control de las comunicaciones. Esta coincidencia técnica en los objetivos con todo golpe que ansíe el control estatal llevó a muchos de los que pretendían denigrar a la Revolución Rusa a tacharla sin más de golpismo. Como ya hemos señalado, la complejidad creciente de las administraciones estatales hace obligado cumplir determinados requisitos si se pretende conquistar de forma violenta al Estado. Sin embargo, fijar la atención exclusivamente en la técnica desarrollada puede dar lugar a conclusiones precipitadas. Por su parte Trotski va más allá que Lenin en su análisis y entra a discutir las diferencias entre conspiración e insurrección, es decir, entre golpe y revolución. Para Trotski un golpe de Estado es llevado a cabo "por conspiradores que actúan a espaldas de las masas"; por el contrario, en su particular observación, considera que "una insurrección victoriosa sólo puede ser obra de una clase destinada a colocarse a la cabeza de una nación". Sitúa, por tanto, la primera diferencia en los actores protagonistas. Una segunda diferencia es establecida por Trotski en los resultados del golpe: "en estado puro, la conspiración, incluso en caso de victoria, sólo puede reemplazar en el poder camarillas de la misma clase dirigente o, menos aún, sustituir hombres de Estado. La victoria de un régimen social sobre otro sólo se ha dado en la historia a través de insurrecciones de masas". Ambos escritos (*Documentos* 3 y 4) nos permiten observar la reflexión realizada por los dos máximos líderes de la Revolución de un debate, el de la utilización de técnicas que pudieran ser calificadas como golpistas, que incluso para ellos ya estaba presente.

Uno de los principales autores que denunció y acusó a los bolcheviques, y en particular a Trotski, de utilizar tácticas golpistas y de ejecutar, por tanto, un golpe de Estado fue Curzio Malaparte (*Documento* 5). Diplomático y escritor italiano, Malaparte formó en los años veinte parte del movimiento fascista con el que rompió abruptamente en 1931 pasando a las filas del liberalismo. Publicó varias novelas de renombre y algunos ensayos que tuvieron gran difusión. En 1931, recién llegado a su exilio en París editó, en francés, su más célebre ensayo, *Técnica del golpe de Estado*, que conoció un inmediato éxito y numerosas ediciones en varios idiomas, siendo prohibido en Italia y Alemania. El principal objetivo de Malaparte fue el de mostrar "cómo se apodera uno de un Estado moderno". Su punto de partida sería la constatación de la existencia de "la lucha entablada entre los defensores del principio de la libertad y de la democracia, es decir, de los defensores del Estado parlamentario y sus adversarios". Frente a los defensores del sistema liberal democrático ("desde los liberales de la derecha hasta los socialistas de la izquierda") se encuentran los que denomina como *catilinarios* ("de extrema derecha y de extrema izquierda... es decir los fascistas y los comunistas"). En tanto en cuanto que los *catilinarios* pretenden la conquista del poder recurren a una táctica que en ocasiones no se hace explícita ni para los propios grupos que la utilizan. De esta forma, señalará la existencia de una técnica del golpe de Estado comunista, tomando como ejemplo la insurrección bolchevique y considerando que, para la conquista del poder por parte de los comunistas, no será tan importante la estrategia revolucionaria como la táctica insurreccional. Como gran maquinador del golpe bolchevique responsabiliza a Trotski. La dura e irónica respuesta de éste a Malaparte (*Documento* 6) constituye un reflejo, poco conocido, de la persistencia del debate a lo largo de los años treinta.

Un relato de un testigo presencial (*Documento* 7), como fue el periodista norteamericano John Reed, nos permite una observación cercana de los hechos acontecidos a lo largo de los días 24 y 25 de octubre (6 y 7 de noviembre según el calendario occidental). Su compromiso con los bolcheviques, todavía hoy sigue enterrado en la Plaza Roja de Moscú junto a la tumba de Lenin, así como su discutible utilización de los horarios le han hecho objetivo de duras críticas por su falta de objetividad y de rigor. En cualquier caso su testimonio de primera mano sigue siendo indiscutible. Por último, se incluyen dos fragmentos periodísticos de la época que nos dejan ver la diferente valoración que desde el primer día se realizó de los acontecimientos. La carta de Kritchievski, corresponsal de *L'Humanité*, condenando el "pretorianismo bolchevique", no deja de ser paradójica ya que el autor escribe en el que sería un periódico de larga tradición comunista en su sentido más ortodoxo (*Documento 8*). El texto de *Entente* sale al paso, apenas unos días después de los hechos, a las acusaciones de conspiración (*Documento* 9). El debate, como puede observarse, tiene una larga historia.

TEXTOS SELECCIONADOS

1. MANIFIESTO DEL GENERAL KORNÍLOV TRAS EL GOLPE DEL 25 DE AGOSTO DE 1917

Pueblo de Rusia, nuestro gran país está agonizando. Su final está próximo. Forzado a hablar claramente, yo, general Kornílov, declaro que el Gobierno Provisional, bajo presión de la mayoría bolchevique en los soviets, está actuando en completa armonía con el estado mayor alemán y, junto al inminente desembarco de las tropas enemigas cerca de Riga, acabará destruyendo al ejército y haciendo tambalearse al país.

La terrible convicción de la inevitable ruina del país me impulsa, en estos calamitosos momentos, a hacer un llamamiento a todos los rusos para que salven a su moribunda tierra. Todos aquellos en cuyos corazones lata un corazón ruso, todos aquellos que crean en Dios, y en la Iglesia, que recen para que Dios haga el mayor de los milagros: salvar nuestra patria.

Yo, general Kornílov, hijo de un campesino cosaco, declaro a todos sin excepción que no deseo otra cosa que la salvación de nuestra Gran Rusia, y prometo solemnemente conducir al pueblo, a través de la victoria sobre nuestros enemigos, hasta la Asamblea Constituyente, en la que se determinará su futuro destino y la forma de su futura vida política.

No puedo vender a Rusia a sus ancestrales enemigos, los alemanes, quienes convertirían en esclavos al pueblo ruso. Prefiero morir con honor en el campo de batalla antes de presenciar la vergüenza y la degradación de la tierra rusa

Pueblo de Rusia, la vida de nuestra patria está en vuestras manos.

General Kornílov

Novoe Vremia (29 de agosto de 1917). En John DABORN, *Rusia: Revolución y contrarrevolución. 1917-1924*, Madrid, Akal, 1996, traducción de Ana Pérez Humanes, págs. 68-69.

2. RESOLUCIÓN DEL CONSEJO DE LA REPÚBLICA DEL DÍA 24 DE OCTUBRE

I. La demostración armada que se prepara desde hace unos días, con el fin de dar un golpe de Estado, amenaza con provocar la guerra civil, crea un estado de cosas favorable a los pogromos y a la movilización de las fuerzas contrarrevolucionarias como las *Centurias Negras*, y traerá como consecuencia, inevitablemente, la imposibilidad de reunir la Constituyente, una nueva catástrofe militar, el fracaso de la revolución, la parálisis de la vida económica y el hundimiento total del país.

II. La razón del éxito de una tal agitación debe buscarse -aparte las condiciones objetivas de la guerra- en el retraso en adoptar ciertas medidas urgentes. Es, pues, necesario, ante todo, promulgar inmediatamente un decreto entregando la tierra a los Comités agrarios y adoptar una política exterior enérgica, proponiendo a los Aliados proclamar sus condiciones de paz y comenzar las negociaciones.

III. Es indispensable adoptar medidas inmediatas para refrenar el desarrollo de la anarquía y la agitación pogromista, y crear con este fin, en Petrogrado, un Comité de Salud Pública, compuesto por representantes del municipio y de los órganos de la democracia revolucionaria, que actúen en colaboración con el Gobierno provisional.

En John REED, *Diez días que estremecieron al mundo*, Barcelona, Orbis, 1985 (ed. original de 1919), traducción de Carmelo Saavedra, pág. 78.

3. EL MARXISMO Y LA INSURRECCIÓN

Entre las tergiversaciones del marxismo más aviesas y, quizá, más difundidas por los partidos "socialistas" dominantes figura la mentira oportunista de que la preparación de la insurrección –y, en general, la concepción de ésta como un arte– es "blanquismo".

El jefe del oportunismo, Bernstein, se ganó ya una triste celebridad al acusar al marxismo de blanquismo; y los oportunistas de hoy, en realidad, no renuevan ni "enriquecen" en nada las pobres "ideas" de Berstein al hablar a gritos del blanquismo.

¡Acusar a los marxistas de blanquismo porque consideran que la insurrección es un arte! ¿Cabe falseamiento más patente de la verdad, cuando ningún marxista niega que fue el propio Marx quien se pronunció del modo más concreto, claro e irrefutable sobre este problema, diciendo precisamente que la insurrección es *un arte*, que hay que tratarla como tal, que es necesario *conquistar* un primer triunfo y avanzar luego de éxito en éxito, sin interrumpir la *ofensiva* contra el enemigo, aprovechándose de su confusión, etc., etc.?

La insurrección, para poder triunfar, no debe apoyarse en una conjura, en un partido, sino en la clase de vanguardia. Esto, en primer lugar. En segundo lugar, debe apoyarse en *el entusiasmo revolucionario del pueblo*. Y en tercer lugar, debe apoyarse en *el momento crítico* de la historia de la creciente revolución en que sea mayor la actividad de la vanguardia del pueblo, en que sean mayores las *vacilaciones* en las filas de los enemigos y *en las filas de los amigos débiles, inconsecuentes e indecisos de la revolución*. Estas tres condiciones al plantear el problema de la insurrección son precisamente las que diferencian el *marxismo y el blanquismo.*

Pero, si se dan estas condiciones, negarse a considerar que la insurrección es *un arte* significa traicionar al marxismo y traicionar a la revolución. (...) Una vez convencidos de que la insurrección de los obreros de Petrogrado y de Moscú es absolutamente necesaria para salvar a la revolución y salvar a Rusia del reparto "separado" por los imperialistas de ambas coaliciones, debemos: primero, adaptar nuestra táctica política en la Conferencia Democrática a las condiciones de la creciente insurrección; segundo, demostrar que no aceptamos sólo de palabra la idea de Marx de que es preciso considerar la insurrección como un arte.

En la Conferencia Democrática debemos unir sin demora la minoría bolchevique, sin preocuparnos del número ni temer que los vacilantes sigan en el campo de los vacilantes: *allí* serán más útiles a la causa de la revolución que en el campo de los que luchan por ella con decisión y sin reservas.

Debemos redactar una breve declaración de los bolcheviques, en la que se subraye con la mayor energía la inoportunidad de los discursos largos, y, en general, de los "discursos"; la necesidad absoluta de romper por completo con la burguesía, de destituir totalmente al gobierno actual, de romper por entero con los imperialistas anglofranceses, que están preparando el reparto "separado" de Rusia; la necesidad de transferir en el pacto todo el poder a *la democracia revolucionaria, con el proletariado revolucionario a la cabeza.*

Nuestra declaración deberá formular *esta* conclusión en la forma más breve y tajante y de acuerdo con los proyectos programáticos: paz a los pueblos, tierra a los campesinos, confiscación de las ganancias escandalosas y represión del escandaloso sabotaje de la producción por los capitalistas.

Cuanto más breve y tajante sea la declaración, tanto mejor. En ella deberán destacarse con claridad otros dos puntos importantísimos: el pueblo está extenuado por tantas vacilaciones, el pueblo ha sido martirizado por la indecisión de los eseristas y los mencheviques; nosotros rompemos definitivamente con esos *partidos*, pues han traicionado a la revolución.

El otro punto es éste: al proponer inmediatamente una paz sin anexiones y romper en el acto con los imperialistas aliados, y con todos los imperialistas, obtendremos o bien el armisticio inmediato, o bien la incorporación de todo el proletariado revolucionario a la defensa; y la democracia revolucionaria, dirigida por él, emprenderá una guerra verdaderamente justa, verdaderamente revolucionaria.

Después de dar lectura a esta declaración, después de proclamar la necesidad de *decidir* y no de hablar, de *actuar* y no de escribir resoluciones, deberemos *enviar* a toda nuestra minoría *a las fábricas y a los cuarteles*: allí está su sitio, allí está el nervio de la vida, allí está la fuente del salvamento de la revolución, allí está el motor de la Conferencia Democrática.

Allí debemos exponer, en discursos fogosos y apasionados, nuestro programa y plantear el problema así: o la aceptación *íntegra* del programa por la conferencia, o la insurrección. No hay término medio. No se puede esperar. La revolución se hunde.

Si planteamos así el problema y concentramos toda nuestra minoría en las fábricas y en los cuarteles, *podremos elegir con acierto el momento para comenzar la insurrección.*

Y para enfocar la insurrección al estilo marxista, es decir, como un arte, deberemos, al mismo tiempo y sin perder un minuto, organizar un *Estado Mayor* de los destacamentos insurgentes, distribuir las fuerzas, lanzar los regimientos de confianza contra los puntos más importantes, cercar el Teatro de Alejandro y tomar la Fortaleza de Pedro y Pablo, detener al Estado Mayor General y al gobierno y enviar contra los cadetes y contra la "división salvaje" tropas dispuestas a morir antes que permitir al enemigo abrirse paso hacia los centros de la ciudad; deberemos movilizar a los obreros armados, llamándoles a una lucha desesperada, a la lucha final; deberemos ocupar inmediatamente las centrales de Telégrafos y de Teléfonos, instalar *nuestro* Estado Mayor de la insurrección junto a la Central de Teléfonos y poner en contacto telefónico con él todas las fábricas, todos los regimientos, todos los puntos en que se desarrolle la lucha armada, etc.

Todo esto, claro ésta, aproximadamente, sólo como un *ejemplo* de que en los momentos actuales es imposible mantenerse fieles al marxismo, a la revolución, *sin considerar la insurrección como un arte.*

Lenin, 13-14 de septiembre de 1917. Publicado por primera vez en 1921, en el nº 2 de la revista *Proletárskaya Revolutsia.* En Vladimir I. LENIN, *Entre dos revoluciones,* Moscú, Progreso, 1978, págs. 401-407.

4. EL ARTE DE LA INSURRECCIÓN

De ordinario se opone la conspiración a la insurrección, como la acción concertada de una minoría ante el movimiento elemental de la mayoría. En efecto: una insurrección victoriosa que sólo puede ser la obra de una clase destinada a colocarse a la cabeza de la nación; es profundamente distinta, tanto por la significación histórica como por sus métodos, de un golpe de Estado realizado por conspiradores que actúan a espaldas de las masas.

De hecho, en toda sociedad de clases existen suficientes contradicciones como para que entre las fisuras se pueda urdir un complot. La experiencia histórica prueba, sin embargo, que también es necesario cierto grado de enfermedad social –como en España, en Portugal y en América del Sur– para que la política de las conspiraciones pueda alimentarse constantemente. En estado puro, la conspiración, incluso en caso de victoria, sólo puede reemplazar en el poder camarillas de la misma clase dirigente o, menos aún, sustituir hombres de Estado. La victoria de un régimen social sobre otro sólo se ha dado en la historia a través de insurrecciones de masas. Mientras que, frecuentemente, los complots periódicos son la expresión del marasmo y la descomposición de la sociedad, la insurrección popular, en cambio, surge de ordinario como resultado de una rápida evolución anterior que rompe el viejo equilibrio de la nación. Las "revoluciones" crónicas de las repúblicas sudamericanas no tienen nada en común con la revolución permanente, sino que, al contrario, son en cierto sentido su antítesis.

Lo que acabamos de decir no significa en absoluto que la insurrección popular y la conspiración se excluyan mutuamente en todas circunstancias. Un elemento de conspiración entra casi siempre en la insurrección en mayor o menor medida. Etapa históricamente condicionada de la revolución, la insurrección de las masas no es nunca exclusivamente elemental. Aunque estalle de improviso para la mayoría de sus participantes, es fecundada por aquellas ideas en las que los insurrectos vean una salida para los dolores de su existencia. Pero una insurrección de masas puede ser prevista y preparada. Puede ser organizada de antemano. En este caso, el complot se subordina a la insurrección, la sirve, facilita su marcha, acelera su victoria. Cuanto más elevado es el nivel político de un movimiento revolucionario y más seria su dirección, mayor es el lugar que ocupa la conspiración en la insurrección popular. (...) En la combinación de la insurrección de masas con la conspiración, en la subordinación del complot a la insurrección, en la organización de la insurrección a través de la conspiración, radica el terreno complicado y lleno de responsabilidades de la política revolucionaria que Marx y Engels denominaban "el arte de la insurrección". Ello supone una justa dirección general de las masas, una orientación flexible ante cualquier cambio de las circunstancias, un plan meditado de ofensiva, prudencia en la preparación técnica y audacia para dar el golpe. (...)

De sus observaciones y reflexiones sobre los fracasos de numerosos levantamientos en los que participó o fue testigo, Augusto Blanqui dedujo un cierto número de reglas tácticas, sin las cuales la victoria de la revolución se hace extremadamente difícil si no imposible. Blanqui recomendaba la creación con el tiempo suficiente de destacamentos revolucionarios regulares con dirección centralizada, un buen aprovisionamiento de municiones, un reparto bien calculado de las barricadas, cuya construcción sería prevista y que se defenderían sistemáticamente. Por supuesto, todas estas reglas, concernientes a los problemas militares de la insurrección, deben ser inevitablemente modificadas al mismo tiempo que las condiciones sociales y la técnica militar cambien; pero de ningún modo son "blanquismo" en sí mismas, en el sentido que los alemanes puedan hablar de "putchismo" o de "aventurismo" revolucionario.

La insurrección es un arte y como todo arte tiene sus leyes. Las reglas de Blanqui respondían a las exigencias del realismo en la guerra revolucionaria. El error de Blanqui consistía no en su teorema directo, sino en el recíproco. Del hecho que la incapacidad táctica condenaba al fracaso a la revolución, Blanqui deducía que la observación de las reglas de la táctica insurreccional era capaz por sí misma de asegurar la victoria. Solamente a partir de esto es legítimo oponer el blanquismo al marxismo. La conspiración no sustituye a la insurrección. La minoría activa del proletariado, por bien organizada que esté, no puede conquistar el poder independientemente de la situación general del país: en esto el blanquismo es condenado por la historia. Pero únicamente en esto. El teorema directo conserva toda su fuerza. Al proletariado no le basta con la insurrección de las fuerzas elementales para la conquista del poder. Necesita la organización correspondiente, el plan, la conspiración. Es así como Lenin plantea la cuestión.

La crítica de Engels, dirigida contra el fetichismo de la barricada, se apoyaba en la evolución de la técnica en general y de la técnica militar. La técnica insurreccional del blanquismo correspondía al carácter del viejo París, a su proletariado, compuesto a medias de artesanos; a las calles estrechas y al sistema militar de Luis Felipe. En principio, el error del blanquismo consistía en identificar la insurrección con la barricada. (...)

Más de una vez, y mucho antes de la insurrección de Octubre, los bolcheviques habían tenido que refutar más de una vez las acusaciones que les dirigían sus adversarios, quienes les imputaban maquinaciones conspirativas y blanquismo. Y sin embargo nadie como Lenin llevó una lucha tan intransigente contra el sistema de pura conspiración. Los oportunistas de la socialdemocracia internacional tomaron más de una vez bajo su protección la vieja táctica socialista revolucionaria del terror individual contra los agentes del zarismo, resistiéndose a la crítica implacable de los bolcheviques, que oponían al individualismo aventurero de la *intelligentsia* el camino de la insurrección de masas. Pero al rechazar todas las variantes del blanquismo y del anarquismo, Lenin no se postraba ni un minuto ante la fuerza elemental "sagrada" de las masas. Había reflexionado antes, y con más profundidad que cualquier otro, sobre la relación entre los factores objetivos y subjetivos de la revolución, entre el movimiento de las fuerzas elementales y la política del partido, entre las masas populares y la clase avanzada, entre el proletariado y su vanguardia, entre los soviets y el partido, entre la insurrección y la conspiración.

León TROTSKI, *Historia de la Revolución Rusa (II)*, Madrid, Sarpe, 1985 (ed. original de 1932), traducción de Andrés Nin, Lucía González y Jaime Pastor, págs. 357-359.

5. EL GOLPE DE ESTADO TROTSKISTA

Si el estratega de la revolución bolchevique es Lenin, el táctico del golpe de Estado de octubre de 1917 es Trotski. (...) En la Europa moderna, el peligro comunista, del que tienen que defenderse los Gobiernos, no es la estrategia de Lenin: es la táctica de Trotski. No podría comprenderse la estrategia de Lenin independizada de la situación general de Rusia en 1917. La táctica de Trotski, por el contrario, no está ligada a las condiciones generales del país; su aplicación no depende de las circunstancias, que son indispensables para la estrategia de Lenin. La táctica de Trotski: he aquí la causa de que en todo país europeo un golpe de Estado comunista sea siempre un peligro. En otros términos: la estrategia de Lenin no puede ser aplicada, cualquiera que sea el país de la Europa occidental, sino en un terreno favorable y en iguales circunstancias que aquellas en que se encontraba Rusia en 1917. En "La enfermedad infantil del comunismo", el mismo Lenin observa que la originalidad de la situación política rusa en 1917 consistía en cuatro circunstancias específicas; circunstancias, añade, que no existen actualmente en la Europa occidental y que, indudablemente, no se producirán en ella jamás, ni iguales ni siquiera análogas. Es inútil exponer aquí esas cuatro circunstancias específicas, en las que consistía la originalidad de la situación política rusa en 1917. La estrategia de Lenin no constituye, pues, un peligro inmediato para los Gobiernos de Europa. El peligro actual –y permanente– para ellos es la táctica de Trotski. (...)

Lo que importa es la táctica insurreccional, es la técnica del golpe de Estado. En la revolución comunista, la estrategia de Lenin no constituye una preparación indispensable para la aplicación de la táctica insurreccional. No puede conducir, por sí misma, a la conquista del Estado. En Italia, durante los años 1919 y 1920, la estrategia de Lenin habrá sido plenamente aplicada, e Italia era realmente, en esa época, el país de Europa menos en sazón para la revolución comunista. Todo estaba preparado para el golpe de Estado. Pero los comunistas italianos creían que la situación revolucionaria del país, la fiebre sediciosa de las masas proletarias, la epidemia de las huelgas generales, la parálisis de la vida económica y política, la ocupación de las fábricas por los obreros y de las tierras por los campesinos, la desorganización del ejército, de la policía, de la burocracia, la falta de energía de la magistratura, la resignación de la burguesía y la impotencia del Gobierno, bastarían para entregar el poder a los trabajadores. El Parlamento pertenecía a los partidos de izquierda; su acción corroboraba la acción revolucionaria de las organizaciones sindicales. Lo que faltaba no era la voluntad de apoderarse del poder: era el conocimiento de la táctica insurreccional. La revolución se desgastaba en la estrategia. Esta estrategia era la preparación del ataque decisivo; pero nadie sabía cómo conducir el ataque. Habían acabado por ver en la monarquía (a la que se llamaba entonces una monarquía socialista) un grave obstáculo para el ataque insurreccional. A la mayoría parlamentaria de izquierda le preocupaba la acción sindical, que hacía temer una conquista del poder con independencia del Parlamento y hasta contra el Parlamento. Las organizaciones sindicales desconfiaban de la acción parlamentaria, porque tendía a transformar la revolución proletaria en un cambio de ministerio en beneficio de la pequeña burguesía. ¿Cómo organizar el golpe de Estado? Este era el problema durante los años 1919 y 1920; y no sólo en Italia, sino en casi todos los países de la Europa occidental. Los comunistas, decía Trotski, no saben sacar provecho de la lección de octubre de 1917, que no es una lección de estrategia revolucionaria, sino de táctica insurreccional.

Esta observación de Trotski es muy importante para hacer comprender en qué consiste la táctica del golpe de Estado de octubre de 1917, es decir, la técnica del golpe de Estado comunista.

Curzio MALAPARTE, *Técnica del golpe de Estado*, Madrid, Ulises, 1931 (ed. original de 1931: *Technique du coup d'État*, París, Bernard Grasset), traducción de Julio Gómez de la Serna, págs. 11-18.

6. LA INSURRECCIÓN DE OCTUBRE

No se puede comprender exactamente la insurrección de Octubre si sólo se examina su fase final. A finales de febrero, la partida de ajedrez de la insurrección se jugó desde el primer movimiento hasta el último, es decir, hasta el abandono del adversario; a finales de octubre, la partida principal pertenecía ya al pasado, y el día de la insurrección se trataba de resolver un problema bastante limitado: mate en dos jugadas. Es, por tanto, indispensable, fechar el período de la insurrección a partir del 9 de octubre, cuando surge el conflicto de la guarnición, o del 12, cuando se decidió crear el Comité militar revolucionario. La maniobra envolvente duró más de quince días. La fase más decisiva se prolongó cinco o seis días, desde el momento en que fue creado el Comité militar revolucionario. Durante todo este período actuaron directamente centenares de miles de soldados y obreros, formalmente a la defensiva, pero en realidad a la ofensiva. La etapa final, en el curso de la cual los insurrectos rechazaron definitivamente las formas convencionales de la dualidad de poderes, con su legalidad dudosa y su fraseología defensiva, duró exactamente veinticuatro horas: del 25, a las 2 de la mañana, hasta el 26, a las 2 de la mañana. En ese lapso de tiempo, el Comité militar revolucionario recurrió abiertamente a las armas para apoderarse de la ciudad y detener al gobierno: en las operaciones participaron, en total, sólo las fuerzas necesarias para cumplir una tarea limitada, en todo caso no más de veinticinco a treinta mil hombres.

Un autor italiano que escribe libros no sólo sobre *Las noches de los eunucos*, sino también sobre los más importantes problemas de Estado, visitó Moscú soviético en 1929, embarulló lo poco que había podido oír a izquierda y derecha y, basándose en todo ello, construyó un libro sobre *La técnica del golpe de Estado*. El nombre de este escritor, Malaparte, permite distinguirlo fácilmente de otro especialista en golpes de Estado que se llamaba Bonaparte.

Contrariamente a "la estrategia de Lenin", subordinada a las condiciones sociales y políticas de la Rusia de 1917, "la táctica de Trotski, según Malaparte, no está relacionada con las condiciones generales del país". A las consideraciones de Lenin sobre las premisas políticas de la insurrección, el autor quiere que Trotski responda: "Vuestra estrategia exige demasiadas condiciones favorables: la insurrección de nada necesita. Se basta a sí misma". Apenas se puede concebir un absurdo que se baste tan a sí mismo como éste. Malaparte repite varias veces que en Octubre la victoria se debió no a la estrategia de Lenin, sino a la táctica de Trotski. Aún ahora, esta táctica amenazaría la tranquilidad de los Estados europeos. "La estrategia de Lenin no constituye un peligro inmediato para los gobiernos de Europa. El peligro actual –y permanente– para ellos está en la táctica de Trotski". Concretando más todavía: "Poned a Poincaré en el lugar de Kerenski y el golpe de Estado bolchevique de octubre de 1917 triunfará de igual modo". Es inútil que intentemos distinguir para qué podía servir en general la estrategia de Lenin, que dependía de las condiciones históricas, si la táctica de Trotski resolvía el mismo problema en todas las circunstancias. Queda por añadir que tan notable libro ha sido publicado en varias lenguas. Es evidente que los hombres de Estado aprenden en él cómo eliminar los golpes de Estado. Les deseamos mucha suerte.

Leon TROTSKI, *Historia de la Revolución Rusa*, ob. cit., pág. 441.

7. LOS ACONTECIMIENTOS DE LOS DÍAS 24 Y 25 DE OCTUBRE DE 1917

Al caer la tarde, destacamentos de guardias rojos comenzaron a ocupar las imprentas de la prensa burguesa, en las que tiraron, en varios cientos de miles de ejemplares, el *Rabotchi Put*, el *Put*, el *Soldat*, y diversas proclamas.

La milicia municipal recibió orden de hacer evacuar los edificios, pero se encontró con barricadas levantadas y defendidas por hombres armados. Las tropas que recibieron orden de atacar las imprentas se negaron a marchar.

Hacia la medianoche, se presentó en la sociedad del "Pensamiento Libre" un coronel al mando de un destacamento de *junkers* para detener al director del *Rabotchi Put*. Inmediatamente, se congregó en la calle una multitud enorme y amenazó con linchar a los *junkers*. Al coronel no le quedó más recurso que implorar su propia detención y la de sus *junkers*, y solicitar que se les pusiera en seguridad en la prisión de la fortaleza de Pedro y Pablo, a lo cual accedió.

A la una de la mañana un destacamento de soldados y marinos ocupó la Central de telégrafos. A la una y treinta y cinco minutos fue ocupado el edificio de Correos. Al amanecer, se tomó el Hotel Militar, y, a las cinco, la Central telefónica. A las diez de la mañana se tendió un cordón de tropas en torno al Palacio de Invierno.

Desde las cuatro de la mañana hasta el amanecer, Kerenski permaneció en el Cuartel general del Estado Mayor de Petrogrado, expidiendo órdenes a los cosacos y a los *junkers* de las diferentes escuelas militares de Petrogrado y sus alrededores; todos respondieron que no se encontraban en situación de marchar.

El coronel Polkovnikov, comandante en jefe de la plaza, iba y venía del Estado mayor al Palacio de Invierno, sin tener, manifiestamente, ningún plan definido. Kerenski dio orden de abrir los puentes; transcurrieron tres horas sin que se hiciera nada; por último, un oficial y cinco hombres se pusieron en camino por propia iniciativa y, haciendo huir a un piquete de guardias rojos, abrieron el puente Nicolás. Pero apenas se habían retirado cuando acudieron los marinos a cerrarlo de nuevo. (...)

Al atardecer, se presentaron en el cuartel general del Estado mayor dos soldados en bicicleta como delegados de la fortaleza de Pedro y Pablo. Penetraron en la sala de conferencias del Estado mayor, donde se encontraban reunidos Kichkin, Rutenberg, Palchinski, el general Bagratuni, el coronel Paradielov y el conde Tolstoi y exigieron la rendición inmediata del Estado mayor, amenazando con bombardearlo en caso de negativa... Después de dos conferencias, celebradas en medio del pánico, el Estado mayor se retiró al Palacio de Invierno y el Cuartel general fue ocupado por los guardias rojos.

En las últimas horas de la tarde, varios automóviles blindados bolcheviques circularon alrededor de la plaza del Palacio y los soldados soviéticos trataron infructuosamente de parlamentar con los *junkers*...

A las siete de la tarde se comenzaron a disparar algunos tiros contra el Palacio de Invierno.

A las diez de la noche, se abrió fuego de artillería desde tres direcciones; la mayor parte de los disparos eran de salva; solamente tres granadas de pequeño calibre hicieron blanco en la fachada del Palacio.

John REED, *Diez días que estremecieron al mundo*, ob. cit., págs. 293-295.

8. LA OPINIÓN DE LA PRENSA: CONSPIRACIÓN

Fue un complot en toda la extensión de la palabra. No fue un complot de obreros armados. Fue un complot militar, realizado por los pretorianos bolcheviques de la guarnición inactiva, relajada y podrida de Petrogrado, con la ayuda de los marineros y de algunas pequeñas unidades de la flota del Báltico entregada a los bolcheviques... No, los obreros de Petrogrado no merecen, a pesar de todo, la sangrienta injuria de estar asociados al golpe de Estado de los Bonaparte del bolchevismo, epíteto aplicado a Lenin y Trotski por la *Rabotchaia Gazeta* (El Diario Obrero), órgano del Comité central del partido menchevique.

Carta de Kritchievski, corresponsal de *L'humanité*, 30 de octubre de 1917. En Carles-Olivier CARBONELL, *El gran octubre ruso*, Madrid, Guadarrama, 1968, traducción de José M. Velloso, págs. 38-39.

9. LA OPINIÓN DE LA PRENSA: REVOLUCIÓN

El gobierno de Kerenski discute y vacila. El gobierno de Lenin y Trotski ataca y actúa.

Se llama a este último un gobierno de conspiradores; eso es falso. Un gobierno de usurpadores, sí, como todos los gobiernos revolucionarios que triunfan sobre sus adversarios. Conspiradores, ¡no!

¡No! No han urdido ninguna conspiración. Al contrario, de una manera abierta, audazmente, sin embozos, sin disimular sus intenciones, multiplicaron su agitación, intensificaron su propaganda en las fábricas, en los cuarteles, en el frente, en los campos, en todas partes, llegando incluso a señalar de antemano el día en que empuñarían las armas, el día en que se adueñarían del poder...

¿*Ellos* conspiradores? ¡Jamás!...

Extracto de *Entente*, periódico francés que aparecía en Petrogrado, 2 de noviembre de 1917. En John REED, *Diez días que estremecieron al mundo*, ob. cit., pág. 292.

BIBLIOGRAFÍA

AGULHON, Maurice, *Blanqui et les blanquistes*, París, Sedes, 1986.

ANWEILER, Oskar, *Los soviets en Rusia, 1905-1921*, Madrid, Zero, 1975.

BOUKOVSKI, Vladimir, *La Unión Soviética. De la utopía al desastre*, Madrid, Arias Montano, 1991.

CARBONELL, Charles-Olivier, *El gran octubre ruso*, Madrid, Guadarrama, 1968.

CARR, Edward H., *La revolución rusa: de Lenin a Stalin, 1917-1929*, Madrid, Alianza, 1991.

DABORN, John, *Rusia: Revolución y contrarrevolución*, Madrid, Akal, 1996.

FERNÁNDEZ GARCÍA, Antonio, *La revolución rusa*, Madrid, Istmo, 1990.

GRANT, Ted, *Rusia. De la revolución a la contrarrevolución*, Madrid, Fundación Federico Engels, 1997.

KOCHAN, Lionel, *Rusia en revolución*, Madrid, Alianza, 1968.
LENIN, Vladimir I., *Entre dos revoluciones*, Moscú, Progreso, 1978 (ed.).
— *Acerca de la Gran Revolución Socialista de Octubre*, Moscú, Progreso, 1967 (ed.).
MALAPARTE, Curzio, *Técnica del golpe de Estado*, Madrid, Ediciones Ulises, 1931.
MANDEL, Ernest, *Octubre de 1917: Golpe de Estado o revolución social*, Cuadernos de Estudio e Investigación, nº 17-18, 1992.
MELGUNOV, Serguei, *How the bolcheviks grabbed power: coup d'Etat in october 1917*, Londres, Overseas Publications, 1984.
MEYER, Jean, *Rusia y sus imperios, 1894-1991*, México, Fondo de Cultura Económica, 1997.
MOYNAHAN, Brian, *The Russian Century*, Londres, Pimlico, 1997.
OLDENBOURG, Serge (ed.), *Le coup d'État bolcheviste: 20 octobre-3 decembre 1917*, París, Payot, 1929.
PLATÓN, Miguel, *El fracaso de la utopía. Por qué cayó el comunismo*, Madrid, Espasa, 1997.
REED, John, *Diez días que estremecieron al mundo*, Barcelona, Orbis, 1985 (ed. original de 1919).
TAIBO, Carlos, *La Unión Soviética (1917-1991)*, Madrid, Síntesis, 1993.
TROTSKI, Leon, *Historia de la revolución rusa* (2 vol.), Madrid, Sarpe, 1985.
VIDAL MANZANARES, César, *La ocasión perdida. Las revoluciones rusas de 1917*, Barcelona, Península, 1997.
— *La estrategia de la conspiración*, Barcelona, Ediciones B, 2000.

CAPÍTULO 2

GOLPES DE ESTADO EN EL PERÍODO DE ENTREGUERRAS

En un período de poco más de veinte años, el conocido como *de entreguerras*, se concentra uno de los momentos más intensos de todo el siglo XX. Los conflictos de todo tipo que en él tuvieron lugar, especialmente en Europa, determinaron la evolución de prácticamente el resto del siglo. Cuando en 1914 estalla en el continente europeo la primera guerra mundial puede afirmarse que el Estado liberal, en sus aspectos formales y jurídicos, estaba plenamente consolidado. A lo largo de todo el siglo XIX, la articulación de un aparato administrativo y de unos principios constitucionales habían contribuido a su asentamiento. Sin embargo, la guerra europea, la más destructora hasta entonces, no sólo acabó con las monarquías e imperios de Austria-Hungría, Rusia, Alemania y la Turquía otomana sino que además hizo que se tambalearan las propias estructuras del Estado liberal, incapaz de asumir el crecimiento del papel estatal y la presión de las masas. La crisis política, económica e internacional hizo que sus débiles cimientos se resintieran. En una situación de temor y pérdida de privilegios para determinados grupos, de esperanza para otros, de confusión ideológica y, en definitiva, de lucha por el poder, el uso de la violencia con fines políticos y el recurso al golpe de Estado entraban dentro de lo previsible. En cuanto a los golpes que tienen lugar en el período de entreguerras apreciamos dos cuestiones decisivas. Por un lado, la lucha entre distintas concepciones políticas, antagónicas y excluyentes, como resultado del auge del fascismo y del comunismo de ascendencia soviética. El fascismo, consciente de su falta de apoyos populares en una primera etapa, optó por la vía conspirativa en su camino hacia la conquista del poder. En todo momento los fascismos europeos intentaron conseguir los apoyos necesarios para su empresa apoyándose en la defensa de determinados principios ideológicos y en la agitación de la amenaza que, para determinados grupos, suponía la revolución socialista. Los distintos movimientos fascistas, enraizados en las respectivas tradiciones intelectuales más reaccionarias, cuya apelación última se apoyaba en un nacionalismo integrador, no dudaron en recurrir a aquellos grupos que poseían los recursos que ellos, por sí mismos, no tenían. La segunda cuestión, en directa relación con la anterior, se refiere a la creciente influencia e intervención de los ejércitos en las políticas nacionales.

La crisis del Estado liberal se intentó superar desde proyectos que constituían una ruptura total con respecto a lo que el liberalismo representaba: el fascismo y el comunismo intentaron derrotar al liberalismo desde la alteración de sus mecanismos, en el primer caso, o desde la superación de sus principios, en el segundo. En la lucha establecida entre las distintas corrientes ideológicas antagónicas, en su afán por acceder al poder, podemos destacar la marcha sobre Roma de Mussolini en 1922 o el intento de golpe de Ludendorff y Hitler en Alemania en 1923: en ambos casos se hace presente la lucha del fascismo contra los regímenes liberales en que se desarrollan y contra el socialismo al que combaten. Ante la imposibilidad de acceder inicialmente al poder por la vía electoral sus protagonistas recurrieron a la utilización de la fuerza: no exclusivamente desde fuera del Estado, sino con fuertes apoyos internos.

El fascismo italiano fue en buena medida obra de Benito Mussolini, antiguo militante socialista (director del diario *Avanti*), que en 1914 se unió al *Fascio Rivoluzionario*, grupo formado por sindicalistas y asociaciones locales que adoptó un nombre con larga tradición entre los movimientos de izquierda italianos. Posteriormente, en 1919, una vez acabada la primera guerra mundial, distintos grupos liderados por Mussolini, entre los que destacaban antiguos sindicalistas, miembros del movimiento futurista y excombatientes, formaron un nuevo movimiento nacionalista revolucionario: los *Fasci Italiani di Combattimento*, dirigidos a las masas, de carácter elitista, con una ideología más definida, una particular liturgia, y radical y definitivamente alejados de sus orígenes izquierdistas. Pese a su fracaso inicial el movimiento fascista remontó el vuelo al erigirse en defensor de las clases medias agraviadas por la crisis y amenazadas por la acción de diversos grupos inscritos en la órbita socialista. De esta forma pasó de 20.000 miembros, en 1920, a 200.000, en 1921. Dispuesto a domar a los fascistas, el primer ministro Giolitti los incluyó en su coalición electoral, lo que les permitió en 1921 conseguir, con 38 diputados, algo más del 7 por ciento de los escaños. Lejos de seguir los dictados liberales, el fascismo italiano se radicalizó en su empleo de la violencia y aceleró su conversión en una organización de masas con una particular puesta en escena: uniformes, desfiles, banderas, cánticos y ceremonias dotaron al fascismo de la liturgia estética que lo caracteriza. Sin embargo, las limitaciones organizativas del fascismo condujeron, en el congreso celebrado en noviembre de 1921, a la conversión del movimiento en un partido político, el *Partito Nazionale Fascista* (PNF), bajo el mando indiscutible de Mussolini, al que se comenzó a denominar como *Duce* (jefe). Dado que la vía de las urnas no había rendido los frutos esperados se recurrió a la preparación de un golpe de Estado que tuvo, en su organización y desarrollo, una originalidad particular. Durante el año 1922 la conquista del poder estatal fue el principal y único objetivo fascista. Para ello se dedicó con ahínco a conseguir los apoyos que permitieran dicha acción, comenzando por controlar numerosos gobiernos locales, especialmente en el norte de Italia, con el fin de lograr la base desde donde lanzar la ofensiva final. Tras obtener el apoyo de importantes sectores del ejército, formalmente obediente al poder constituido pero apoyando a los fascistas bajo la forma de neutralidad, Mussolini lanzó su "Marcha sobre Roma". En la noche del 29 de octubre decenas de miles de camisas negras acamparon a las afueras de Roma e inmediatamente el rey pidió a Mussolini la formación de un nuevo gobierno. Es decir, se conjugó la insurrección de masas con la estrategia clásica del pronunciamiento: se reclama el poder, bajo la amenaza de utilización de la violencia, para determinados grupos que tienen apoyos en las estructuras estatales o forman parte de ellas. Mientras que en el caso de las intervenciones militares la conceptualización como golpe de Estado no admite equívocos es más delicado hacerlo en los asaltos al poder de los fascistas italianos y de los nacionalsocialistas alemanes. Si pretendemos diferenciar los golpes de Estado de otras manifestaciones distintas de conquista del poder con recurso a la violencia, como puedan ser las revoluciones, parece obligado ajustar los hechos a unos mínimos comunes que nos permitan identificar cada uno de ellos. Aunque algunos autores, como por ejemplo Goodspeed, identifican los acontecimientos en Italia en 1922 con lo ocurrido en la Revolución Rusa, en este caso para incluir ambos casos entre los golpes ("el levantamiento de octubre no pasó de ser un brillante golpe de Estado perteneciente a la misma especie que el de la marcha de los camisas negras sobre Roma"), es necesario, una vez más, apelar al rigor conceptual que los clasifique adecuadamente diferenciando procesos revolucionarios, como el ruso, de acontecimientos que atienden mejor a las características de un golpe de Estado, como el asalto fascista de 1922. Un análisis detenido del caso italiano nos permite observar cómo varios jefes del ejército formaban parte de la conspiración y presionaron al rey Víctor Manuel amenazándole con la deslealtad de las fuerzas armadas en caso de contrariar sus pretensiones. Tres generales prestaron ayuda directa a la Marcha. Además, en los años anteriores al golpe, la organización política y sindical fascista había formado una extensa red que se desplegaba por buena parte del Estado: municipios, ejército, distintas administraciones estaban ocupadas por los fascistas en el momento del definitivo asalto al poder; el propio Mussolini era diputado en el

Parlamento. Pese a no tratarse de un golpe militar en sentido estricto, parece fuera de toda duda su adscripción golpista.

Más discutible, por su parte, es la utilización del concepto en el caso de Hitler. En la formación del nacionalsocialismo alemán determinados sectores ultranacionalistas supieron utilizar hábilmente la reacción originada por la crisis encauzando los diversos sentimientos de fracaso y frustración en que estaba sumido el pueblo germano. La paz impuesta por los vencedores en el Tratado de Versalles tras la derrota de Alemania en la primera guerra mundial supuso una grave humillación que fue acompañada de un período inestable, violento y de retroceso económico. Entre los numerosos grupos de derecha nacionalista que surgieron al finalizar la primera guerra mundial sólo destacó el Partido de los Obreros Alemanes (DAP), fundado por un mecánico ferroviario empapado de nacionalismo populista llamado Anton Drexler, que comenzó su actividad en Munich en el mes de enero de 1919. En sus inicios no fue más que un pequeño grupo, con apenas cincuenta militantes, hasta que se incorporó Adolf Hitler, un veterano de guerra que, dada su capacidad oratoria, pronto se convirtió en uno de sus principales líderes. En febrero de 1920, apenas un año después de la fundación del DAP, Hitler celebró un mitin al que asistieron dos mil personas y en el que se presentaron los veinticinco puntos del partido. Redactados por Hitler y Drexler, proclamaban la superioridad racial de los alemanes, proponían una reforma de la economía, denunciaban judíos y comunistas y rechazaban el Tratado de Versalles. Con el fin de ampliar el partido sustituyeron su nombre por el de Partido Nacional Socialista de los Obreros Alemanes (NSDAP). En 1923 llegó a tener más de cincuenta mil afiliados, de los que buena parte estaba integrada en las SA (grupos de asalto creados en 1921). Fue en este momento cuando Hitler, apoyado en la crisis política alemana, intentó conquistar el poder del mismo modo en que lo había conseguido Mussolini un año antes. En un mitin celebrado en la ciudad de Munich el 8 de noviembre de 1923 Hitler anunció que los gobiernos de Alemania y Baviera habían sido derrocados. Gracias al apoyo del general Ludendorff, héroe de la primera guerra mundial y referencia del nacionalismo alemán, consiguió movilizar a lo largo de toda la noche a varios miles de miembros de las SA que, sin embargo, no lograron, gracias a la veloz reacción del gobierno de Berlín, ningún objetivo destacable. Al día siguiente, tras comprender que poco podían hacer, intentaron tomar un acuartelamiento que se saldó, después de un breve tiroteo, con varios muertos y la desbandada general. Los dirigentes de la intentona fueron detenidos y el NSDAP ilegalizado. El tiempo que Hitler pasó en la cárcel lo aprovechó para escribir *Mein Kampf* (Mi lucha), una autobiografía en la que exponía su pensamiento en torno a las ideas de raza y espacio vital que, en definitiva, no era más que un pésimo panfleto trufado de racismo y darwinismo social, pero que, como elemento indicativo del contexto en que surgió el nazismo, fue un gran éxito de ventas. A partir de este momento la estrategia de asalto al poder fue sustituida por la vía electoral. En 1925, tras cumplir sólo un año de los cinco a que había sido condenado, Hitler puso de nuevo en marcha el NSDAP centralizando su dirección y acabando con cualquier intento de disidencia. Su crecimiento fue, en un primer momento, más lento de lo esperado, consiguiendo en las elecciones nacionales de 1928 tan sólo el dos y medio por ciento de los votos. Sin embargo, ese mismo año Hitler modificó su estrategia ampliando su discurso a todas las clases y sectores sociales, elemento que, añadido a los efectos de la crisis económica de 1929, tuvo como consecuencia el incremento del número de seguidores y votantes. En las elecciones parlamentarias de septiembre de 1930 consiguió el 18% de los votos (107 escaños); en las presidenciales de 1932 el 37%; en las parlamentarias, también de 1932, el 37% y 230 escaños. En 1933 Hindenburg nombró canciller a Hitler. Si la estrategia golpista había fracasado, el principal objetivo se había cumplido. Se había llegado a la ruptura por la vía electoral. En esta ocasión, lo que no había conseguido el voto de las armas lo hizo el voto de las urnas.

La segunda cuestión a destacar en los golpes de Estado que tuvieron lugar en el período de entreguerras fue la, cada vez mayor, presencia e intervención de los ejércitos en las políticas nacionales. Conforme se consolidó el Estado liberal a lo largo del siglo XIX, la complejidad creciente de los Estados, la división funcional del trabajo en su interior, la multiplicación de áreas de control y la existencia de un personal organizado a cargo de su administración dificultaron la toma violenta de los Estados pero, paradójicamente, facilitaron su estructuración y, por tanto, el acceso a sus puntos neurálgicos. De esta forma, tal y como hemos señalado, al ser necesario el control de distintas organizaciones administrativas estatales para realizar un golpe, cobrarán enorme fuerza los aspectos técnicos que permitan ese control. Una de las características del Estado liberal será la incardinación de los ejércitos en el seno de las administraciones públicas después de siglos de estrecha relación entre ambos. Para realizar un análisis detenido de dicha relación sería preciso resaltar la importancia decisiva que tuvo la financiación de la guerra en la aparición de las formas estatales o la creciente intervención interna del ejército para resolver conflictos y reprimir disturbios, convirtiéndose en elemento de principal importancia para asegurar el poder estatal. Aunque, sin duda, el debate sobre la formación del Estado, la burocratización de las fuerzas armadas y el papel desempeñado por los ejércitos en el desarrollo de las políticas interna y externa es algo que, por su extensión, excede lo pretendido aquí, parece oportuno señalar, siquiera brevemente, el papel que llegado el siglo XX jugarán los militares en el marco de la acción política. Siguiendo a Michael Mann podemos observar que el poder militar, preponderante en la determinación de la estructura social durante el siglo XVIII, pasó a ser "formalmente monopolizado y restringido por los Estados". Una vez asumidas por el Estado, las funciones militares produjeron lo que Mann denomina *cristalización militar*: "geopolítica porque se empleaba en la guerra exterior, y nacional, porque reprimía el descontento ciudadano". De lo que resulta la paradoja de que "pese a la incorporación formal del poder militar... la autonomía de la casta militar y su poder segmental aumentaron". Al comenzar el siglo XX, consolidado el Estado liberal, las fuerzas armadas no sólo serán parte integrante de ese Estado sino actor fundamental y con creciente autonomía en la toma de decisiones interna. De este modo, las políticas nacionales pasarán en multitud de ocasiones por sus manos llegando a manifestarse su control, en determinados casos y circunstancias, bajo la forma de golpes de Estado. En golpes como los que protagonizaran el general Von Lüttwitz en Alemania en 1920, el general Primo de Rivera en España en 1923, el mariscal Pilsudski en Polonia en 1926 o el general Uriburu en Argentina en 1930, está claro el protagonismo de unos ejércitos que, lejos de permanecer al margen de las disputas políticas, tomaron partido activo en determinadas coyunturas históricas. En algunos casos, como en el derrocamiento del presidente Yrigoyen el 6 de septiembre de 1930, esta toma de partido vendría a establecerse de forma continua durante décadas. En el resto de Latinoamérica el elevado número de golpes que tuvo lugar en los años treinta, en plena crisis económica capitalista tras la gran depresión de 1929, también daría paso a varias décadas de intervenciones militares golpistas: los golpes de Sánchez Cerro en Perú y de Vargas en Brasil en 1930, de Hernández Martínez en El Salvador en 1931 o el autogolpe del presidente Gabriel Terra en Uruguay en 1933, entre otros, dan señal de la fuerza del fenómeno. De igual forma el golpe de Primo de Rivera en 1923 en España abrirá la puerta a una sucesión continua de golpes intervencionistas de carácter militar que tendrá su máxima expresión, y sus más trágicas consecuencias, en el período de la Segunda República española.

El primero de los textos seleccionados recoge la descripción y valoración realizadas por Curzio Malaparte, en su *Técnica del golpe de Estado*, sobre el golpe de Kapp en la Alemania de 1920 (*Documento* 10). Apenas dos años después de la derrota alemana en la primera guerra mundial, los problemas del país eran innumerables. A las dificultades económicas había que sumar la agitación social y las presiones de ciertos sectores del ejército que deseaban implantar un gobierno autoritario que cerrara el paso al movimiento revolucionario y, desde planteamientos nacionalistas radicales, devolviera a Alemania el honor perdido tras la guerra. En la noche del 12 al 13 de marzo de ese año varias divisiones del ejército alemán al mando del general Walther von Lüttwitz enviaron un *ultimátum* al gobierno presidido por el socialdemócrata Gustav Bauer exigiéndole que entregara el poder a Wolfgang Kapp, fundador del partido pangermanista *Nationale Vereinigung*. Pese a la resistencia del gobierno, Berlín fue ocupado y tomados todos los puntos de importancia estratégica. Bauer abandonó Berlín y, de este modo, Kapp se proclamó a sí mismo jefe del gobierno y a Von Lüttwitz jefe de las fuerzas armadas. Sin embargo, lejos de echarse atrás, tanto Bauer como Ebert, presidente de la República, hicieron un llamamiento a la huelga general. La ciudad y el país se paralizaron gracias a la huelga de los obreros y, especialmente, de los funcionarios, que impidieron que incluso las órdenes del nuevo gobierno pudieran transmitirse de forma adecuada. El golpe fue abortado. Su fracaso fue, según Malaparte, una lección "para todos los que conciben la táctica revolucionaria como un problema de orden político y no de orden técnico". El error de Kapp fue su falta de visión ya que tomó desde el comienzo "el aspecto clásico de un golpe de Estado claramente militar, tanto en su planteamiento como en su ejecución". Malaparte dirigió su atención a los aspectos técnicos de la acción y a la movilización popular que consiguió detener el golpe, interés que demostró igualmente en otros casos ocurridos en Europa en idéntico período de entreguerras como el de Pilsudki, en Polonia en 1926, o el de Primo de Rivera, en España en 1923. En estos golpes, al igual que en el de Kapp, Malaparte valoró de forma especial la técnica aplicada (que fue notablemente distinta y ajustada a cada caso), elemento fundamental para el éxito o fracaso de la acción.

El auge de nuevas concepciones políticas como el fascismo italiano y el nacionalsocialismo alemán, caracterizadas por su antiliberalismo radical y en un contexto de lucha contra un comunismo revitalizado tras la Revolución Rusa, trajo consigo distintos intentos de alcanzar el poder a través de métodos antidemocráticos que encontraron en el golpe de Estado una forma fácil de conseguirlo. Tal y como hemos señalado, Mussolini en 1922 y Hitler en 1923 intentaron, con desigual éxito, sendos golpes para tomar el control estatal. Desde el comienzo de los años veinte el objetivo de las fuerzas fascistas italianas fue lograr los apoyos que permitieran dicho golpe. Para ello comenzaron controlando numerosos gobiernos locales, especialmente en el norte de Italia, con el fin de conseguir la base desde donde lanzar la ofensiva final. En julio de 1922 esta primera operación llegó a su punto culminante. A ella hace referencia el fragmento del artículo "L'imminente crollo delle ultime roccaforti del *pus*" (*Documento* 11) publicado por Mussolini en *Il Popolo d'Italia*. Tras conseguir el apoyo de importantes sectores del ejército, formalmente obediente al poder constituido pero apoyando a los fascistas bajo la forma de neutralidad, Mussolini lanzó su "Marcha sobre Roma" (*Documento* 12). En su planificación se había previsto cierto número de concentraciones y desfiles en distintas ciudades como Milán, Venecia, Trento, etc., y la ocupación de Roma partiendo de tres localidades vecinas. El 27 de octubre de 1922 comenzó la marcha, que desde el punto de vista organizativo dejó bastante que desear, y en la noche del 28 varios miles de *squidristi*, bastantes menos de los previstos, acamparon a las afueras de Roma. Inmediatamente, al día siguiente, el rey pidió a Mussolini la formación de un nuevo gobierno. En el caso de Hitler el resultado fue totalmente distinto. En líneas generales su acción imitaba la realizada por los fascistas italianos: una demostración de fuerza con el apoyo de parte del ejército. Sin embargo, Hitler no tenía más fuerzas que las de su partido y, por carecer de apoyos firmes en el seno de la administración y de las fuerzas armadas, se encontraba en solitario frente al aparato estatal. El fracaso de su intentona le llevó a cambiar de estrategia, cambio que finalmente le conduciría al éxito a través de una vía totalmente diferente. Una vez en el poder, el recuerdo de lo acontecido en la marcha sobre Munich de 1923 se convirtió en referente idealizado para el nacionalsocialismo. Quince años después Hitler recordaba de forma épica (*Documento* 13) lo que en su momento fue un clamoroso fracaso. A partir del revés golpista se produjo un cambio radical en la estrategia de acceso al poder (*Documento* 14) aunque no en la continuidad de sus objetivos. De hecho se reconoce que, en lo que a los enemigos se refiere, "eliminarlos por el voto lleva más tiempo que eliminarlos por las armas". En cualquier caso, como conclusión a la discusión sobre la clasificación de ambos casos, cabe señalarse que si en el caso italiano se puede hablar de un golpe de Estado *sui géneris*, mayor dificultad tiene su aplicación al caso alemán donde no hubo nada más allá de una insurrección fracasada y un cambio de estrategia.

El manifiesto y bando escritos por el general Primo de Rivera con ocasión del golpe del 13 de septiembre de 1923, dirigido por él mismo, son dos textos que nos acercan a las motivaciones de los militares golpistas involucrados y que nos permiten comprobar, además del terrible estilo literario del futuro dictador, las intenciones y la justificación vergonzante de su acción. A lo largo de todo el período conocido como la Restauración, el ejército español había abandonado el protagonismo intervencionista que había tenido durante el siglo XIX. El golpe de Primo de Rivera, además de acabar con esa situación, abrió un nuevo período en el que los militares se convertirían en actor principal y que conduciría a la guerra civil de 1936. Las razones esgrimidas como causa de la intervención militar se recogen en el manifiesto elaborado por Primo de Rivera (*Documento* 15). Pese a comenzar diciendo que "no tenemos que justificar nuestro acto", realiza un pormenorizado listado de todos los males que aquejan al país: asesinatos, atracos, depreciación de la moneda, intrigas políticas, propaganda comunista, propaganda separatista, etc. Ante esta situación, se constituye un Directorio militar, en Madrid, que pondrá orden en el país. Los golpistas se reclaman como el Somatén: figura con larga tradición en Cataluña (Primo de Rivera era capitán general en Barcelona) consistente en un cuerpo armado de carácter paramilitar que persigue a los criminales. El manifiesto fue publicado por la prensa catalana el 13 de septiembre. Ese mismo día se hacía público el bando que declaraba el estado de guerra en todo el territorio catalán, coincidente con el de la cuarta región militar (*Documento* 16). De especial importancia fue el papel que jugó el rey Alfonso XIII ya que su apoyo al golpe tendría como consecuencia directa el fin de la monarquía que representaba. La propia explicación de su acción intenta, demasiado tarde, buscar la justificación de sus actos y manifestar desconocimiento de los preparativos golpistas (*Documento* 17). El golpe de Estado dio paso una dictadura cuyo fracaso, en 1930, condujo a la República. Sin embargo, la proyección de la dictadura iría más allá de los apenas siete años que se mantuvo en pié. Tal y como afirma José Luis Gómez Navarro, la dictadura se proyectó hacía el futuro al realizar aportaciones decisivas a la ideología del sistema político franquista, al conformarse como lugar de extracción de la futura *élite* franquista y al elaborar el "estilo de gobierno" también utilizado por Franco. En cualquier caso, la herencia más importante fue la de un ejército intervencionista que llevaría a cabo, en vista del éxito, futuros golpes de Estado.

Por último, el golpe del general José Félix Uriburu, en 1930, también abriría una larga época de intervencionismo militar en los asuntos políticos argentinos que no se superaría hasta que cambiara la situación internacional tras el fin de la guerra fría. La intervención del ejército argentino para solucionar distintos momentos de crisis política sería durante décadas uno de los modelos clásicos de golpismo latinoamericano. Tiene especial interés este golpe ya que Uriburu, tras acabar con un largo período de normalidad constitucional que se remontaba a 1861, intentó instaurar un régimen autoritario de inspiración fascista, teniendo siempre en cuenta la dificultad de trasladar este término para definir la realidad latinoamericana, sin conseguirlo debido a la oposición de las fuerzas que lo apoyaron. No obstante, el golpe se inscribe entre aquellos que, como consecuencia directa de los efectos de la crisis de 1929, tuvieron lugar en buena parte de América Latina. La crisis afectó duramente a la mayoría de países latinoamericanos. La etapa de prosperidad que habían experimentado en los años anteriores a la crisis se había apoyado en el crédito bancario que, lógicamente, quedó interrumpido. En el conjunto de América Latina, la producción industrial cayó, entre 1929 y 1932, en un 45 por ciento. Si los regímenes más o menos democráticos dominaban antes de la crisis, el autoritarismo militar se hizo presente tras la misma. Entre los años 1930 y 1935 los cambios de régimen a través de la violencia afectaron a prácticamente todos los países. Brasil (1930), Ecuador (1931), El Salvador (1931), Perú (1930) y Venezuela (1931), entre otros, sufrieron golpes de Estado. De todos ellos, hemos destacado el que tuvo lugar en Argentina, en 1930. El testimonio del derrocado presidente Hipólito Yrigoyen sobre el golpe que acabó con su gobierno (*Documento* 18) recoge la narración de los acontecimientos desde el punto de vista de un actor que, en este caso, sufre un golpe y, lógicamente, sus consecuencias.

TEXTOS SELECCIONADOS

10. EL PUTSCH DE KAPP

El golpe de Estado de Kapp es una lección para todos los que conciben la táctica revolucionaria como un problema de orden político y no de orden técnico.

En la noche del 12 al 13 de marzo de 1920, unas cuantas divisiones de las tropas del Báltico, concentradas cerca de Berlín bajo las órdenes del general Von Luttwitz, enviaban un "ultimátum" al gobierno de Bauer, amenazándole con ocupar la capital si el Gobierno no ponía de nuevo el poder en manos de Kapp. Aunque Kapp se jactase de dar un golpe de Estado parlamentario y de ser el Sieyés de Von Luttwitz, su intentona tomaba, desde el comienzo, el aspecto clásico de un golpe de Estado claramente militar, tanto en su planeamiento como en su ejecución. A esta exigencia, el gobierno de Bauer respondió con una negativa y tomó las medidas de policía necesarias para la defensa del Estado y el mantenimiento del orden público. Como sucede siempre en tales casos, a un concepto militar oponía el Gobierno un concepto policiaco; los dos se parecen, y eso es lo que quita todo carácter revolucionario a las sediciones militares. La policía defiende al Estado como si fuese una ciudad; los militares atacan al Estado como si fuese una fortaleza.

Las medidas de policía tomadas por Bauer consistían en levantar barricadas en las plazas y calles principales, y en ocupar los edificios públicos. Para Von Luttwitz, la ejecución del golpe de Estado consistía en sustituir los destacamentos de policía apostados en los cruces de las grandes calles, en la entrada de las plazas, delante del Reichstag y de los ministerios de la Wihelmstrasse, por sus propias tropas. Algunas horas después de su entrada en la ciudad, Von Luttwitz era el dueño de la situación. La toma de posesión de la ciudad se había efectuado sin derramamiento de sangre, con la regularidad de un relevo de guardia. Pero si Von Luttwitz era un militar, Kapp, antiguo director general de Agricultura, era un alto funcionario, un burócrata. Mientras Von Luttwitz creía haberse apoderado del Estado por el sólo hecho de haber sustituido a la policía por sus propios soldados en los servicios de orden público, el nuevo canciller Kapp estaba convencido de que la ocupación de los ministerios bastaba para garantizar el funcionamiento normal de la máquina del Estado y para consagrar la legalidad del gobierno revolucionario.

Hombre mediocre, pero dotado de buen sentido, conociendo bien a los generales y a los altos funcionarios del Reich, Bauer había comprendido desde el principio que sería inútil y peligroso oponer la fuerza armada al golpe de Estado de Von Luttwitz. (...) El punto débil del gobierno revolucionario, pensaba con razón Bauer, es la máquina del Estado. Quien lograse paralizar esta máquina o simplemente obstaculizar su funcionamiento, heriría en el corazón al gobierno de Kapp. Para interrumpir la vida del Estado había que provocar la parálisis de toda la vida pública. (...)

El gobierno de Bauer, antes de salir de Berlín y refugiarse en Dresde, había dirigido un llamamiento al proletariado para invitar a los obreros a proclamar la huelga general.

La decisión de Bauer creaba a Kapp una situación peligrosa. Una reacción ofensiva de las fuerzas que permanecían fieles al Gobierno legítimo de Bauer hubiese sido mucho menos peligrosa para Kapp que una huelga general, porque las tropas de Von Luttwitz hubieran triunfado fácilmente. Pero ¿cómo obligar a una masa enorme de obreros a reanudar el trabajo? No con las armas, seguramente. En la noche misma del 13 de marzo, Kapp, que se creía, a mediodía, dueño de la situación, se encontró prisionero de un enemigo imprevisto. En unas horas la vida de Berlín quedó paralizada. La huelga general se extendía por toda Prusia. La capital estaba sumida en la oscuridad; las calles del centro estaban desiertas; una calma absoluta reinaba en los barrios obreros. La parálisis había fulminado los servicios públicos; hasta los enfermeros habían abandonado los hospitales. El tráfico con Prusia y con el resto de Alemania había sido interrumpido desde las primeras horas de la tarde; en el transcurso de unas horas, Berlín iba a verse hambriento. Por parte del proletariado, ni un gesto de violencia. Los obreros habían abandonado las fábricas con la mayor tranquilidad. El desorden era perfecto.

En la noche del 13 al 14 de marzo, Berlín pareció sumido en un sueño profundo. (...) Impotente para reaccionar contra la resistencia pasiva de los trabajadores, Kapp recurrió a la ayuda de técnicos y de funcionarios de confianza para intentar poner de nuevo en marcha los engranajes más delicados de los servicios públicos; pero era demasiado tarde. La parálisis había atacado ya a la maquinaria del Estado.

Curzio Malaparte, *Técnica del golpe de Estado*, Madrid, Ediciones Ulises, 1931, págs. 129-134.

11. EL AVANCE DEL FASCISMO EN ITALIA

El fascismo italiano está empeñado actualmente en una serie de batallas decisivas que implican depuraciones locales... De acuerdo con los últimos boletines, en Rimini el fascismo ha triunfado, aunque con un inevitable sacrificio de sangre, al entrar en acción e imponer su voluntad. Ahora la situación total ha cambiado. Con Rimini en nuestras manos controlamos las pinzas que necesitábamos para presionar sobre Emilia y Romaña; al mismo tiempo, Rimini en manos fascistas significa el puente para penetrar en la vecina Marcas... En Andria nuestras tropas han conseguido ahora la victoria... Pasando de Apulia al Lacio, las noticias de los últimos días informan de incidentes en Viterbo y de una concentración fascista como reacción a ellos... Si miramos hacia el norte encontramos que las fuerzas fascistas están profundamente implicadas en las cuestiones de Liguria... Sestri

Ponente no volverá a ser tomado por los rojos. Tampoco tendrá éxito en reconquistar Cremona la innoble coalición de socialistas-masones y seguidores de Guido Migloni [dirigente católico de extrema izquierda, que preconizaba una especie de socialismo rural]. También en Novara la batalla se encamina hacia un final victorioso para nosotros.

Benito Mussolini. Publicado el 15 de julio de 1922 en *Il Popolo d'Italia*. En Edward R. TANNENBAUM, *La experiencia fascista*, Madrid, Alianza, 1975, traducción de Joaquín Bollo Muro, pág. 56.

12. LA MARCHA SOBRE ROMA

He aquí la situación: una gran parte de la Italia del norte está totalmente en poder de los fascistas. La Italia central (Toscana, Umbría, Marcas, Alto Lacio) está completamente ocupada por los Camisas Negras. Allí donde las prefecturas no han sido tomadas por asalto, los fascistas han ocupado las estaciones de ferrocarril y las oficinas de correos, o sea los grandes centros nerviosos de la vida de la nación. Pero la victoria no puede ser mutilada por las intrigas y maniobras de última hora. Para llegar a una transacción, Salandra, no valía la pena movilizarse. El gobierno debe ser claramente fascista.

Benito Mussolini. Publicado el 29 de octubre de 1922 en *Il Popolo d'Italia*. En Thierry BURON y Pascal GAUCHON, *Los fascismos*, México, Fondo de Cultura Económica, 1983, traducción de Daniel Waksman y Marcos Lara, pág. 40

13. DISCURSO DE HITLER CON MOTIVO DE XV ANIVERSARIO DEL PUTSCH DE 1923

¿Cuál era la situación en 1923? Yo era el jefe de un partido pequeño, si bien fuerte en cuanto a decisión y valor; acaso fuera yo el único jefe de partido que pudiera decir: detrás de mí hay una agrupación de tantos y tantos hombres dispuestos a emprender la marcha en caso de necesidad. Los otros tenían detrás de ellos únicamente agrupaciones decididas a ganar dinero y hacer negocios. Y ustedes saben muy bien cuál era antaño la situación de Alemania: un derrumbamiento terrible, cuya expresión más acentuada y ostensible era la inflación. Había que contemplar con los brazos cruzados cómo las infames truhanerías de los judíos privaban de sus últimos ahorros a millones de personas; había que contemplar, además, cómo partes de Alemania estaban ocupadas exactamente igual que al principio de la guerra, y cómo otras eran asimismo ocupadas después. Había que contemplar cómo la dirección de un Estado, una dirección incapaz, cobarde y ruin, no tenía intención de aprovechar de algún modo las energías y los valores de la nación. ¿Qué cosa, pues, más natural que al final tomara uno la resolución de derribar este régimen inútil? ¿Que se intentara pasar de las palabras a los hechos? Cierto que los hechos fracasaron entonces; pero también es verdad que aquel fracaso nos reportó más beneficios de los que hoy podamos suponer. De no haber actuado entonces, no sé qué derroteros seguiría el destino de Alemania. Sólo podemos estar seguros de una cosa: si el señor Kahr y sus secuaces hubieran logrado aquí una escisión, probablemente habría sido confirmada pocos días después por los países extranjeros, y no sabemos cuales hubieran podido ser las consecuencias ulteriores. (...)

El intento de revolución y alzamiento que en aquella época fracasó tuvo como consecuencia el proceso, un proceso en el que, quizá por vez primera en la Historia, fuimos acusadores en lugar de acusados. No eludimos en aquellos días la responsabilidad de nuestros actos, sino que respondió de ellas todo el que en aquella época fue acusado. Es más, todos se esforzaron en tomar sobre sus hombros la responsabilidad de los demás. Y el pueblo alemán conoció por vez primera el Movimiento nacionalsocialista. Fueron amplios sectores los que lo conocieron, incluso fuera de este país. El resultado fue la obtención de dos millones de votos en unas elecciones posteriores. Antes de la marcha sobre la Feldherrnhalle, tenía yo unos setenta u ochenta mil partidarios. Después de esta marcha tuve dos millones. Bien es verdad que, a los ojos de los partidos burgueses, esto no tenía ninguna importancia. Ellos sólo veían un final sangriento. También es verdad que no comprendieron que, en la Historia del mundo, las realizaciones más grandes han tenido con mucha frecuencia un principio sangriento. No lo comprendieron en aquella época, y acaso haya quien todavía no lo comprenda hoy. Pero ese fue el destino de nuestro Movimiento: ya desde el principio no se nos comprendió. Cuando comencé aquí a hacer propaganda, me tuvieron por un necio, un iluso, un ideólogo. No podían suponer que el hombre idealista alguna vez ha de lograr el éxito. No podían comprenderlo porque no conocían al pueblo. Estaban convencidos de que cualquier matemático o cualquier calculador, lo que se conoce como inteligencia fría, arrastraría un día detrás de él a la nación. No comprendieron jamás que la nación ha de ser despertada por algo más sagrado que por la denominada comprensión del exterior. Quizás haya todavía algunos que no comprendan, algunos que todavía no han aprendido a valorar estas fuerzas interiores de un pueblo y a estimar al pueblo en razón de esas fuerzas. Aun así, nosotros iniciamos aquí nuestro camino y lo hemos recorrido a través de infinitas luchas y batallas por locales cerrados, luego en las calles, más tarde por los lugares públicos y, finalmente, por regiones enteras. ¡Así se fue haciendo grande hasta 1923 el partido nacionalsocialista, y así es como conquistó definitivamente a toda Alemania después de 1923!

Discurso a los antiguos combatientes en
la "Bürgerbräu Keller", el 8 de noviembre de 1938.
En H. VON KOTZE y H. KRAUSNICK, *Habla el Führer*,
Barcelona, Ediciones G.P., 1968,
traducción de Ángel Sabrido, págs. 379-382.

14. EL ABANDONO DE LA ESTRATEGIA GOLPISTA

A partir de ahora, dice Hitler, debemos seguir una nueva táctica. En lugar de trabajar para conquistar el poder mediante una conspiración armada, debemos meternos dentro del Reichstag para oponernos a los diputados católicos y marxistas. ¡Si bien eliminarlos por el voto lleva más tiempo que eliminarlos por las armas, al menos el resultado está garantizado por su propia

Constitución! Todo proceso legal es lento. Pero ya, como ustedes saben bien, tenemos treinta y dos diputados en el Reichstag bajo este nuevo programa, y somos el segundo partido en el Landtag de Baviera. Tarde o temprano tendremos la mayoría, y con ello tendremos a Alemania. Yo estoy convencido de que ésta es nuestra táctica mejor, ahora que las condiciones han cambiado en el país de manera tan radical.

En K. LUDECKE, *I knew Hitler*, Londres, Jarrolds, 1938, págs. 217-218. Recogido de Thierry BURON y Pascal GAUCHON, *Los fascismos*, ob. cit., pág. 84.

15. MANIFIESTO DEL GENERAL PRIMO DE RIVERA TRAS EL GOLPE DE SEPTIEMBRE DE 1923

Españoles: Ha llegado el momento, más temido que esperado (porque hubiéramos querido vivir siempre en la legalidad y que ella rigiera, sin interrupción, la vida española), de recoger las ansias, de atender el clamoroso requerimiento de cuantos, amando a la Patria, no ven para ella otra salvación que libertarla de los profesionales de la política; de los hombres que –por una u otra razón– nos ofrecen el cuadro de desdichas y de inmoralidades que empezaron el año 98 y amenazan a España con un próximo fin, trágico y deshonroso. La tupida red de la política de concupiscencias ha cogido en sus mallas, secuestrándola, hasta la voluntad real. Con frecuencia parecen pedir que gobiernen los que ellos dicen no dejan gobernar, aludiendo a los que han sido su único, aunque débil, freno y llevaron a las leyes y costumbres la poca ética sana, el tenue tinte de moral y de equidad que aún tienen; pero, en la realidad se avienen fácilmente y contentos al turno y al reparto, y entre ellos mismos designan la sucesión.

Pues bien; ahora vamos a recabar todas las responsabilidades y a gobernar nosotros u hombres civiles que representen nuestra moral y doctrina. Basta ya de rebeldías mansas que, sin poner remedio a nada, dañan tanto o más a la disciplina que esta recia y viril a que nos lanzamos por España y por el Rey.

Este movimiento es de hombres; el que no sienta la masculinidad completamente caracterizada, que espere en un rincón, sin perturbar los días buenos que para la Patria preparamos.

¡Españoles! ¡Viva España y viva el Rey!

No tenemos que justificar nuestro acto que el pueblo sano manda e impone. Asesinatos de prelados, ex gobernadores, agentes de autoridad, patronos, capataces y obreros; audaces e impunes atracos; depreciación de la moneda; francachela de millones de gastos reservados; sospechosa política arancelaria, por la tendencia y más, porque, quien la maneja, hace alarde de descocada inmoralidad; rastreras intrigas políticas, tomando por pretexto la tragedia de Marruecos; incertidumbre ante este gravísimo problema nacional; indisciplina social que hace el trabajo ineficaz y nulo, precaria y ruinosa la producción agrícola e industrial; impune propaganda comunista; impiedad e incultura; justicia influida por la política; descarada propaganda separatista; pasiones tendenciosas alrededor del problema de las responsabilidades..., y, por último, seamos justos, un solo tanto a favor del Gobierno, de cuya savia vive hace nueve meses, merced a la inagotable bondad del pueblo español, una débil e incompleta persecución al vicio del juego.

No venimos a llorar lástimas y vergüenzas, sino a ponerlas pronto y radical remedio, para lo que requerimos el concurso de todos los buenos ciudadanos. Para ello, y en virtud de la confianza y mandato que en mí han depositado, se constituirá en Madrid un Directorio Inspector militar, con carácter provisional, encargado de mantener el orden público y de asegurar el funcionamiento normal de los Ministerios y organismos oficiales, requiriendo al país para que, en breve plazo, nos ofrezca hombres rectos, sabios, laboriosos y probos, que puedan constituir Ministerio a nuestro amparo, pero en plena dignidad y facultad para ofrecerlos al Rey por si se digna aceptarlos.

No queremos ser ministros ni tenemos más ambición que la de servir a España. Somos el somatén, de legendaria y honrosa tradición española y, como él, traemos por lema: "Paz, paz y paz". Pero paz digna fuera y paz fundada en el saludable rigor y en el justo castigo dentro. Ni claudicaciones ni impunidades. Queremos un somatén, reserva y hermano del Ejército, para todo, incluso para la defensa de la independencia patria, si corriese peligro. Pero lo queremos más para organizar y encuadrar a los hombres de bien y que su adhesión nos fortalezca. Horas sólo tardará en salir el Decreto de organización del Gran Somatén español.

Nos proponemos evitar derramamientos de sangre y, aunque, lógicamente, no habrá ninguna limpia pura y patriótica que se nos ponga en contra, anunciamos que la fe en el ideal y el instinto de conservación de nuestro régimen nos llevará al mayor rigor contra los que lo combatan.

Queremos vivir en paz con todos los pueblos y merecer de ellos para el español, hoy, la consideración; mañana, la admiración por su cultura y virtudes. Ni somos imperialistas ni creemos pendiente de un terco empeño en Marruecos, el honor del Ejército que, con su conducta valerosa, a diario lo vindica. Para esto, y cuando aquel ejército haya cumplido las ordenes recibidas (ajeno en absoluto a este Movimiento que aun siendo tan elevado y noble no debe turbar la augusta misión de los que están frente al enemigo) buscaremos al problema de Marruecos solución pronta, digna y sensata.

El país no quiere oír hablar de más responsabilidades, sino saberlas exigidas pronta y justamente y esto lo encargaremos con limitación de plazo, a tribunales de autoridad moral y desapasionados de cuanto ha envenenado hasta ahora la política o la ambición. La responsabilidad colectiva de los partidos políticos la sancionamos con este apartamiento total a que los condenamos, aun reconociendo en justicia que algunos de sus hombres dedicaron al noble afán de gobernar sus talentos y sus actividades, pero no supieron o no quisieron nunca purificar y dar dignidad al medio en que han vivido.

Nosotros, sí, queremos, porque creemos que es nuestro deber y ante toda denuncia de prevaricación, cohecho o inmoralidad debidamente fundada, abriremos proceso que castigue implacablemente a los que delinquieron contra la Patria, corrompiéndola y deshonrándola. Garantizamos la más absoluta reserva para los denunciantes, aunque sea contra los de nuestra propia profesión y casta, aunque sea contra nosotros mismos, que hay acusaciones que honran. El proceso contra Don Santiago Alba queda, desde luego, abierto, que a éste lo denuncia la unánime voz del país y queda también procesado el que, siendo Jefe del Gobierno y habiendo oído de personas solventes e investidas de autoridad las más duras acusaciones contra su depravado y cínico Ministro y aun asintiendo a ellas, ha sucumbido a su influencia y habilidad política, sin carácter ni virtud para perseguirle, ni siquiera para apartarle del Gobierno.

Más detalles no los admite un manifiesto. Nuestra labor será bien pronto conocida y el país y la Historia la juzgarán, que nuestra conciencia está bien tranquila de la intención y del propósito.

Parte dispositiva.

Al declararse en cada región el estado de guerra, el Capitán General o quien haga sus veces, destituirá a todos los gobernadores civiles y encomendará a los gobernadores y comandantes militares sus funciones. Se incautarán de todas las centrales y medios de comunicación y no permitirán, aparte las familiares y comerciales, las de ninguna otra autoridad que no sirva al nuevo régimen.

De todas las novedades importantes que vayan ocurriendo darán conocimiento duplicado a los capitanes generales de Madrid y Barcelona, resolviendo por sí pronta y enérgicamente las dificultades.

Se ocuparán los sitios más indicados, tales como centros de carácter comunista o revolucionario, las estaciones, cárceles, bancos, centrales de luz y depósitos de agua y se procederá a la detención de los elementos sospechosos y de mala nota. En todo lo demás se procurará dar la sensación de una vida normal y tranquila.

Mientras el orden no esté asegurado y el régimen naciente triunfante, será preferente atención de los militares en todos sus grados y clases los servicios de organización, vigilancia y orden público, debiéndose suspender toda instrucción o acto que entorpezca estos fines, sin que ello signifique entregar las tropas a la molicie ni abandonar la misión profesional.

Por encima de toda advertencia están las medidas que el patriotismo, inteligencia y entusiasmo por la causa sugiera a cada uno en momentos que no son de vacilar sino de jugarse el todo por el todo; es decir, la vida por la patria.

Unas palabras más, solamente. No hemos conspirado; hemos recogido a plena luz y ambiente el ansia popular y la hemos dado algo de organización para encauzarla a un fin patriótico exento de ambiciones. Creemos, pues, que nadie se atreverá con nosotros y por eso hemos omitido el solicitar uno por uno el concurso de nuestros compañeros y subordinados. En esta santa empresa quedan asociados, en primer lugar, el pueblo trabajador y honrado en todas sus clases, el Ejército y nuestra gloriosa Marina, ambos aún en sus más modestas categorías que no habíamos de haber consultado previamente sin relajar lazos de disciplina, pero que bien conocida su fidelidad al mando y su sensibilidad de los anhelos patrióticos, nos aseguran su valioso y eficaz concurso.

Aunque nazcamos de una indisciplina formularia, representamos la verdadera disciplina, la debida a nuestro dogma y amor patrio, y así la hemos de entender, practicar y exigir, no olvidando que como no nos estimula la ambición, sino, por el contrario, el espíritu de sacrificio, tenemos la máxima autoridad.

Y ahora, nuevamente ¡Viva España y viva el Rey! Recibid todos el cordial saludo de un viejo soldado que os pide disciplina y unión fraternal en nombre de los días que compartió con vosotros la vida militar en paz y en guerra y que pide al pueblo español confianza y orden, en nombre de los desvelos a su prosperidad dedicados de éste que lo ofrece y lo aventura todo por servirle.

Miguel Primo de Rivera.
Capitán General de la Cuarta Región.
Barcelona, 12 de septiembre de 1923.

En Manuel AGUIRRE DE CÁRCER, *Glosa del año 23*, Madrid, Pace, 1944, págs. 356-359.

16. BANDO DEL GENERAL PRIMO DE RIVERA (13-IX-1923)

Don Miguel Primo de Rivera y Orbaneja, marqués de Estella, Capitán General de la Cuarta Región,

Ordeno y mando:

Queda declarado el estado de guerra en el territorio de esta Región Militar y confiado el mando de las provincias de Barcelona, Lérida, Gerona y Tarragona a los respectivos gobernadores militares, los que dictarán las órdenes precisas para el mantenimiento del orden público y la seguridad del régimen proclamado por mi manifiesto del 12 de septiembre dirigido "Al país y al Ejército".

En los Gobiernos y Comandancias militares, se ejercerá la previa censura de la prensa y de toda clase de escritos impresos.

Las Diputaciones, Ayuntamientos y demás Corporaciones civiles continuarán su normal funcionamiento, pero las Autoridades militares dictarán, respecto a ellas, las medidas que aconsejen las circunstancias.

Espero que todo buen ciudadano cooperará con su prudencia y sensatez a la consolidación de un régimen que era anhelado unánimemente, aunque por el momento se originen molestias y se suspendan algunos derechos.

De la cordura de todos depende la pronta vuelta a la normalidad.

Este bando surtirá sus efectos a partir de su publicación.

Barcelona, 13 de septiembre de 1923.

Miguel Primo de Rivera.

En Jordi CASASSAS YMBERT, *La dictadura de Primo de Rivera (1923-1930)*, Barcelona, Anthropos, 1983, pág. 86.

17. ALFONSO XIII Y EL GOLPE DE PRIMO DE RIVERA

Tengo una gran experiencia de mi *oficio*, pues he sido Rey durante veintidós años. Si he adoptado una actitud netamente favorable a la llegada del general Primo de Rivera al Poder, ha sido porque estaba satisfecho de ver a la nación unánime en desearlo y en sostenerlo de todo corazón.

No fui puesto al corriente de los preparativos de la iniciativa tomada por el general Primo de Rivera. No sabía nada; pero lo que yo sabía era que los abusos del viejo régimen parlamentario causaban un profundo descontento entre los oficiales superiores del Ejército. Cuando me enteré de lo que acababa de hacer el general Primo de Rivera, estaba yo en San Sebastián. Pasé toda la noche en el teléfono recibiendo noticias de todas partes de España.

El problema consistía para mí en evitar la guerra civil. Antes de decidirme a reconocer la acción del general Primo de Rivera, quería saber lo que pensaba la mayoría del país. La acción era en sí anticonstitucional y yo era el único que tenía el poder de regularizarla, si la juzgaba conforme a los intereses del país.

Si hubiera obrado con menos decisión, hubieran surgido divergencias de opinión entre el Ejército o entre el Ejército y el país, bajo forma violenta y la guerra civil hubiera sido cierta. Pero apenas regresé de San Sebastián a la capital, adquirí la certidumbre de la aprobación que la nación entera daba a esta tentativa de reformar la Administración. Los abusos eran tales en todo el territorio español que, de hecho, en cada circunscripción los adversarios del partido que estaba en el poder eran perseguidos.

Concedí, pues, mi plena confianza al nuevo Gobierno y la consecuencia fue que esta grave crisis constitucional se ha desarrollado sin una gota de sangre vertida y sin un encarcelamiento.

Extracto de la entrevista concedida al diario *The Daily Mail* de Londres el 20 de enero de 1924. En José Gutiérrez-Ravé, *Habla el Rey. Discursos de D. Alfonso XIII*, Madrid, Iruma, 1955, págs. 257-258.

18. TESTIMONIO DEL PRESIDENTE HIPÓLITO YRIGOYEN SOBRE EL GOLPE DE 1930

Una gripe, descuidada en la labor que sin tregua me absorbía, había agravado mi salud llevándome al borde de la vida, por lo que tuve que delegar el gobierno, y al día siguiente, cuando me encontraba en el más álgido estado congestivo, llegó a mi casa el ministro de Guerra interino, doctor González, quien me hizo comunicar que habiéndose levantado el jefe y los cadetes de la Escuela Militar, más una parte del cuerpo de Comunicaciones, viniendo en marcha hacia la ciudad, había tomado las medidas para reducirlos, pero que al saber esto el Vicepresidente en ejercicio del gobierno, lo había llamado y delante de varias personas que se encontraban con él, le había comunicado que no haría fuego sobre esas fuerzas, no consentiría en que se hiciera, ni se tomaría medida sobre ella, y al efecto había dado contraorden terminante a los cuerpos de la capital, levantando bandera de parlamento al mismo tiempo, lo que había causado en esas fuerzas un verdadero desconcierto. La impresión que me causó esa noticia, sólo Dios que me dio vida para sobrellevarlo lo sabe.

Le hice decir al ministro que se fuera de inmediato al Arsenal y allí me esperase –y levantándome enseguida como pude, me dirigí a La Plata contra la opinión de los médicos, que me pronosticaron que me moriría en el camino–, y en el momento de tomar las medidas para trasladarme con las fuerzas de La Plata al Arsenal, a imponer desde allí el desarme, me comunicó el ministro que, habiendo llegado los generales Justo y Arroyo a nombre el general Uriburu, haciéndole saber que el Vicepresidente había entregado el Gobierno, le intimaba que él hiciera lo propio con el Arsenal, porque de lo contrario procedería inmediatamente a bombardearlo; y que ante semejante amenaza de aspectos tan fatales, que veía inminente pues los aviadores ya evolucionaban por encima, y sintiendo tan inmensa responsabilidad, había resuelto entregarlo, dejando que el jefe de Arsenal lo hiciera y antes de retirarse con los jefes y oficiales que lo acompañaban, había reunido ante el director general a todos los jefes y oficiales de las fuerzas que resguardaban el Arsenal, quienes acataron en todo momento las órdenes dadas, manifestándoles que se complacía en dejar constancia de ello y guardaría siempre el mejor recuerdo.

En tal caso, ante el cual cambiaba la faz de los elementos de resistencia y ante el infortunio a que de improviso se veía impedida la Nación exponiéndose a una contienda que sorprendería al mundo que nos mira, cualesquiera que sean los resultados, estando felizmente en mi mano evitarlo, así lo hice, porque a Dios infinitas gracias, conservé todas las claridades de mi espíritu para hacer lo que debía en el momento decisivo sin pedir ni convenir nada y con la inmensa satisfacción de no haber hecho derramar sangre humana, que fue siempre mi primera preocupación en las vicisitudes de la vida, y para no sombrear con esos horrores las divinas y celestiales fulguraciones que había expandido por todos los ámbitos del mundo.

No podía ser mi resolución ni vacilante ni condicional en ningún sentido para dar toda la significación propia de los móviles que me determinaron a asumirla, y pensando que, aunque hubiera que realizar nuevas comprobaciones democráticas en sus legales ejercicios, era un rasgo generoso e hidalgo evitar los sacrificios irreparables, para convertirlo en acontecimientos de honrosa enseñanza, en los escenarios de la vida pública.

IV escrito a la Corte Suprema, 24 de agosto de 1931. En Gabriel DEL MAZO, "La segunda presidencia de Yrigoyen", en Óscar TRONCOSO (dir.), *Presidencias y golpes militares del siglo XX. 1*, Buenos Aires, Centro Editor, 1986, págs. 87-88.

BIBLIOGRAFÍA

AGUIRRE DE CÁRCER, Manuel, *Glosa del año 23*, Madrid, Pace, 1944.

ALONSO, José Ramón, *Historia política del Ejército Español*, Madrid, Editora Nacional, 1974.

ARIAS, Gonzalo, *El antigolpe*, Madrid, Edición del autor, 1982.

BEN AMI, Shlomo, *La dictadura de Primo de Rivera*, Barcelona, Planeta, 1984.

BRACHER, Karl Dietrich, *La dictadura alemana. Génesis, estructura y consecuencia del nacionalsocialismo* (2 vol.), Madrid, Alianza, 1995.

BURON, Thierry y Pascal GAUCHON, *Los fascismos*, México, Fondo de Cultura Económica, 1983.

BUSQUETS, Julio, *Pronunciamientos y golpes de Estado en España*, Barcelona, Planeta, 1982.

CASASSAS YMBERT, Jordi, *La dictadura de Primo de Rivera (1923-1930). Textos*, Barcelona, Anthropos, 1983.

DABÈNE, Olivier, *América Latina en el siglo XX*, Madrid, Síntesis, 2000.

DE FELICE, Renzo, *Mussolini il fascista. La conquista del potere, 1921-1925*, Torino, Giulio Einaudi, 1966.

— *Rojo y negro*, Barcelona, Ariel, 1996.

FURET, François y Ernst NOLTE, *Fascismo y comunismo*, Madrid, Alianza, 1999.

GÓMEZ-NAVARRO, José Luis, *El régimen de Primo de Rivera*, Madrid, Cátedra, 1991.

GONZÁLEZ CALBET, Mª Teresa, *La dictadura de Primo de Rivera. El Directorio Militar*, Madrid, El Arquero, 1987.

GONZÁLEZ CALLEJA, Eduardo, *El máuser y el sufragio. Orden Público, subversión y violencia política en la crisis de la Restauración (1917-1931)*, Madrid, CSIC, 1999.

GOODSPEED, Donald James, *Golpes de Estado*, Barcelona, Luis de Caralt, 1966.

GRIFFIN, Roger, *The Nature of Fascism*, Londres, Routlege, 1993.

GUTIÉRREZ-RAVÉ, José, *Habla el Rey. Discursos de D. Alfonso XIII*, Madrid, Iruma, 1955.

JEDRZEJEWICZ, Walclaw, *Pilsudski. A Life for Poland*, Nueva York, Hippocrene Books, 1982.

KÜHNL, Reinhard, *Liberalismo y fascismo, dos formas de gobierno burgués*, Barcelona, Fontanella, 1973.

MALAPARTE, Curzio, *Técnica del golpe de Estado*, Madrid, Ediciones Ulises, 1931.

MANN, Michael, *Las fuentes del poder social* (vol. 2), Madrid, Alianza, 1997.

MARCO MIRANDA, Vicente, *Las conspiraciones contra la Dictadura (1923-1930)*, Madrid, Tebas, 1975.

MARTÍNEZ DÍAZ, Nelson, *Hipólito Yrigoyen: el radicalismo argentino*, Madrid, Anaya, 1988.

NAVAJAS ZUBELDIA, Carlos, *Ejército, Estado y Sociedad en España (1923-1930)*, Logroño, IES, 1991.

PAYNE, Stanley G., *Los militares y la política en la España contemporánea*, París, Ruedo Ibérico, 1968.

— *Historia del fascismo*, Barcelona, Planeta, 1995.

ROTHSCHILD, Joseph, *Pilsudski's Coup d'État*, Nueva York, Columbia University Press, 1966.

TANNENBAUM, Edward R., *La experiencia fascista: sociedad y cultura en Italia (1922-1945)*, Madrid, Alianza, 1975.

TRONCOSO, Oscar (dir.), *Presidencias y golpes militares del siglo XX (3 vol.)*, Buenos Aires, Centro Editor, 1986.

TUSELL, Javier, *Radiografía de un golpe de Estado. El ascenso al poder del general Primo de Rivera*, Madrid, Alianza, 1987.

VIVARELLI, Roberto, *Storia delle origini del fascismo: l'Italia dalla grande guerra alla marcia su Roma*, Bolonia, Mulino, 1991.

VON KOTZE, H. y H. KRAUSNICK, *Habla el Führer*, Barcelona, Ediciones G.P., 1968.

CAPÍTULO 3

GOLPES DE ESTADO DURANTE LA II REPÚBLICA ESPAÑOLA

En líneas generales, los golpes de Estado que tuvieron lugar durante la República Española se atienen a las características generales de los tratados en el capítulo anterior, es decir a los golpes del período de entreguerras. Sin embargo, la cercanía del caso y las consecuencias que de uno de ellos se derivaron, el de julio de 1936, hacen posible y necesario tratarlos específicamente. El golpe de Primo de Rivera y la dictadura a que dio lugar coincidían con los golpes y regímenes dictatoriales europeos de la época. También los golpes que sufrió la República Española encajaban en idéntico modelo. Se trataba, por lo general, de países de modernización tardía que se enfrentaron a la crisis de igual forma. En el centro del amplio proceso de involución parlamentaria estuvo, de nuevo, la crisis del Estado liberal, acuciado por la crisis económica y presionado por la acción de las masas. Los casos de Polonia (1926), Grecia (1929), Yugoslavia (1933) o Rumanía (1938), entre otros, son ejemplos de aquel agitado momento caracterizado por la implantación de distintas dictaduras de derechas. La movilización de determinados grupos excluidos de la participación política (las nuevas capas agrarias e industriales) abrió la puerta a las dictaduras que trataban de frenar la crisis de sus sistemas y el acceso de los nuevos sectores. En los casos italiano y alemán la crisis dio lugar a la formación de grupos políticos que, aprovechando la situación, ofrecían una salida a los problemas existentes desde, eso sí, la creación de férreas dictaduras fascistas. En el resto de países, cuando los sistemas políticos y el propio Estado entraron en crisis tan sólo algunas instituciones estatales estaban en disposición, y tenían la capacidad, de afrontar la crisis: entre ellas destacaba el ejército. La principal diferencia, por tanto, entre los golpes de Primo de Rivera y Franco fue que, en los casi trece años transcurridos entre uno y otro, el fascismo había conquistado buena parte del mapa europeo y la movilización social había aumentado considerablemente. No obstante, son numerosas las peculiaridades propias del caso español que difieren notablemente del resto de Europa, en especial la tradición interventora del ejército en la política.

A lo largo de todo el siglo XIX, liberales y absolutistas enfrentaron dos visiones antagónicas del mundo. Tras la derrota de Napoleón y el retorno del absolutismo al continente europeo, las luchas revolucionarias se abrieron paso durante la primera mitad de siglo en distintas oleadas que, principalmente, pueden agruparse en las de 1820, 1830 y 1848. De esta confrontación surgieron numerosos movimientos revolucionarios, sociedades secretas, intervenciones militares, conspiraciones y sublevaciones. En el caso español la intervención militar de corte liberal se manifestó en forma de golpes de Estado para los que, por sus características particulares, se ha utilizado la denominación de *pronunciamientos*. El recurso al golpe de Estado como herramienta de intervención política fue constante, desde entonces, en la historia contemporánea española. En la pugna por el poder que mantuvieron las distintas *élites* de corte liberal o absolutista los pronunciamientos estuvieron a la orden del día durante todo el siglo. Desde el pronunciamiento larvado del general Elío en 1814, con el que Fernando VII abolió la Constitución de Cádiz, hasta el de Villacampa en 1886, último intento de Ruiz Zorrilla de recuperar el gobierno, la cantidad de intentonas llevadas a cabo es innumerable. Entre las características que tuvieron los pronunciamientos del XIX, además de la ya señalada respuesta a la rivalidad política entre las *élites*, debe anotarse que aunque todas estas intervenciones estuvieron protagonizadas por el ejército, el objetivo de éste, sin embargo, no iba más allá del derrocamiento e implantación de gobiernos alternativos, dejando su constitución al poder civil.

La Restauración, una vez asentado el liberalismo gracias al sistema de alternancias, supondrá el final, salvo las intentonas de Ruiz Zorrilla y la Asociación Republicana Militar, de la era de los pronunciamientos, no así de la participación militar en la vida política. En este período, a través de la separación de las esferas militar y civil diseñada por Cánovas, los militares cesaron en su actividad interventora directa en los asuntos del Estado a cambio de lograr mayores cotas de independencia para el ámbito castrense. De hecho, esta autonomía militar destinaba al fracaso cualquier intento de reforma del ejército, necesidad evidente que la crisis de 1898 puso de manifiesto al hacer públicas sus deficiencias organizativas, falta de eficacia e incompetencia. A su vez, el intento de profesionalización dio paso a la aparición de una cultura militar conservadora, católica y corporativista que autojustificaría cierto tipo de intervención institucional, en la que, pese a los muchos años en desuso, persistía la memoria del pronunciamiento como recurso político. La participación en las campañas africanas terminará de conformar el carácter interventor que conduciría, desde el golpe de Primo de Rivera, a los golpes organizados durante la Segunda República española. De esta forma, el golpe de Primo de Rivera acabó con una larga etapa de no intervención del ejército y puso en marcha el nuevo tipo de acción, más acorde con la nueva cultura militar, abriendo un nuevo período de intervencionismo militar que culminaría en julio de 1936. Además, la dictadura provocó la división en el ejército: frente a una mayoría conservadora, autoritaria y monárquica, surgieron grupos de republicanos y de defensores de la dictadura. Como consecuencia de las diferencias existentes, numerosas conspiraciones y pronunciamientos intentaron derribar al régimen de Primo de Rivera, agitando, aún más, el convulso microcosmos militar. La conspiración del coronel Segundo García, en 1925, la *sanjuanada* de 1926 o la sublevación del regimiento de artillería de Ciudad Real, en 1929, forman parte del extenso repertorio que tuvo lugar en esos años. Incluso los militares republicanos intentaron, a finales de 1930, en Jaca, acabar con la monarquía mediante un pronunciamiento. Cuando llegó la Segunda República, paradójicamente como consecuencia última del golpe de 1923, los militares utilizarán su capacidad interventora desde un primer momento: no sólo por el alejamiento del nuevo régimen de las concepciones ideológicas de los militares sino, también, porque el intervencionismo se había convertido en práctica común.

Entrados los años treinta, la posibilidad de articular una dictadura militar al estilo de las que habían tenido lugar en los años veinte era, cada vez más, una posibilidad que se alejaba. Desde su llegada al poder Mussolini había dedicado sus esfuerzos a consolidar la dictadura fascista disolviendo el Parlamento, prohibiendo los partidos políticos, reconociendo exclusivamente a los sindicatos fascistas, eliminando las elecciones locales (pasando los alcaldes a ser elegidos por decreto) y formando una policía política especial. Llegados los años treinta el Estado fascista italiano había adquirido un perfil definido y su objetivo se centró, a partir de ese momento, en desarrollar el carácter imperialista de la ideología fascista, tanto en su intención de ampliar el exiguo número de colonias, con la invasión de Etiopía en 1935 como hecho central, como al apoyar a movimientos afines. Hitler, por su parte, había sido designado canciller en 1933. A partir de ese momento, en parte debido a las facilidades concedidas por la Constitución de Weimar, el asalto nazi al poder fue cuestión de poco tiempo. Gracias a la conocida como "revolución legal", concepto que pese a parecer una contradicción en los términos explica cómo sin salirse de la ley se acabó con todo un sistema político, Hitler llegó al verano de 1933 como *führer* (jefe) indiscutible de un Estado de partido único. Mediante sucesivas normas legales se terminó de articular el control total del Estado: autorizando al gobierno a nombrar gobernadores especiales con poderes legislativos en las administraciones regionales, permitiendo el despido de judíos e izquierdistas de la administración estatal, dejando fuera de la ley a comunistas y socialistas, eliminando los sindicatos tradicionales o, finalmente, declarando partido único al NSDAP. La muerte del presidente Hindenburg, en agosto de 1934, coincidió con la culminación del asalto nazi al poder al asumir Hitler los cargos de presidente y canciller. De esta forma, en una Europa dividida, los nuevos gobiernos autoritarios quedaron bajo la órbita y la influencia fascista, bien reproduciendo ciertos aspectos del fascismo triunfante, bien pretendiendo implantar directamente en sus países sistemas que siguieran los modelos alemán o italiano.

Tras la llegada de la República en 1931, poco había cambiado en la mentalidad militar española que, desde su acomodada posición, seguía siendo tradicionalista, ultracatólica y reaccionaria. La intervención de los militares, en caso de producirse, no iría más allá de la defensa del orden público, el catolicismo tradicional y la lucha contra cualquier tipo de subversión. Mucho había cambiado, sin embargo, la situación internacional, donde el futuro que pudiera tener una dictadura tradicional, alejada de los movimientos de masas y que ignorara el nuevo contexto mundial, era más bien escaso. Los golpes contra la República llevados a cabo por los militares españoles no tenían un proyecto específico ya que ni tan siquiera la defensa de la monarquía era su objetivo. Un discurso confuso y conservador ocultaba la ausencia de un modelo concreto. El fascismo tuvo una tardía aparición en la política española ya que su principal partido, Falange Española, no se fundó hasta octubre de 1933, mientras que las JONS (Juntas de Ofensiva Nacional Sindicalista), pequeño grupo autodenominado nacionalsocialista, lo habían hecho dos años antes. Al igual que el resto de movimientos fascistas, la Falange hundía sus raíces en la derecha local más reaccionaria a la vez que incorporaba nuevos elementos revolucionarios. En el golpe de 1932 no hubo conato alguno de movilización popular ya que el propio sistema apenas había comenzado a andar y la desmovilización de los últimos años todavía estaba presente. En el golpe de julio de

1936 sí hubo movilización, en uno y otro sentido, por la socialización movilizadora que había supuesto la República, por la agudización de los conflictos internos y por la radicalización internacional de las posturas que había conllevado la extensión del fascismo. El acceso al poder, en España, de determinadas formas fascistas fue consecuencia de la adopción que realizó el nuevo sistema emergente de la guerra civil: los militares españoles, carentes de una base ideológica firme, y deudores de los regímenes fascistas triunfantes en Europa, tomaron los símbolos, lemas, estética y principales ideas del fascismo español (Falange y las JONS) a la vez que pusieron en marcha un sistema político semejante al implantado por Mussolini en Italia. Todo el aparejo simbólico y la liturgia de las grandes concentraciones, brazos en alto, cánticos y ejercicios de idolatría al líder fueron tomados, sin problema alguno, por los golpistas españoles. No se abandonó, por el contrario, el apoyo ideológico tradicional: conservador, nacionalista y católico, promovido por la Iglesia Católica, el ejército y las capas agrarias y financieras dominantes. Mientras el fascismo se encontró en pleno auge en Europa el franquismo se apoyó simultáneamente en el falangismo y en el tradicionalismo reaccionario; conforme el fascismo perdió fuerza, el discurso falangista fue relegado, imponiéndose un sistema conservador, oficialmente católico y corporativista. En 1937 se unificó al fascismo español en la Falange Española Tradicionalista; en 1943, tras la caída de Mussolini, comenzó la desfascistización; en 1945, con la derrota del fascismo en Europa, el partido único dejó de llamarse Falange para pasar a ser, hasta el final del régimen, el Movimiento Nacional. Sin ánimo de volver a un debate recurrente, cabe anotar que la exclusión del régimen franquista, resultante del golpe de 1936, del catálogo de sistemas fascistas sólo puede justificarse si se identifica a éstos con su manifestación más extrema, es decir, con el nazismo. Esta particular comparación, llevada hasta sus últimas consecuencias, llegaría a la conclusión de que la Italia de Mussolini no fue fascista, lo cual no deja de ser absurdo. Tanto el fascismo italiano como el nazismo alemán fueron dos modelos distintos de Estados fascistas. Que la España de

Franco tuviera una serie de características propias que la alejan de uno y de otro es algo incuestionable, pero también es evidente, si atendemos a las características del Estado franquista, que los elementos comunes son numerosos. Las coincidencias entre el Estado fascista italiano y el franquista afectan a cuestiones claves como la organización de la economía, la existencia de un partido único subordinado al Estado, la permisión de un pluralismo limitado y controlado, el rechazo al liberalismo político, la persecución de los militantes y partidos de izquierda, etc. También coincidieron, como hemos señalado, la simbología y la liturgia empleadas. Ahora bien, las diferencias surgen al comprobar que los regímenes italiano y alemán eran civiles, suponían una respuesta coyuntural a la crisis de los años veinte, habían surgido como partidos desde sus respectivas sociedades civiles y se habían acompañado de complejos movimientos de masas, mientras que el sistema franquista fue una dictadura militar que utilizó un discurso político concreto, el fascista.

Otro interesante debate que nos permiten introducir los golpes ocurridos en la República Española es el que se deriva de la falta de clarificación del concepto golpe de Estado. Aunque sus diferencias con los pronunciamientos del XIX son notables, los golpes del período de la República tienen una serie de características en común con aquéllos. La principal es que siguen la misma técnica: un trabajo conspirador para conseguir apoyos y la manifestación de la rebeldía para presionar al gobierno en la dirección requerida sin intervención directa ni asaltos concretos. Es decir, la técnica clásica de los pronunciamientos. Pese a lo que pudiera parecer, el incremento del número de estudios sobre golpes de Estado no ha servido para clarificar su significado en la medida en que sería deseable. Si en el período moderno en que comienza a gestarse el estudio de la política con unas bases científicas es comprensible que los conceptos y categorías no tuvieran gran precisión, no lo es tanto en el momento actual en el que las ciencias sociales, y en especial la ciencia política, están lo suficientemente desarrolladas e institucionalizadas como para ajustarse a unos mínimos universalmente aceptados. A la confusión existente ha contribuido la catalogación de distintos fenómenos que atienden a las características de los golpes de Estado como si de otros realmente se tratara. Algunos autores, a la hora de realizar tipologías personales sobre los conflictos, han establecido diferencias entre pronunciamientos y golpes de Estado considerando que se trata de acciones militares con poco en común. Dejando al margen sus particulares objetivos, no parece tener sentido esta insistencia ya que los actores, causas y consecuencias son generalmente similares. La diferente forma de aplicación técnica (que en ocasiones es simultánea) no parece motivo suficiente para considerar que se trata de fenómenos distintos. Para Edward Luttwak, por ejemplo, los pronunciamientos son "la versión española y sudamericana de los golpes de Estado militares" y se distinguen de los golpes, entre otras cosas, por su orientación política derechista frente a la neutralidad de aquéllos. Pese a lo discutible de esta última afirmación sí podemos, sin embargo, aceptar que los pronunciamientos vendrían a ser una *versión* regional (y temporal) de los golpes de Estado. En este sentido, a la hora de diferenciar golpes y pronunciamientos, otros autores como Julio Busquets han establecido un criterio temporal: las rebeliones militares del siglo XIX serían pronunciamientos y las del XX serían golpes. Esta clasificación permite observar en su justa medida el fenómeno de los pronunciamientos que, en último término, no se trata más que de la forma tradicional de intervención militar del ejército español a lo largo del siglo XIX, con una técnica concreta (se utiliza la amenaza y se pretende el poder), que posteriormente ha tenido imitadores en otras zonas y períodos con mayor o menor éxito. La esencia última de la técnica del pronunciamiento fue bien percibida por Ortega y Gasset: "No consideran, pues, necesario esforzarse en persuadir a los demás poniendo los medios oportunos; les basta con proclamar, con 'pronunciar' la opinión de que se trata (...). Consecuencia de esto era que los conspiradores no solían preocuparse de preparar a tiempo grandes núcleos auxiliares, ni siquiera numerosas fuerzas de combate. ¿Para qué? Los 'pronunciados' no creían nunca que fuese preciso luchar firme para obtener el triunfo. Seguros de que casi todo el mundo, en secreto, opinaba como ellos, tenían fe ciega en el efecto mágico de 'pronunciar' una frase. *No iban, pues, a luchar, sino a tomar posesión del Poder público*". En cualquier caso, establecer diferencias radicales entre golpe de Estado y pronunciamiento parece empresa tan arriesgada como poco ajustada a los hechos.

Los textos incluidos en este capítulo corresponden a tres golpes distintos en su ejecución y resultados. En primer lugar hemos seleccionado el golpe que intentara el general Sanjurjo apenas dieciséis meses después de proclamarse la II República Española. Las primeras medidas tomadas por el nuevo régimen y las políticas desplegadas por el gobierno de Manuel Azaña, jefe del mismo desde septiembre de 1931, animaron a los militares a intervenir en tan temprana fecha. José Sanjurjo había sido una figura clave en el golpe de Estado de 1923 y lo fue también para el advenimiento del régimen republicano ya que, desde su puesto de jefe de la Guardia Civil, no sólo no hizo nada por defender la monarquía sino que animó al rey a emprender el camino del exilio. El 10 de agosto de 1932 llevó a cabo su golpe, bajo la forma de un pronunciamiento, animado por distintos sectores que conspiraban contra la República, motivado por la situación política, alejada de los principios básicos de la filosofía militar, y ofendido por su alejamiento de la guardia civil. Como tal pronunciamiento, Sanjurjo se limitó a emitir un bando (*Documento* 19) declarando el estado de guerra en la región andaluza y un manifiesto (*Documento* 20) justificando su acción. Tras ello esperaba el seguimiento del ejército que daría el éxito a la rebelión. Sin embargo el fracaso no se hizo esperar ya que la sublevación fue muy mal planeada. No hubo reacción importante alguna. El gobierno supo controlar el intento de apoderarse del ministerio de la Guerra y la respuesta popular dejó clara la dificultad de conseguir un resultado exitoso. La falta de apoyos con que se encontró el golpe entre los propios militares fue suficientemente expresiva (*Documento* 21).

Cuatro años más tarde la situación política se había polarizado lo suficiente como para que cualquier intentona golpista contara con mayor apoyo militar y popular que el que había tenido Sanjurjo. Esta situación era tan evidente que incluso buena parte del espectro político opositor, especialmente tras la victoria del Frente Popular en febrero de 1936, animaba a los militares a emprender la sublevación. Es el caso de los sectores carlistas y falangistas que, ante la evidente dificultad de llegar al poder a través de las urnas, animaron a determinados grupos del ejército a tomar la iniciativa. En el caso falangista su líder, José Antonio Primo de Rivera, hijo del dictador golpista, pedía, a través de una carta abierta a los militares (*Documento* 22), su intervención directa. Resultado de ese clima de amenaza golpista el gobierno no podía hacer otra cosa que permanecer alerta a los posibles movimientos golpistas. Tras las elecciones del 16 de febrero de 1936 el nerviosismo gubernamental ante la posibilidad de un golpe que diera al traste con el régimen estaba presente. Así lo recogió Azaña en uno de sus diarios (*Documento* 23) que permite comprobar dicho estado de excitación. A lo largo de la primavera de 1936 el general Mola preparó la conspiración previa al golpe que, finalmente, tendría lugar en el mes de julio. Destinado en Navarra tuvo numerosos contactos con requetés carlistas con el fin de conseguir un apoyo que se le antojaba necesario. La negociación entre Manuel Fal Conde, secretario general de Comunión Tradicionalista, el partido carlista, y el propio Mola se trenzó en torno a las medidas que se tomarían una vez conseguida la victoria. A uno de esos proyectos corresponde el *Documento* 24, bastante alejado de lo que ocurriría después. Una vez determinada la fecha de la sublevación los diferentes generales implicados recurrirían, una vez más, a la técnica del pronunciamiento: declaración del estado de guerra, emisión de bandos y manifiestos, control militar, etc. En ningún caso su acción pasaba por secuestrar al gobierno o atacar y asaltar determinados edificios públicos, en parte por las dificultades que sin duda tendrían en Madrid y en parte por la confianza en la extensión de la rebelión hasta conseguir la rendición del gobierno. Se han incluido los bandos de Franco declarando el estado de guerra en Canarias (*Documento* 25), de Saliquet en Valladolid (*Documento* 27) y de Mola en Pamplona (*Documento* 28), además del manifiesto de Franco (*Documento* 26) por el interés que tiene al reclamarse inspirado por los principios de Fraternidad, Libertad e Igualdad.

Por último se han incluido dos textos de un golpe de Estado que se produjo en los últimos días del gobierno legítimo de la República al sublevarse el coronel Casado contra el gobierno de Negrín. Una vez clara la victoria de las fuerzas insurrectas tras la guerra civil que siguió al fracaso del golpe de julio de 1936, el enfrentamiento entre un sector dispuesto a resistir, representado por Negrín, y otro inclinado a negociar, representado por Casado y Besteiro, se resolvió a través de un golpe en marzo de 1939. Tras la victoria de Casado sobre las fuerzas resistentes, principalmente tropas comunistas contrarias a la rendición, se constituyó el Consejo Nacional de Defensa con el objetivo de firmar el fin de la guerra asegurando que no se tomarían represalias políticas tras el conflicto, algo que nunca se conseguiría. El primer texto se trata del manifiesto del Consejo destituyendo al gobierno de Negrín (*Documento* 29); el segundo, del discurso de Besteiro emitido por radio (*Documento* 30) comunicando lo ocurrido el 6 de marzo de 1939.

TEXTOS SELECCIONADOS

19. BANDO DEL GENERAL SANJURJO TRAS EL GOLPE DE AGOSTO DE 1932

El Excelentísimo Señor Don José Sanjurjo y Sacanell, Teniente General del Ejército.

Hago saber:

Queda declarado el Estado de Guerra en toda la región andaluza, con las consecuencias que dicho estado lleva consigo. Como Capitán General de Andalucía asumo el mando, concentrando en mi autoridad todos los poderes.

Así como Dios me permitió llevar al Ejército español a la victoria en los campos africanos, ahorrando el derramamiento de sangre moza, confío en que también hoy me será permitido, con mi actitud, llevar la tranquilidad a muchos hogares humildes y la paz a todos los espíritus.

¡Viva España, única e inmortal!

Sevilla, 10 de agosto 1932.

En Emilio ESTEBAN-INFANTES, *La sublevación del General Sanjurjo*, Madrid, Sánchez de Ocaña (imp.), 1933, pág. 215.

20. MANIFIESTO DEL GENERAL SANJURJO

Españoles:

Surge de las entrañas sociales un profundo clamor popular, que demanda justicia y nos mueve a procurarla. No hay atentado que no se haya cometido, abuso que no se haya perpetrado, ni inmoralidad que no haya descendido a todos los órdenes de la Administración pública, para provecho o para despilfarro escandaloso. La fuerza ha sustituido al derecho, la arbitrariedad a la ley, la licencia a la disciplina. La violencia se ha erigido en autoridad y la obediencia se ha rebajado a la sumisión. La incapacidad se impone donde la competencia se inhibe. El despotismo hace veces de valor y de honor a la desvergüenza. Ni los braceros del campo, ni los propietarios, ni los patronos, ni los obreros, ni los capitalistas que trabajan, ni los trabajadores ocupados o en huelga forzosa, ni el productor, ni el contribuyente, ni la industria, ni el comercio, ni el profesional, ni el artesano, ni el empleado, ni los militares, ni los eclesiásticos, nadie siente la interior satisfacción de la tranquilidad de una vida pública jurídicamente ordenada, la seguridad de un patrimonio legítimamente adquirido, la inviolabilidad del hogar sagrado, la plenitud de vivir en el seno de una nación civilizada. De todo este desastre brota, espontáneamente, la rebelión de las almas que viven sin esperanza.

No nos impresiona la emoción de la violencia, dimanante del dramatismo de un levantamiento, para el triunfo del pueblo. Las angustias del país nos emocionan profundamente. La revolución será siempre un crimen o una locura donde quiera que prevalezca la justicia y el derecho; pero es justicia y es derecho donde prevalezca la tiranía.

Causas todas que fueron expuestas por el Comité rebelde, como justificativas de la revolución de 1931, y que parecen, sin embargo, encajar mejor, mucho mejor, en la situación caótica del presente.

Momentos infinitamente más desdichados que aquéllos son los que padecemos actualmente, después de año y medio de sectarismo tiránico. La economía nacional ha sufrido el quebranto de miles de millones. Se han destrozado los organismos de defensa e insultado groseramente a los Cuerpos armados. Ha aumentado la criminalidad de modo alarmante. El paro forzoso, extendido en proporciones aterradoras, sume en la miseria a muchos cientos de miles de hogares humildes. No se ha tenido en varios meses un sólo día de sosiego y tranquilidad, con el sobresalto constante de incendios, huelgas revolucionarias, robos, atracos y amenazas. Las leyes de excepción nos privan más que nunca de los derechos ciudadanos. Y por si estos y otros males fueran pocos, se han alentado imprudentemente los sentimientos de varias regiones y envenenado aspiraciones que podrían ser legítimas en su origen, poniendo en peligro inminente la integridad de España.

Por amor a España y por imperativos de nuestra conciencia y nuestro deber, que nos obliga a salvarla de la ruina, de la iniquidad y de la desmembración, aceptamos desde este momento la responsabilidad de la gobernación del país, y asumimos todas las funciones del Poder público, con carácter de Junta provisional.

Las Cortes, que eran ilegítimas en su origen, por el régimen de terror en que fueron convocadas y elegidas, y facciosas por la prorrogación de sus funciones a extremos ni siquiera consignados en su propia convocatoria, han sido disueltas.

No venimos sin embargo a imponer un régimen político contra la República, sino a libertar a España de la alarma, que sólo en un año ha ocasionado daños tan gravísimos en lo material y en lo moral.

La forma en que los poderes del Estado han de organizarse se determinará por la representación legítima de todos los ciudadanos, designados en elecciones que se celebrarán en un régimen de libertad, sin amenazas ni coacciones que impidan manifestarse libremente la voluntad individual de los electores.

Para ello es preciso, ante todo, que la paz y la disciplina sociales se restablezcan, en beneficio de todas las clases y no en el de una sola de ellas, de modo que los actos políticos de todas las tendencias puedan celebrarse en un ambiente de tolerancia y de respeto mutuo, sin que las gentes pacíficas se vean amenazadas, como en el último simulacro de elecciones, por bandas de forajidos.

Los poderes que esta Junta provisional asume, durarán el tiempo indispensable para restablecer la disciplina, postulado esencial previo para la legitimidad de cualquier Parlamento que la Nación elija, pero, durante este período de restauración de la paz pública, será inexorable en la persecución de cuantos aspiren a reproducir los métodos de terrorismo a que acabamos de poner término, y sobre todo, de cuantos estén al servicio de las organizaciones extranjeras, cuyo fin esencial es el de introducir y fomentar la discordia interna en las naciones; organizaciones que, por lo que aquí respecta, quedan desde este momento declaradas fuera de la ley.

España necesita de todos sus hijos, y a todos hace un llamamiento apremiante, para que con fe y energía nos ayuden y alienten en nuestra obra de reconstrucción; y, sobre todo, truequen en amor el odio que estimula la innoble lucha de clases, que convierte las relaciones económicas entre obreros y patronos en una lucha más propia de pueblos y tiempos bárbaros que de una nación civilizada.

Intelectuales, técnicos y funcionarios de todo orden: poned a contribución de la hermosa obra que nos proponemos vuestra inteligencia, conocimientos y honrado trabajo, origen de ideas salvadoras, provechosas iniciativas y rendimientos admirables. A todos, repetimos, requerimos para que cooperen a dotar a España de instituciones estables; a instaurar la paz interior desaparecida; a reconstruir su economía sobre la base de la estricta justicia social, sin la que no hay dicha verdadera; a imponer la libertad que respeta todos los derechos legítimos, reconoce y acata las justas jerarquías y hace cumplir todos los deberes naturales y sociales.

Sólo a estos fines responderán los decretos de la Junta provisional, y para ello requiere la colaboración de todos los ciudadanos. La cordialidad con que pide y espera su concurso, le autoriza, si se produjera cualquier intento perturbador, para reprimirlo de un modo severo.

¡Viva España! ¡Viva la soberanía nacional!

En Emilio ESTEBAN-INFANTES, *General Sanjurjo. Un laureado en el penal del Dueso*, Barcelona, AHR, 1958, págs. 314-317.

21. EL FRACASO DEL GOLPE DE SANJURJO

Excmo. Señor:

Habiéndome comprometido con V.E. para secundar el movimiento iniciado, en la creencia y la confianza que en su prestigio teníamos de que no se llegaría al caso de oponernos a fuerzas de nuestro Ejército, recibida orden de organizar una columna para resistir a las fuerzas que se dirigen a ésta, tengo el sentimiento de comunicar a V.E. que los oficiales y tropa de mi Regimiento, así como los de Artillería, Caballería e Ingenieros, se niegan a salir a combatir a sus compañeros.

Dios guarde a V.E. muchos años.

Sevilla, 10 de agosto de 1932.

Excmo. Señor

Emilio R. Polanco.

Documento entregado al general Sanjurjo por el coronel de Infantería Emilio Rodríguez Polanco. En Emilio ESTEBAN-INFANTES, *La sublevación del General Sanjurjo*, ob. cit., pág. 223.

22. "CARTA A LOS MILITARES DE ESPAÑA", DE JOSÉ ANTONIO PRIMO DE RIVERA

¿Habrá todavía entre vosotros –soldados, oficiales españoles de tierra, mar y aire–, quien proclame la indiferencia de los militares por la política? Esto pudo y debió decirse cuando la política se desarrollaba entre partidos. No era la espada militar la llamada a decidir sus pugnas, por otra parte, harto mediocres. Pero hoy no nos hallamos en presencia de una pugna interior. Está en litigio la existencia misma de España como entidad y como unidad. El riesgo de ahora es exactamente equiparable al de una invasión extranjera. (...)

Sí; si sólo se disputara el predominio de este o del otro partido, el *Ejército* cumpliría con su deber quedándose en sus cuarteles. Pero hoy estamos en vísperas de la fecha, ¡pensadlo, militares españoles!, en que España puede dejar de existir. Sencillamente: si por una adhesión a lo formulario del deber permanecéis neutrales en el pugilato de estas horas, podréis encontraros, de la noche a la mañana, con que lo sustantivo, lo permanente de España que servíais ha desaparecido. Este es el límite de vuestra neutralidad: la subsistencia de lo permanente, de lo esencial, de aquello que pueda sobrevivir a la varia suerte de los partidos. Cuando lo permanente peligra, ya no tenéis derecho a ser neutrales. Entonces ha sonado la hora en que vuestras armas tienen que entrar en juego para poner a salvo los valores fundamentales, sin los que es vano simulacro la disciplina. Y siempre ha sido así: la última partida es siempre la partida de las armas. A última hora –ha dicho Spengler– siempre ha sido un pelotón de soldados el que ha salvado la civilización. (...)

Ojalá supieran estas palabras expresar en toda su gravedad el valor supremo de las horas en que vivimos. Acaso no las haya pasado más graves, en lo moderno, otro pueblo alguno, fuera de Rusia. En las demás naciones el Estado no estaba aún en manos de traidores; en España, sí. Los actuales fiduciarios del *Frente Popular*, obedientes a un plan trazado fuera, descarnan de modo sistemático cuanto en la vida española pudiera ofrecer resistencia a la invasión de los bárbaros. Lo sabéis vosotros, soldados españoles del Ejército, de la Marina, de la Aviación, de la Guardia Civil, de los Cuerpos de Seguridad y Asalto despojados de los mandos que ejercíais por sospecha de que no ibais a prestaros a la última traición. (...) Sin vuestra fuerza –soldados– nos será titánicamente difícil triunfar en la lucha. con vuestra fuerza claudicante, es seguro que triunfe el enemigo. Medid vuestra terrible responsabilidad. Es que España siga siendo depende de vosotros. Ved si esto no os obliga a pasar sobre los jefes vendidos o cobardes, a sobreponeros a vacilaciones y peligros. El enemigo, cauto, especula con vuestra indecisión. Cada día gana unos cuantos pasos. Cuidad de que al llegar el momento inaplazable no estéis ya paralizados por la insidiosa red que alrededor se os teje. Sacudid "desde ahora mismo" sus ligaduras. Formad "desde ahora mismo" una unión firmísima, sin esperar a que entren en ella los vacilantes. Jurad por vuestro honor que no dejaréis sin respuesta el toque de guerra que se avecina.

Hoja clandestina escrita en la Cárcel Modelo de Madrid el día 4 de mayo de 1936. En *Obras completas de José Antonio Primo de Rivera*, Madrid, Delegación Nacional de Prensa y Propaganda de Falange Española Tradicionalista y de las JONS, 1942, págs. 597-601.

23. LOS RUMORES DE GOLPE TRAS LAS ELECCIONES DEL 16 DE FEBRERO DE 1936

A las seis de la mañana me despierta Esplá con una llamada telefónica. "Ha empezado lo de Cuatro Vientos", me dice. Se trataba, al parecer, de una sublevación del aeródromo, parte de un plan de rebelión militar de que se viene hablando hace días, y en el que se supone complicados al general Franco, y a Goded. Conocíamos el anuncio de este golpe, preparado para impedir la entrada en el poder de los republicanos y de los socialistas, y también eran públicas las precauciones adoptadas por el Gobierno. Consisten en rodear de Guardia Civil y de policía los cuarteles sospechosos. Me había acostado a las cuatro de la madrugada. Hasta esa hora estuvimos en casa de Viñuales. Apenas había dormido una hora. La llamada de Esplá no me hizo gracia. Me dio algunos detalles. Lo de Cuatro Vientos había sido sofocado, pero en otros lugares del campamento, había un fuerte tiroteo. Esplá lo sabía por el partido de Izquierda Republicana, y se lo confirmaban los socialistas. A pesar de esto, recibí la noticia con incredulidad. A las once de la noche, me había llamado por teléfono un joven del partido, y muy emocionado había dicho: "Ha empezado lo de Cuatro Vientos". Resultó que no había empezado nada. Eran las mismas palabras que después me repetía Esplá, y conociendo a la gente quise creer más bien que se trataba de la misma *noticia*, ampliada después de rodar por Madrid toda la noche.

Motivos para darle crédito no faltaban. Martínez Barrio me había dicho la tarde anterior, estando en mi casa, que el Gobierno creía en la existencia de un plan de rebelión. El general Pozas, inspector general de la Guardia civil, había revelado al Gobierno que el general Franco, jefe del Estado Mayor Central, y en realidad dueño del ministerio de la Guerra por la nulidad del ministro, le había enviado un emisario invitándole a sumarse, con la Guardia civil, a las determinaciones que hubiera de tomarse en defensa del orden y en bien de España. Una cosa así era. El emisario fue otro militar, yerno del propio general Pozas; la respuesta, según Pozas, había sido una repulsa terminante. El Gobierno, conocedor de ese propósito, en vez de arrestar a los generales inquietos, se limitó a asustarse, y revolverse en el más lastimoso barullo. Martínez Barrio me describió el desbarajuste de Portela, "hombre derrumbado". Por añadidura, el director de Seguridad había salido de mañana para Zaragoza, con motivo de un alboroto callejero. Le mandaron volver, pero a las tres de la mañana, cuando estábamos en casa de Viñuales, aún no había regresado.

Estas alarmas no vencían mi incredulidad. Desde hace dos años vivimos así, y algo apunto en *Mi rebelión en Barcelona*. Pasar de la murmuración y de las fantasías a la acción no es tan fácil. Hace poco, el ministro de Agricultura, Álvarez Mendizábal, que es muy basto, ha soltado unas declaraciones respecto a las probabilidades de acción por parte de los militares, que son una imprudencia y una pifia en boca de un ministro, pero que expresan la pura verdad. No creo que haya ninguno resuelto a jugarse nada en serio.

Cuando me levanté por la llamada de Esplá había amanecido. Me asomé al balcón. Por la calle Serrano empezaban a transitar algunas gentes que salían al trabajo. La hora era demasiado tardía para iniciar un movimiento sedicioso. Pocos minutos después volvió a llamar Esplá. Muy confuso, me dijo que la noticia era falsa. Pedía mil perdones por haberme molestado sin motivo. Lo eché a broma. Vinieron a poco Saravia, Ramos y Santos Martínez por la misma alarma. A las siete se fueron y me acosté.

Manuel Azaña, "Crónica de dos días (1936)", en *Memorias de guerra*. 1936-1939, Barcelona, Grijalbo Mondadori, 1996, págs. 9-10.

24. LA CONSPIRACIÓN DEL GENERAL MOLA

Tan pronto tenga éxito el movimiento nacional, se constituirá un Directorio que lo integrarán un Presidente y cuatro vocales militares. Estos últimos se encargarán personalmente de los Ministerios de Guerra, Marina, Gobernación y Comunicaciones.

El Directorio ejercerá el poder con toda amplitud, tendrá la iniciativa de los decretos-leyes que se dicten, los cuales serán refrendados por todos sus miembros. Dichos decretos-leyes serán revisados en su día por el Parlamento constituyente elegido por sufragio, en la forma que oportunamente se determine. Al frente de los Ministerios no consignados anteriormente, figurarán unos Consejeros técnicos, quienes asumirán las funciones que en la actualidad ejercen los ministros.

Los Consejos que celebre el Directorio podrán ser ordinarios y plenos. Los primeros lo integrarán el Presidente y los vocales; los segundos, los citados y los Consejeros técnicos.

Los primeros decretos-leyes que se dicten serán los siguientes:

a. Suspensión de la Constitución de 1931.
b. Cese del Presidente de la República y miembros del Gobierno.
c. Atribuirse todos los poderes del Estado, salvo el judicial, que actuará con arreglo a las Leyes y reglamentos preestablecidos que no sean derogados o modificados por otras disposiciones.
d. Defensa de la Dictadura Republicana. Las sanciones de carácter dictatorial serán aplicadas por el Directorio sin intervención de los Tribunales de Justicia.

e. Derogación de las Leyes, reglamentos y disposiciones que no estén de acuerdo con el nuevo sistema orgánico del Estado.
f. Disolución de las actuales Cortes.
g. Exigencias de responsabilidades por los abusos cometidos desde el poder por los actuales gobernantes y los que les han precedido.
h. Disolución del Tribunal de Garantías.
i. Declarar fuera de la Ley todas las sectas y organizaciones políticas o sociales que reciben inspiración del extranjero.
j. Separación de la Iglesia y el Estado; libertad de cultos y respeto para todas las religiones.
k. Absorción del paro y subsidios a los obreros en paro forzoso comprobado.
l. Extinción del analfabetismo.
m. Creación del carnet electoral. En principio no tendrán derecho a él los analfabetos y quienes hayan sido condenados por delito contra la propiedad y las personas.
n. Plan de obras públicas y riegos de carácter remunerador.
o. Creación de comisiones regionales para la resolución de los problemas de la tierra sobre la base del fomento de la pequeña propiedad y de la explotación colectiva, donde ello no fuera posible.
p. Saneamiento de la Hacienda.
q. Ordenación de las industrias de guerra.
r. Restablecimiento de la pena de muerte en los delitos contra las personas, siempre que produzcan la muerte o lesiones que ocasionen inutilidad para el ejercicio de la profesión, industria o trabajo de las víctimas.

El Directorio se comprometerá, durante su gestión a no cambiar en la nación el régimen republicano, mantener en un todo las reivindicaciones obreras legalmente logradas, reformar el prestigio de la autoridad y los órganos de defensa del Estado, dotar convenientemente al Ejército y a la Marina, para que tanto uno como otra sean eficientes, creación de milicias nacionales, organizar la instrucción premilitar desde la escuela y adoptar cuantas medidas se juzguen necesarias para crear un Estado fuerte y disciplinado.

Madrid, 5 de junio de 1936.

El Director.

Nota del general Emilio Mola Vidal entregada a Manuel Fal Conde, Secretario General del Comunión Tradicionalista (Partido Carlista), al entrevistarse ambos en Irache el 15 de junio de 1936. En Antonio de LIZARZA IRIBARREN, *Memorias de la conspiración*, 1931-1936, Pamplona, Gómez, 1969 (4ª ed.), págs. 113-115.

25. BANDO DEL GENERAL FRANCO DECLARANDO EL ESTADO DE GUERRA EN CANARIAS

Bando de proclamación del estado de guerra, que rige para las islas Canarias desde las cinco horas de la mañana de hoy, 18 de julio de 1936.

Don Francisco Franco Bahamonde, general de división, comandante militar de las islas Canarias, hago saber:

Que de conformidad con lo prevenido en el artículo 36 y sus concordantes 7, número 12; 9, número 3 y 171 del Código de Justicia Militar, declaro el estado de guerra en todo el Archipiélago, y en su virtud, ordeno y mando:

Art. 1. Se prohibe la formación y circulación de grupos de tres o más personas. Los que se constituyan serán disueltos inmediatamente por la fuerza, si desobedecieran o resistieran la primera intimidación.

Art. 2. Queda terminantemente prohibido aproximarse, sin causa justificada, a las líneas de energía eléctrica, conducciones de agua, gas, estaciones telefónicas, cuarteles, polvorines, dependencias militares, establecimientos fabriles e industriales, bancos, hospitales, asilos y cualquier edificio público. Los que lo hicieren lo verificarán individualmente, y si no justificasen la causa de su presencia, serán detenidos en el acto.

Art. 3. No podrán celebrarse reuniones, manifestaciones, conferencias, espectáculos o cuantos actos supongan reunión pública de personas en número superior a tres, sin permiso previo de mi Autoridad.

Art. 4. Serán sometidos a mi previa censura, y como requisito indispensable para circular, tres ejemplares de cualquier impreso o documento destinado a publicidad.

Art. 5. Quedan destituidos los gobernadores civiles y delegados del Gobierno, Ayuntamientos, Cabildos, Mancomunidades interinsulares y cuantas Juntas de cualquier clase dependan de dichas Corporaciones. Los destituidos integrantes de ellas se abstendrán en el desempeño de su cometido a partir del instante de la publicación de este Bando, y la contravención del mismo en este sentido se reputará como suficiente para considerarlos incursos en el delito de rebelión. Con objeto de no dejar desatendidos los servicios y finalidades de aquellos organismos, los Secretarios de ellos conservarán su documentación, atendiendo las necesidades de carácter urgente, hasta tanto se personen ante ellos los representantes de mi Autoridad, quienes lo harán acompañados de las correspondientes instrucciones, a fin de normalizar con toda urgencia y personal civil la vida de dichas entidades.

Art. 6. Queda prohibido terminantemente el cierre de establecimientos, fábricas, talleres, oficinas y cualquier otra manifestación de actividad. La cesación de ella, la rebaja de salarios concedidos, los pactos que impliquen disminución de los otorgados, la alteración de bases de trabajo, los despidos sin justificación y cualesquiera otras contravenciones, se estimarán como actos sediciosos, ya lo sean aisladamente o conjuntamente cometidos, y sus autores sometidos a juicio sumarísimo. Del mismo modo se apreciarán las declaraciones de huelga, abandono del trabajo, incitación a aquéllas o a éste, realización de paros y cualesquiera otras actitudes que entorpezcan las jornadas obreras. La comisión de los hechos antes enunciados, motivará el inmediato encarcelamiento de sus autores, juntas directivas, comités y demás personas que, aun sin relieve corporativo, pudieran considerarse como provocadores del movimiento, así como la clausura de las Asociaciones patronales u obreras causantes de tales actos.

Art. 7. En el plazo de doce horas, a partir de la publicación de este Bando, los tenedores de armas cortas y largas de fuego, sustancias explosivas, armas blancas de usos distintos a los domésticos, agrícolas o industriales, estén o no provistos de licencia, deberán entregarlas en los puestos de la Guardia Civil del domicilio del poseedor, por cuyos comandantes se les refrendará la documentación o les será expedida, en su caso, de acuerdo con las instrucciones que tienen recibidas, procediendo a la recogida, reseña o inventario de las que ocuparan. Pasado este plazo, los tenedores de armas de fuego dentro o fuera del domicilio, serán considerados como rebeldes, y en igual forma los que lo fueren de sustancias explosivas, incendiarias o corrosivas.

Art. 8. Quedan sometidos a la jurisdicción de guerra y juzgados en procedimiento sumarísimo, todos los autores, cómplices o encubridores de cuantos delitos se previenen contra el orden público en los Códigos Penal Ordinario, de Justicia Militar y Ley de Julio de 1933.

Art. 9. Quedarán a mi disposición, y a mis inmediatas órdenes o a la de los comandantes militares de las Plazas en su caso, todas las fuerzas armadas que dependan de otras Autoridades, teniendo desde este momento las que tuvieran con anterioridad la consideración de fuerza armada. Los funcionarios públicos y demás corporaciones civiles que no presten el inmediato auxilio que mis subordinados les reclamaran para el establecimiento del orden, serán suspendidos en el acto del empleo, cargo y sueldo o gratificaciones anexos, sin perjuicio de las responsabilidades en que incurrieren.

Art. 10. Serán consideradas como presuntos reos de sedición o rebelión, las personas que se encuentren o hubieren estado en sitio de combate, y asimismo aquellos que fueren aprehendidos huyendo o escondidos, después de haber estado con los estimados rebeldes o sediciosos y cuantos propalen noticias o informaciones tendenciosas.

Art. 11. Hasta nueva orden queda prohibido el tráfico por carretera y en el interior de las poblaciones por medio de vehículos de tracción mecánica o animal, ya sean de propiedad particular o de servicio público, excepción hecha de autobuses, tanto urbanos como interurbanos y tranvías. Los automóviles, motocicletas, bicicletas y demás medios de locomoción que precisaren circular, lo harán previa autorización, que les será expedida en las respectivas Comandancias Militares.

A los efectos de términos legales, se hace la publicación de este Bando, a las cinco horas del día de hoy.

Las Palmas, 18 de julio de 1936.

En Luis ROMERO, *Tres días de julio*, Barcelona, Ariel, 1967, págs. 86-88.

26. MANIFIESTO DEL GENERAL FRANCO AL INICIAR LA REBELIÓN

¡Españoles!

A cuantos sentís el santo amor a España, a los que en las filas del Ejército y la Armada habéis hecho profesión de fe en el servicio de la Patria, a los que jurasteis defenderla de sus enemigos hasta perder la vida, la Nación os llama en su defensa.

La situación en España es cada día más crítica; la anarquía reina en la mayoría de sus campos y pueblos; autoridades de nombramiento gubernativo presiden, cuando no fomentan, las revueltas. A tiros de pistola y ametralladoras se dirimen las diferencias entre los bandos de ciudadanos, que, alevosa y traidoramente, se asesinan sin que los poderes públicos impongan la paz y la justicia.

Huelgas revolucionarias de todo orden paralizan la vida de la Nación arruinando y destruyendo sus fuentes de riqueza y creando una situación de hambre que lanzará a la desesperación a los hombres trabajadores.

Los monumentos y tesoros artísticos son objeto de los más enconados ataques de las hordas revolucionarias obedeciendo a las consignas que reciben de las directivas extranjeras, que cuentan con la complicidad o negligencia de gobernadores y monterillas.

Los más graves delitos se cometen en las ciudades y en los campos, mientras las fuerzas de orden público permanecen acuarteladas, corroídas por la desesperación que provoca una obediencia ciega a gobernantes que intentan deshonrarlas. El Ejército, la Marina y demás Institutos armados, son blanco de los más soeces y calumniosos ataques precisamente por parte de aquellos que debían velar por su prestigio.

Los estados de excepción y alarma sólo sirven para amordazar al pueblo y que España ignore lo que sucede fuera de las puertas de sus villas y ciudades, así como para encarcelar a los pretendidos adversarios políticos.

La Constitución, por todos suspendida y vulnerada, sufre un eclipse total; ni igualdad ante la Ley, ni libertad, aherrojada por la tiranía, ni fraternidad cuanto el odio y el crimen han sustituido al mutuo respeto, ni unidad de la Patria, amenazada por el desgarramiento territorial más que por el regionalismo, que los propios poderes fomentan, ni integridad y defensa de nuestras fronteras cuando en el corazón de España se escuchan las emisoras extranjeras que predican la destrucción y reparto de nuestro suelo.

La Magistratura, cuya independencia garantiza la Constitución, sufre igualmente persecuciones que la enervan o mediatizan y recibe los más duros ataques a su independencia.

Pactos electorales hechos a costa de la integridad de la propia Patria, unidos a los asaltos a Gobiernos Civiles y cajas fuertes para falsear las actas, formaron la máscara de legalidad que nos preside. Nada contuvo la apetencia de poder, destitución ilegal del moderador, glorificación de las revoluciones de Asturias y catalana, una y otra quebrantadoras de la Constitución que, en nombre del pueblo, era el Código fundamental de nuestras instituciones.

Al espíritu revolucionario e inconsciente de las masas engañadas y explotadas por los agentes soviéticos, que ocultan la sangrienta realidad de aquel régimen, que sacrificó para su existencia veinticinco millones de personas, se unen la malicia y la negligencia de Autoridades de todo orden que amparadas en un poder claudicante, carecen de autoridad y prestigio para imponer el orden y el imperio de la libertad y la justicia.

¿Es que se puede consentir un día más el vergonzoso espectáculo que estamos dando al mundo?

¿Es que podemos abandonar a España los enemigos de la Patria, con un proceder cobarde y traidor entregándola sin lucha y sin resistencia?

¡Eso no! Que lo hagan los traidores, pero no lo haremos quienes juramos defenderla.

Justicia e igualdad ante la Ley os ofrecemos. Paz y amor entre los españoles. Libertad y fraternidad exentas de libertinaje y tiranía. Trabajo para todos. Justicia social, llevada a cabo sin enconos ni violencias y una equitativa y progresiva distribución de riqueza sin destruir ni poner en peligro la economía española.

Pero, frente a eso, una guerra sin cuartel a los explotadores de la política, a los engañadores del obrero honrado, a los extranjeros, que directa o solapadamente intentan destruir España.

En estos momentos es España entera la que se levanta pidiendo paz, fraternidad y justicia; en todas las regiones, el Ejército, la Marina y fuerzas de orden público se lanzan a defender a la Patria. La energía en el sostenimiento del orden estará en proporción a la magnitud de la resistencia que se ofrezca.

Nuestro impulso no se determina por la defensa de unos intereses bastardos, ni por el deseo de retroceder en el camino de la Historia, porque las Instituciones, sean cuales fueren, deben garantizar un mínimo de convivencia entre los ciudadanos que, no obstante las ilusiones puestas por tantos españoles, se han visto defraudados, pese a la intransigencia y comprensión de todos los organismos nacionales, con una respuesta anárquica cuya realidad es imponderable.

Como la pureza de nuestras intenciones nos impide el yugular aquellas conquistas que representan un avance en el mejoramiento político-social, y el espíritu de odio y venganza no tiene albergue en nuestros pechos, del forzoso naufragio que sufrirán algunos ensayos legislativos, sabremos salvar cuanto sea compatible con la paz interior de España y su anhelada grandeza, haciendo reales en nuestra Patria, por primera vez, y por este orden la trilogía Fraternidad, Libertad e Igualdad.

Españoles: ¡Viva España!

¡Viva el honrado pueblo español!

En Federico ESCOFET, *De una derrota a una victoria: 6 de octubre de 1934-19 de julio de 1936*, Barcelona, Argos Vergara, 1984, págs. 395-397.

27. BANDO DEL GENERAL SALIQUET DEL DÍA 18 DE JULIO

Don Andrés Saliquet Zumeta, general de División y jefe de las fuerzas armadas de la séptima División.

Ordeno y mando:

Artículo 1. Queda declarado el estado de guerra en todo el territorio de esta División y, como primera consecuencia, militarizadas todas las fuerzas armadas, sea cualquiera la autoridad de que dependían anteriormente, con los deberes y atribuciones que competen a las del Ejército y sujetas igualmente al Código de Justicia Militar.

Artículo 2. No precisarán intimación ni aviso para repeler por la fuerza las agresiones a las fuerzas indicadas anteriormente ni a los locales ni edificios que sean custodiados por aquéllas, así como los atentados y "sabotajes" a vías y medios de comunicación y transporte de toda clase y a los servicios de agua, gas y electricidad y artículos de primera necesidad. Se tendrá en cuenta la misma norma para impedir los intentos de fuga de los detenidos.

Artículo 3. Quedan sometidos a la jurisdicción de guerra y tramitados por procedimientos sumarísimos:

a. Los hechos comprendidos en el artículo anterior.
b. Los delitos de rebelión, sedición y los conexos de ambos; los de atentado y resistencia a los agentes de la autoridad; los de desacato, injuria, calumnia, amenaza y menosprecio a los anteriores o a personal militar o militarizado que lleve distintivo de tal, cualquiera que sea el medio empleado, así como los demás delitos cometidos contra el personal civil que desempeña funciones de servicio público.
c. Los de tenencia ilícita de armas o cualquier otro objeto de agresión, utilizado o utilizable por las fuerzas armadas, con fines de lucha o destrucción. A los efectos de este apartado quedan caducadas todas las licencias de uso de armas concedidas con anterioridad a esta fecha. Las nuevas serán tramitadas y despachadas en la forma que oportunamente se señalará.

Artículo 4. Se considerarán también como autores de los delitos anteriores los incitadores, agentes de enlace, repartidores de hojas o proclamas clandestinas o subversivas; los dirigentes de las entidades que patrocinen, fomenten o aconsejen tales delitos, así como todos los que directa o indirectamente tomen parte en atracos y robos a mano armada o empleen para cometerlos cualquier otra coacción o violencia.

Artículo 5. Quedan totalmente prohibidos los "lock-out" y huelgas. Se considerará como sedición el abandono del trabajo y serán principalmente responsables los dirigentes de las asociaciones o sindicato a que pertenezcan los huelguistas, aunque simplemente adopten la actitud de brazos caídos.

Artículo 6. Queda prohibido el uso de banderas, insignias, uniformes, distintivos y análogos que sean contrarios a este bando y al espíritu que lo inspira, así como el canto de himnos de análoga significación.

Artículo 7. Se prohiben igualmente reuniones de cualquier clase que sean, aunque tengan lugar en sitios públicos, como restaurantes o cafés, así como las manifestaciones públicas.

Artículo 8. Serán depuestas las autoridades principales o subordinadas que no ofrezcan confianza o que no presten el auxilio debido y sustituidas por las que se designen.

Artículo 9. Quedan en suspenso todas las leyes y disposiciones que no tengan fuerza de tales en todo el territorio nacional, excepto aquellas que por su antigüedad sean ya tradicionales. Las consultas resolverán los casos dudosos.

Artículo 10. Los reclutas en caja y los soldados de primera y segunda situación de servicio activo y los de reserva que sean acusados de delitos comprendidos en este bando o en el Código de Justicia Militar, quedan sometidos a la jurisdicción de guerra.

Artículo 11. Los jefes más caracterizados o más antiguos de la Guardia Civil, Carabineros, Seguridad y Asalto, con mando, se harán cargo del mando civil en los territorios de su demarcación, siempre que en ellos no haya fuerzas del Ejército, a quienes compete en primer lugar.

Artículo 12. Quedan sometidas a la censura militar todas las publicaciones impresas de cualquier clase que sean. Para la difusión de noticias se utilizará la radiodifusión y los periódicos, los cuales tienen obligación de reservar, en el lugar que se les indique, espacio suficiente para la inserción de las noticias oficiales, únicas que sobre orden público y política podrán insertarse. También quedan sometidas a la censura todas las comunicaciones eléctricas, urbanas e interurbanas.

Artículo 13. Queda prohibido, por el momento, el funcionamiento de todas las estaciones radioemisoras particulares de onda corta y extracorta, incurriendo los infractores en los delitos indicados en los artículos 31 y 41.

Artículo 14. Ante el bien supremo de la Patria, quedan en suspenso todas las garantías individuales establecidas en la Constitución, aun cuando no se hayan consignado especialmente en este bando.

Artículo 15. A los efectos legales, este bando surtirá efecto inmediatamente después de su publicación.

Por último, espero la colaboración activa de todas las personas patrióticas, amantes del orden y de la paz, que suspiraban por este movimiento, sin necesidad de que sean requeridas especialmente para ello, ya que siendo, sin duda, estas personas la mayoría, por comodidad, falta de valor cívico o por carencia de un aglutinante que aúne los esfuerzos de todos, hemos sido dominados hasta ahora por unas minorías audaces, sujetas a órdenes de Internacionales de índole varia, pero todas igualmente antiespañolas. Por eso termino con un sólo clamor, que deseo sea sentido por todos los españoles y repetido por todas las voluntades: ¡Viva España!

Valladolid, 18 de julio de 1936.

El general de la División.

En Luis ROMERO, *Tres días de julio*, ob. cit., págs. 182-184.

28. BANDO DEL GENERAL MOLA DEL DÍA 19 DE JULIO

Don Emilio Mola Vidal, general de brigada,

Hago saber:

Que por exigirlo imperiosa, ineludible e inaplazablemente por encima de toda otra consideración, la salvación de España en trance inminente de sumirse en la más desenfrenada situación de desorden, he resuelto asumir por mi Autoridad el mando de las provincias de Burgos, Santander, Guipúzcoa, Vizcaya, Álava, Navarra, Logroño y Palencia, que constituyen el territorio de esta División, en las que queda a partir de este momento declarado el estado de guerra. Y por ello,

Ordeno y Mando;

Primero. Quedan anuladas todas las licencias para uso de armas.

Los poseedores de éstas, con o sin licencia, quedan obligados a entregarlas en el plazo máximo de dos horas, sin excusa alguna, en el puesto de la Guardia Civil respectivo, donde en cada caso, podrá convalidarse la autorización para su uso, a discreción del Comandante del mismo; en la inteligencia de que todo aquél en cuyo poder o domicilio, durante los cacheos y registros que rigurosamente han de practicarse, se hallaren armas incurrirá en la sanción que se determina en el artículo 3º de este Bando.

Segundo. Queda prohibido en absoluto, sin causa que debidamente lo justifique, el abandono del trabajo por los obreros, empleados y funcionarios y dependientes de Centros y Empresas oficiales o particulares, y concedo un plazo de media hora para que los que no hubieran acudido a los respectivos talleres, obras, establecimientos u oficinas, lo hagan, advirtiendo que por agentes de mi Autoridad se comenzarán inmediatamente las oportunas investigaciones en todos aquellos lugares, a los fines de este artículo, a cuyos contraventores se exigirá la responsabilidad que en el siguiente se consigna.

En los mismos términos serán perseguidos y sancionados los patronos o jefes de Centro, Empresa o Establecimiento que impidan o entorpezcan la entrada al trabajo de todos o alguno de sus dependientes, y toda otra persona que de cualquier modo se oponga al cumplimiento de la disposición precedente.

Tercero. Los infractores de lo establecido por los dos artículos anteriores, así como cuantos directamente impidan o dificulten el normal abastecimiento de víveres en las poblaciones o la prestación de servicios públicos, serán juzgados en Consejo de Guerra sumarísimo, imponiéndose a los que resulten responsables de tales hechos la pena de muerte, que será ejecutada antes de las tres horas siguientes a la notificación de la aprobación del fallo.

Cuarto. Del mismo modo serán castigados cualesquiera clase de actos de violencia ejecutados contra las personas o las cosas por móviles de los llamados políticos o sociales, y la tenencia de substancias inflamables, explosivas con fines ilícitos o desconocidos.

Quinto. Las Autoridades y los funcionarios públicos, de cualquier orden y categoría, en el ejercicio de sus cargos, tendrán durante la vigencia de este Bando, carácter militar, castigándose en consecuencia, los delitos que en el desempeño de ellos cometan, así como las injurias, atentados y desacatos de que fueren objeto, conforme a las disposiciones del Código de Justicia Militar.

Sexto. Queda prohibida la formación de grupos de más de tres personas en la vía pública. Si la primera intimación de los agentes de la Autoridad para que se disuelvan no fuere atendida, serán disueltas por la fuerza, sin perjuicio de la responsabilidad exigible a sus componentes por la desobediencia cometida.

Así mismo prohibo el estacionamiento de viandantes, quienes serán detenidos y juzgados como desobedientes si no circularen a la primera orden que para ello les diera la fuerza pública.

Séptimo. Queda también prohibido, siendo considerados los contraventores de esta prohibición como rebeldes, y castigados con las penas señaladas en los artículos 237 y siguientes del Código de Justicia Militar:

1. La celebración de reuniones, mítines, conferencias o juntas que no hubieren sido autorizadas por la respectiva Autoridad militar de la Plaza con 24 horas de anticipación teniéndose a los efectos de este precepto por clandestina toda reunión en cualquier local o domicilio a que concurrieren tres personas ajenas a la familia del dueño de aquél, o que no habiten en éste.
2. La publicación, venta y difusión de periódicos, revistas, folletos, manifiestos u otra clase de escritos destinados a la publicidad, no sometidos en duplicado ejemplar a mi previa censura.

En el primer caso, serán responsables tanto los promotores de los actos mencionados como los conferenciantes, oradores y asistentes a ellos, y en el segundo los directores de la publicación, los autores de los escritos, sus editores, vendedores, repartidores y tenedores.

Quedan incluidos en la disposición de este artículo los anuncios, noticias, discursos escritos que hayan de ser radiados por las emisoras radiotelefónicas, bajo la responsabilidad antedicha, que se exigirá a los propietarios de la emisora y a los locutores que los transmitieran.

Octavo. Se declaran incautados y a mi disposición todos los vehículos y medios de transporte de personas o cosas y queda prohibida su circulación sin licencia especial de la Autoridad militar, bajo las responsabilidades señaladas en el artículo anterior, que se exigirán a los propietarios y conductores de aquellos.

Noveno. Todos los delitos que se cometan durante la vigencia de este Bando y no sean de los comprendidos en él ni de los sancionados en el Código de Justicia Militar o privativos de la jurisdicción de Marina, serán juzgados por los Tribunales de Urgencia en plazo que no excederá de cuarenta y ocho horas, imponiéndose en todo caso a los responsables de los mismos la pena superior en grado a la señalada por la Ley. Del mismo modo procederán los Juzgados municipales en la persecución y sanción de las faltas de que deban conocer.

Décimo.- A todos los efectos de este Bando salvo en lo que respecta al orden judicial, las Autoridades militares de cada provincia asumirán el mando de ella.

Pamplona, 19 de julio de 1936.

En Jorge VIGÓN, *General Mola. El conspirador*, Barcelona, AHR, 1957, pág. 120 bis.

29. EL GOLPE DEL CORONEL CASADO CONTRA EL GOBIERNO DE NEGRÍN

Trabajadores españoles; Pueblo antifascista:

Ha llegado el momento en que es necesario proclamar a los cuatro vientos la verdad escueta de la situación en que nos encontramos. Como españoles y como antifascistas, no podríamos continuar por más tiempo aceptando la imprevisión, la carencia de orientaciones, la falta de organización y la absurda inactividad del Gobierno Negrín. La misma trascendencia del momento que atravesamos y el carácter definitivo de aquellos que se aproximan hace que no puedan continuar más el silencio y la incertidumbre, origen del más grande desconcierto de un puñado de hombres que todavía continúan aplicándose el nombre de gobierno, pero en el que nadie cree, en el que nadie confía.

Han pasado varias semanas desde que se liquidó con una deserción general la guerra de Cataluña. Todas las promesas que se hicieron al pueblo en los más solemnes momentos fueron olvidadas; todos los deberes desconocidos; todos los compromisos delictuosamente pisoteados.

Mientras el pueblo en armas sacrificaba en las batallas unos cuantos millares de sus mejores hijos, los hombres, que se habían constituido en cabezas visibles de la resistencia, abandonaban sus puestos visibles de la resistencia, abandonaban sus puestos y buscaban en la fuga vergonzante y vergonzosa el camino de salvar sus vidas a costa de su dignidad.

Esto no puede repetirse en el resto de la España antifascista. No puede tolerarse que en tanto se exija al pueblo una resistencia encarnizada, se hagan preparativos para una cómoda y lucrativa fuga.

No puede permitirse que, en tanto el pueblo lucha, combate y muere, unos cuantos privilegiados superen su vida en el extranjero.

Para borrar tanta vergüenza, para evitar que se produzca la deserción en los momentos verdaderamente graves es por lo que se constituye el Consejo Nacional de Defensa y hoy con plena responsabilidad de la misión que nos imponemos, con absoluta seguridad de nuestro pasado, de nuestro presente y de nuestro futuro porvenir, en nombre del Consejo Nacional de Defensa que recoge del arroyo los poderes, donde los arrojara el Gobierno Negrín, nos dirigimos a todos los españoles y poniéndonos al frente de los deberes que a todos nos incumben, les damos la garantía plena de que nadie podrá rehuir el cumplimiento de esos deberes y esquivar la responsabilidad.

Constitucionalmente el Gobierno Negrín carecía de base jurídica en la cual apoyar su mandato; realmente carecía también de tranquilidad y de aplomo y de la decisión del sacrificio que es exigible a todos los que de una u otra manera pretenden ponerse al frente de un pueblo tan heroico y abnegado como es el pueblo español.

En estas condiciones, al doctor Negrín y sus ministros les faltó autoridad para mantenerse en el Poder. Nosotros vinimos para señalar el camino, para evitar el desastre y para marchar juntos con el resto de los españoles, por ese camino con todas sus consecuencias.

Aseguramos que no desertaremos, ni toleraremos la deserción. Aseguramos que no saldrá de esta zona ninguno de los hombres que en España deben estar hasta que se autorice la salida de los que quieran salir.

Propugnamos la resistencia para no hundir nuestra causa en el ludibrio y en la vergüenza. Para esto pedíamos el concurso de todos, pero damos la seguridad que nadie, absolutamente nadie, escapará al cumplimiento de los deberes que le correspondan.

"O nos salvamos todos o nos hundimos todos". Estas palabras, pronunciadas por el doctor Negrín, piensa convertirlas en realidad el Consejo Nacional de Defensa. Para ello recabamos vuestro auxilio y vuestra colaboración y nos mostraremos inexorables con los que hurten el pecho al cumplimiento del deber.

Manifiesto del Consejo Nacional de Defensa destituyendo al Gobierno de Negrín el 5 de marzo de 1939. En Segismundo CASADO, *Así cayó Madrid*, Madrid, Ediciones 99, 1977, págs. 145-147.

30. LA TOMA DEL PODER REPUBLICANO POR EL CONSEJO NACIONAL DE DEFENSA

Ciudadanos españoles: Después de un largo y penoso silencio, hoy me veo obligado a dirigiros la palabra por imperativo de la conciencia, desde un micrófono de Madrid.

Ha llegado el momento de irrumpir con la verdad y rasgar las redes de falsedades con que está envuelta.

Es una necesidad ineludible, es un deber de humanidad y una exigencia de la Ley, de la salvación de la masa inocente e irresponsable.

¿Cuál es la realidad de la vida actual de la República? En parte lo sabéis. En parte lo sospecháis. Tal vez muchos, en parte al menos, lo ignoran.

Hoy esa verdad, por amarga que sea, no basta con reconocerla, sino que es preciso proclamarla en alta voz, para evitar males mayores y dar a la actuación pública toda la abnegación y todo el valor que exigen las circunstancias.

La verdad es, conciudadanos, que después de la batalla del Ebro, los ejércitos nacionalistas han ocupado totalmente Cataluña y el Gobierno Republicano ha andado errante durante largo tiempo en territorio francés. La verdad es que cuando los Ministros de la República se han decidido a retornar al territorio español carecen de toda base legal y del prestigio necesario para solucionar el gran problema que se presenta ante ellos.

Por la ausencia y más aún por la renuncia del Presidente de la República, ésta se encuentra decapitada. Constitucionalmente el Presidente del Congreso no puede sustituir al Presidente dimisionario, más que con la condición estricta de convocar elecciones presidenciales en el plazo improrrogable de ocho días. Como el cumplimiento de este precepto constitucional es imposible en las actuales circunstancias, el Gobierno del doctor Negrín, falto de la asistencia presidencial y de la asistencia de la Cámara, a la cual sería vano intentar darle una apariencia de vida, carecería de legitimidad y no puede ostentar título alguno al respecto y al reconocimiento de los ciudadanos de la República.

¿Quiere esto decir que en el territorio de la República existe un estado de desorden? No, el Gobierno del doctor Negrín, cuando aún podía considerarse investido de autoridad, declaró el estado de guerra, y hoy, al desmoronarse las altas jerarquías republicanas, el Ejército de la República existe con autoridad indiscutible y la necesidad del encadenamiento de los hechos ha puesto en sus manos la solución de un problema gravísimo y de naturaleza esencialmente militar.

¿Quiere esto decir que el Ejército de la República se encuentra desasistido de la opinión pública? En modo alguno. Aquí, en este mismo locutorio, se hallan un representante republicano, otro de la Unión Republicana, otro del Partido Socialista, otro de la UGT y otros de la CNT y del movimiento libertario. Todos estos representantes juntamente conmigo estamos dispuestos a prestar al poder legítimo del Ejército Republicano la asistencia necesaria en estas horas solemnes.

El Gobierno del doctor Negrín, con sus veladuras de la verdad, con sus verdades a medias y con sus propuestas capciosas no pueden aspirar a otra cosa que a ganar tiempo, tiempo que ha perdido para la masa combatiente la no combatiente. Y esta política de aplazamiento no puede tener otra finalidad que alimentar la morbosa creencia de que la complicación de la vida internacional desencadene una catástrofe de proporciones universales, en la cual, juntamente con nosotros, perecerían masas proletarias de muchas naciones del mundo.

De esta política de fanatismo catastrófico, de esta sumisión a órdenes extrañas, de una indiferencia completa al dolor de la nación está saturada la opinión republicana. Yo os hablo desde este Madrid que ha sabido y sabe sufrir con emocionada dignidad su martirio; yo os hablo desde este "rompeolas de todas las Españas" que dijo el poeta inmortal que hemos perdido, tal vez abandonado en tierras extrañas. Yo os hablo para deciros que, cuando se pierde, es cuando hay que demostrar, individuos e individualidades, el valor moral que se posee.

Se puede perder, pero con honradez y dignamente, y si llega el fin, anonadados por la desgracia.

Yo os digo que una victoria moral de este género vale más que una victoria material, lograda a fuerza de claudicaciones y de vilipendios.

Yo os pido, poniendo en esta petición todo el énfasis de la propia responsabilidad, que en estos momentos graves asistáis lo mismo que nosotros al Poder Legítimo de la República, que transitoriamente no es otro que el Poder Militar.

Discurso radiado de Julián Besteiro en representación del Consejo Nacional de Defensa, 6 de marzo de 1939.
En Segismundo CASADO, *Así cayó Madrid*, ob. cit., págs. 147-149.

BIBLIOGRAFÍA

ALONSO BAQUER, Miguel, *El modelo español de pronunciamiento*, Madrid, Rialp, 1983.
AZAÑA, Manuel, *Memorias de guerra. 1936-1939*, Barcelona, Grijalbo Mondadori, 1996.
BUSQUETS, Julio, *Pronunciamientos y golpes de Estado en España*, Barcelona, Planeta, 1982.
CASADO, Segismundo, *Así cayó Madrid*, Madrid, Ediciones 99, 1977.
CEPEDA GÓMEZ, José, *Teoría del pronunciamiento. El intervencionismo militar en el reinado de Isabel II y el acceso de los generales al poder político*, Madrid, Universidad Complutense, 1982.
DE LIZARZA IRIBARREN, Antonio, *Memorias de la conspiración. 1931-1936*, Pamplona, Editorial Gómez, 1969 (4ª ed.).
DUMONT, Jean (dir.), *Les coups d'État*, Loos-lez-Lille, Hachette, 1963.
ECHEVERRÍA, Tomás, *Cómo se preparó el alzamiento: el general Mola y los carlistas*, 1985.
ESCOFET, Federico, *De una derrota a una victoria: 6 de octubre de 1934-19 de julio de 1936*, Barcelona, Argos Vergara, 1984.
ESTEBAN-INFANTES, Emilio, *La sublevación del General Sanjurjo*, Madrid, Sánchez de Ocaña (imp.), 1933.
— *General Sanjurjo. Un laureado en el penal del Dueso*, Barcelona, AHR, 1958.
IRIBARREN, José María, *El general Mola*, Madrid, Editora Nacional, 1945.
JACKSON, Gabriel, *La República española y la guerra civil, 1931-1939*, Barcelona, Crítica, 1990.
LUTTWAK, Edward, *Coup d'État. A Practical Handbook*, Cambridge, Harvard University Press, 1995 (ed. original de 1968).
MAÍZ, Félix, *Mola, aquel hombre. Diario de la conspiración, 1936*, Barcelona, Planeta, 1976.
MOLA VIDAL, Emilio, *Obras completas*, Valladolid, Librería Santarén, 1940.
NAGORE YÁRNOZ, Javier, *En la primera Navarra (1936-1939)*, Madrid, Dyrsa, 1986.

OLMEDA, José Antonio, *Las Fuerzas Armadas en el Estado Franquista*, Madrid, El Arquero, 1988.

ORTEGA y GASSET, José, *España invertebrada*, Madrid, Revista de Occidente, 1981.

PAYNE, Stanley G., *Franco y José Antonio. El extraño caso del fascismo español*, Barcelona, Planeta, 1997.

PÉREZ MADRIGAL, Joaquín, *El General Sanjurjo a presidio*, Madrid, Reus, 1955.

PRESTON, Paul, *Las derechas españolas en el siglo XX: autoritarismo, fascismo y golpismo*, Madrid, Sistema, 1986.

PRIMO de RIVERA, José Antonio, *Obras completas* de José Antonio Primo de Rivera, Madrid, Delegación Nacional de Prensa y Propaganda de Falange Española Tradicionalista y de las JONS, 1942.

RODRÍGUEZ JIMÉNEZ, José Luis, *Historia de Falange Española de las JONS*, Madrid, Alianza, 2000.

ROMERO, Luis, *Tres días de julio*, Barcelona, Ariel, 1967.

SECO SERRANO, Carlos, *Militarismo y civilismo en la España contemporánea*, Madrid, Instituto de Estudios Económicos, 1984.

SENRA, Alfonso, Antonio GOICOECHEA y otros, *Del 10 de agosto a la Sala sexta del Supremo*, Madrid, La Nación, 1933.

VARELA RENDUELES, José Mª, *Rebelión en Sevilla: memorias de su gobernador rebelde*, Sevilla, Ayuntamiento de Sevilla, 1982.

VIGÓN, Jorge, *General Mola (El conspirador)*, Barcelona, AHR, 1957.

CAPÍTULO 4
GOLPES DE ESTADO EN LATINOAMÉRICA

El golpismo ha sido en las últimas décadas un fenómeno tan extendido en América Latina que cuando se habla de golpes de Estado muchas veces se produce una identificación entre éstos y los ocurridos en aquella zona del planeta. Determinado tipo de golpe, el llevado a cabo por militares latinoamericanos en los años setenta, se ha convertido en el prototipo más claro de golpismo, hasta el punto de que se cuando se habla de golpes acuden enseguida a la mente imágenes del bombardeo de la Casa de la Moneda chilena o de los adustos militares argentinos. Bolivia, Chile, Uruguay, Argentina..., los golpes y las dictaduras militares de los años setenta componen un arquetipo golpista que, más allá de la conquista del poder gubernamental, persigue erradicar todo tipo de oposición y se propone la transformación radical de la sociedad. Sin embargo, no todos los golpes que a lo largo del siglo se llevaron a cabo en Latinoamérica se ajustan a este modelo. En distintos momentos tuvieron lugar otros tipos golpes de Estado que pueden agruparse por coincidir sus características básicas y por responder a determinados contextos internacionales. Bien es cierto, no obstante, que en ninguna otra parte del planeta se ha recurrido de forma tan reiterada a la utilización de los golpes, independientemente de los objetivos perseguidos. Dos elementos influyen en la extensión del fenómeno, por un lado el caudillismo que como forma de gobierno de un líder carismático necesita el uso de la fuerza militar para acceder al poder y mantenerse en él, y por otro, especialmente tras la segunda guerra mundial, el contexto internacional. La mayoría de las veces ambas cuestiones han ido unidas dando lugar a líderes carismáticos y dictaduras militares, o con apoyo militar, sustentadas por los Estados Unidos. En ocasiones el caudillismo ha tenido raíces más socializantes y, a pesar de conservar sus principales características, se ha enfrentado al imperialismo norteamericano desde patrones nacionalistas. Desde el caudillismo primitivo, en las primeras décadas tras la independencia, de Juan Manuel de Rosas en Argentina, de José Antonio Páez en Venezuela o Antonio López de Santa Anna en México, pasando por el que tiene lugar en la primera mitad de siglo como el de Marcos Pérez Jiménez en Venezuela o Rafael Leónidas Trujillo en la República Dominicana, y llegando a la explosión que tiene lugar a partir de los años cincuenta, lo cierto es que en Latinoamérica se forjó un sistema de dominación común que fue causa directa del auge golpista. Junto al caudillismo, fue el contexto internacional el que determinó las políticas latinoamericanas, la orientación ideológica de los distintos regímenes y, por supuesto, la proliferación del fenómeno golpista. Si tuviéramos que realizar una catalogación de los diferentes tipos de golpes de Estado a lo largo del siglo veinte, cabría hacer una división temporal coincidente con los grandes acontecimientos de ese tiempo. El período de entreguerras, la segunda guerra mundial y la guerra fría determinarán la evolución política de la mayoría de los sistemas latinoamericanos.

La primera guerra mundial influyó decisivamente en América Latina, no tanto por la mayor o menor simpatía que pudieran despertar los países contendientes sino porque trajo consigo un período de auge económico al incrementarse la venta de materias primas y de productos elaborados. La hegemonía norteamericana en la zona había terminado de consolidarse y los sistemas democráticos gozaban de una razonable estabilidad. Fueron, sin embargo, las consecuencias directas de la guerra las que afectaron a la aparente armonía del continente. Al igual que ocurriera en Europa, la crisis económica desatada a partir del "jueves negro" de Wall Street, el 24 de octubre de 1929, puso en evidencia las limitaciones de los Estados liberales para asegurar el desarrollo así como la necesidad de reformar sus principios no intervencionistas. Si el efecto inmediato en Europa fue la aparición de distintos grupos, movimientos y partidos fascistas, en Latinoamérica, controlada por la potencia hegemónica norteamericana, la consecuencia fue la desestabilización democrática y la aparición de numerosos regímenes dictatoriales tras una oleada de golpes de Estado. A finales de los años veinte predominaban los sistemas democráticos; a partir del comienzo de los treinta la situación varió totalmente. Sólo en 1930 y 1931 sufrieron golpes de Estado países como Argentina, Brasil, Ecuador, El Salvador, Perú o Venezuela, entre otros.

La segunda guerra mundial abrió una nueva etapa golpista, en este caso de menor duración e intensidad. La victoria de las potencias aliadas se tradujo, como consecuencia inmediata, en la desaparición de numerosas dictaduras como las de Bolivia, Argentina, Brasil, Venezuela o Perú. Esta vez se utilizaron los golpes de Estado no como vía hacia la dictadura sino a la inversa: es el caso de Brasil, en 1945, o de Venezuela, donde tuvo lugar un golpe de Estado militar apoyado por el partido socialdemócrata *Acción Democrática*, en el mismo año. En Guatemala, por su parte, el dictador Jorge Ubico, que ejercía el poder desde 1931, se vio obligado a dimitir en 1944. Como la nueva Junta que tomó el poder no dio los pasos necesarios en la democratización del sistema, un golpe de Estado militar, en octubre de ese mismo año, permitió la organización de unas elecciones libres. El nuevo presidente, Juan José Arévalo, abriría un período democrático inédito en ese país que, ante las sospechas que despertaba por sus políticas sociales y el apoyo que le brindaban los comunistas, llegó a sufrir más de treinta intentos de golpe de Estado. En el conjunto de Latinoamérica, una vez pasado el optimismo inicial y establecida la nueva dinámica internacional, la situación cambió sustancialmente.

Las repercusiones de la guerra fría, momento de la tercera etapa, se tradujeron en una presión constante, ejercida con el objetivo de controlar a todos y cada uno de los gobiernos del continente, por parte de los Estados Unidos, fenómeno que sin ser nada nuevo se aplicaría de forma más directa y más intensa. El conflicto geopolítico entre las dos potencias, los Estados Unidos y la Unión Soviética, quedó oculto en ocasiones bajo la apariencia de luchas internas en los Estados periféricos o en las respectivas áreas de influencia. En realidad los actores, *élites* o coaliciones, o bien estaban condicionados por la lucha hegemónica que se producía a nivel mundial, reproduciendo la misma en el interior de sus Estados, o bien se servían de la confrontación utilizándola en interés propio. Esta lucha larvada entre las dos superpotencias se produjo en numerosos países en forma de guerras civiles, golpes de Estado o de intervenciones militares directas de diferentes maneras: apoyando económicamente a determinados grupos, a través de la formación de cuadros políticos o militares, suministrando armamento a guerrillas y ejércitos o, en el caso de las intervenciones, ocupando directamente al país *rebelde* y sustituyendo a sus gobernantes por otros afines.

Entre los conflictos que surgieron al calor de la guerra fría cabe, lógicamente, hacer distintas matizaciones. Pasada la euforia democratizadora y establecidas las nuevas reglas del juego, las *élites* latinoamericanas volvieron a la defensa de sus posiciones, que quedaban mejor protegidas de influencias socializantes bajo dictaduras de todo tipo. A través de golpes de Estado, esta vez con la finalidad de establecer sistemas autoritarios, llegaron al poder el general Odría, en Perú, en 1948; el general Delgado, en Venezuela, en 1948; el general Rojas, en Colombia, en 1953; el coronel Castillo, en Guatemala, en 1954; o el general Lonardi, en Argentina, en 1955. En la defensa de los intereses tanto de las oligarquías locales como de los Estados Unidos, las dictaduras eran más fácilmente controlables que las democracias. Su ascenso y protección estaban asegurados. Sin embargo, un hecho fundamental condicionaría el sistema establecido por la guerra fría: la

Revolución Cubana. Tras varios años de lucha contra el régimen de Fulgencio Batista, los revolucionarios dirigidos por Fidel Castro consiguieron hacerse con el apoyo popular y con el control de la isla, provocando la salida del dictador el 31 de diciembre de 1958. El acercamiento a la Unión Soviética experimentado por el régimen cubano en los siguientes años encendió todas las alarmas en los Estados Unidos y no pocas esperanzas en el resto del continente. La respuesta inmediata tuvo la forma de una nueva oleada golpista. Entre los años 1962 y 1964, coincidiendo con la etapa de mayores contactos entre cubanos y soviéticos, se produjeron distintos golpes en Perú, Guatemala, Ecuador, República Dominicana, Honduras, Brasil y Bolivia. Lógicamente, no cabe achacar al contexto internacional toda la responsabilidad sobre las intenciones de los golpistas, mucho más complejas y ajustadas a las dinámicas internas de lo que pudiera parecer a simple vista, pero sí hay que destacar la enorme influencia que tuvo, en este caso, el temor a la extensión del fenómeno revolucionario.

Pese al mayor control norteamericano, los cambios internacionales también favorecieron el resurgir de cierto tipo de golpismo izquierdista. La tensa situación de enfrentamiento entre norteamericanos y soviéticos se relajó a finales de los años sesenta, pasando la distensión a definir el nuevo contexto. Además, el hecho de que los Estados Unidos tuvieran otros frentes abiertos, como el de Vietnam, desvió su atención. La llama revolucionaria encendida por Cuba comenzaba a expandirse aunque de forma mucho más moderada. Así las cosas, varios países constituyeron regímenes militares de signo izquierdista: Perú, en 1968; Panamá, en el mismo año; Bolivia, en 1969; Ecuador, en 1972; etcétera. A ellos hay que sumar los gobiernos de parecido signo que alcanzaron el poder a través de las urnas, como ocurrió, por ejemplo, en Chile. Sin embargo, la duración de estos nuevos sistemas fue bastante efímera. El régimen del general Velasco Alvarado, en Perú, no llegó a los siete años. En Bolivia, dos años después, un golpe militar derechista, el de Hugo Banzer, acabó con la tentación nacionalizadora y reformista del nuevo régimen. De esta forma se hizo presente un tipo de golpismo, guiado por las fuerzas armadas pero con un alto componente izquierdista, que respondía a una mayor preocupación social y se escudaba siempre bajo justificaciones nacionalistas de contenido antinorteamericano. En último término, su esquema no difería prácticamente en nada del caudillismo derechista. Sin embargo, las políticas desplegadas sí tuvieron mayor contenido igualitario y, en ocasiones, se enfrentaron abiertamente a los intereses estratégicos de la superpotencia americana. En los años treinta habían tenido un precursor: el gobierno resultante del golpe de Estado de Vargas en Brasil, quien tras su acción, en 1937, instauró una dictadura nacionalista. A finales de los sesenta sus máximos representantes fueron Velasco Alvarado en Perú, quien tras derrocar a Belaúnde Terry en 1968 formó un gobierno revolucionario, y Torrijos en Panamá, que después de participar en el golpe de 1968 conquistó el poder dando lugar a un régimen caracterizado por su antiimperialismo. A pesar de su aparente relajamiento, la oposición norteamericana a este tipo de regímenes se hizo presente en sus derrocamientos, generalmente también a través de nuevos golpes de Estado: en 1945 el ejército provocó la caída de Vargas, en 1977 otro golpe militar apartó a Velasco del poder y en 1981 Torrijos falleció en un accidente aéreo en circunstancias un tanto oscuras no sin antes haber resistido un golpe de militares pro-norteamericanos en 1969.

En relación directa con ciertas formas de caudillismo de izquierdas no puede dejar de citarse la importancia que tuvo el populismo, tipo de régimen que surge de la convergencia de intereses económicos y políticos de las nuevas burguesías industriales nacionales, amplios sectores de las clases medias y las masas asalariadas urbanas, y caracterizado por la identificación de la nación y el pueblo. Los golpes de Estado, que tal y como hemos señalado son en principio políticamente neutros, también fueron utilizados para instaurar regímenes populistas o, por el contrario, para derrocarlos. Tanto en el caso del populismo como de los regímenes caudillistas de izquierda, cuando se han analizado los golpes latinoamericanos se ha caído, en ocasiones, en valoraciones positivas de los mismos al justificarlos por tratarse de promotores de la modernización política y económica de los países en que tenían lugar. Este tipo de interpretaciones, en boga durante los años sesenta, se apoyó en los numerosos golpes militares que, principalmente en el tercer mundo, alcanzaron el poder con la intención de aplicar de reformas estructurales profundas, aunque, con la perspectiva histórica de lo ocurrido, sus resultados no fueran lo satisfactorios que cabía esperar.

El establecimiento de gobiernos izquierdistas en países como Perú, Bolivia o Chile, el incremento de los conflictos internos, la lucha popular anticapitalista y la apertura de nuevos procesos revolucionarios como los de Nicaragua o El Salvador, movilizaron a las fuerzas armadas latinoamericanas para llevar a cabo golpes de Estado que permitieran acabar con la subversión y con todo tipo de actividad izquierdista. En toda esta etapa fue evidente, de nuevo, la influencia, el apoyo y la presencia de los Estados Unidos, que incluso llevaba años formando en las técnicas golpistas a oficiales de distintos países. En centros de las fuerzas armadas estadounidenses como Fort Benning, en Georgia, o Fort Gulick, en la zona norteamericana del Canal de Panamá, recibieron formación algunos militares latinoamericanos que posteriormente alcanzarían la jefatura de sus Estados a través de golpes militares: Hugo Bánzer (Bolivia), Augusto Pinochet (Chile), Ernesto Geisel (Brasil), Alfredo Stroessner (Paraguay) y Jorge Videla (Argentina) entre otros. La política de contención del comunismo hizo que el principal objetivo de la política exterior norteamericana fuera la creación y mantenimiento de un entorno acorde a sus intereses, independientemente del tipo de régimen y del costo humano y social necesario. Idéntica observación puede hacerse, por supuesto, de la política exterior soviética en su respectivo dominio. Además, en los años previos a esta ola golpista, se había conformado un cuerpo de opinión que, posteriormente, estaría presente en algunos de los golpes con mayor repercusión como el argentino de 1976 y el chileno de 1973. Entre sus características, siguiendo a Prudencio García, pueden destacarse las siguientes: un intensivo adoctrinamiento anticomunista, conducente a un ultraderechismo radicalizado; la creciente desviación de la idea de defensa hacia el concepto de *enemigo interior*; la implantación de la llamada "Doctrina de Seguridad Nacional"; la autoatribución excluyente por las fuerzas armadas de los conceptos de patria y patriotismo, así como la representación exclusiva de la nación; la progresiva desviación de las fuerzas armadas hacia funciones de carácter policial; una grave relajación de los conceptos éticos militares y el respaldo de las fuerzas armadas a modelos de fuerte base oligárquica y gran desigualdad social. No parece necesario insistir en las consecuencias que de la aplicación de estos principios se derivaron. Cuando estos países se incorporaran al movimiento democratizador que recorrió Latinoamérica en la década de los años ochenta, la sistemática violación de los derechos humanos por los gobiernos golpistas, su persistencia en la memoria histórica y una resolución compleja e incompleta del problema supondría no pocos obstáculos a la articulación de sistemas plenamente democráticos.

Si atendemos caso por caso, en pocos países como en Argentina puede observarse la continua presencia del golpe de Estado como mecanismo de acceso al poder por parte de las *élites* políticas y militares. Ha sido así hasta el punto de constituir una ruta más, una opción a elegir, entre otras de tipo constitucional. Una vez que el golpe de Uriburu inaugurase esta vía, los golpes de Estado, y sus intentos, han sido repetidos de forma constante. De entre los principales hemos destacado, a la hora de seleccionar algunos textos, tres de los más importantes: el golpe del 16 de septiembre de 1955, autocalificado como Revolución Libertadora, que acabó con el régimen de Perón, el del 28 de junio de 1966 que dio paso a la también autodenominada Revolución Argentina, sucesivo relevo de gobiernos militares, y el golpe del 24 de marzo de 1976, que abrió el Proceso de Reorganización Nacional que no fue más que una férrea dictadura militar y que tuvo trágicas consecuencias para el país. El *Documento* 31 refleja la proclama del general Eduardo Lonardi tras el golpe de Estado de 1955, unos días antes de jurar como presidente de la nación. Las fuerzas armadas acabaron con el régimen populista de Perón en nombre de la lucha contra el autoritarismo del régimen y con el ruido de fondo del malestar del ejército y de la Iglesia Católica. El giro político que se inicia coincidiendo con la muerte de Eva Perón se tradujo en mayores tasas de centralización y autoritarismo, llevando finalmente a la intervención militar en un contexto internacional poco favorable a la participación de las masas en la política o a la simple presencia de formas democráticas. Pocos meses después de su elección, Lonardi fue reemplazado por el general Aramburu. El *Documento* 32 resume las causas y objetivos del golpe de 1966 con el que los militares tomaron de nuevo el poder tras el período constitucional iniciado con la victoria de Arturo Frondizi en las elecciones del 23 de febrero de 1958. En esta ocasión los objetivos del golpe no fueron otros que los de poner en marcha la denominada Revolución Argentina, que dio paso a un sistema que, posteriormente, ha sido denominado como burocrático autoritario. Tras deponer al entonces presidente Illia, la Junta de Comandantes se hizo cargo del gobierno, asumiendo la presidencia, tal y como recoge el texto, el Presidente Onganía. Por último se incluyen tres textos sobre el golpe que acabó, de nuevo, con un período democrático que incluyó el regreso de Perón, su muerte y la presidencia de su segunda esposa, María Estela Martínez de Perón. En marzo de 1976 los militares interrumpieron, sin sorpresa, la vida política argentina para comenzar el que denominaron Proceso de Reorganización Nacional. Esta vez no se utilizó el término revolución, como se había hecho en 1955 y 1966. El golpe había sido anunciado en numerosas ocasiones y era esperado por algunos sectores de la población. El discurso del general Videla tres meses antes del golpe es buena prueba de su latente amenaza (*Documento* 39). La proclama de la Junta Militar (*Documento* 40) y los objetivos del Proceso (*Documento* 41) incluyen las causas argumentadas por los golpistas y los propósitos que perseguía su acción. El golpe de 1976 dio paso a distintos gobiernos militares que dejaron un saldo de treinta mil muertos y desaparecidos y provocó una guerra, la de las Malvinas, con el Reino Unido, cuya derrota dio al traste con la dictadura en 1983.

Tras el caso argentino hemos recogido dos textos en relación con el golpismo de tipo izquierdista de finales de los años sesenta. El *Documento* 33 recoge el Estatuto del gobierno militar que acabó con la presidencia de Fernando Belaúnde Terry en octubre de 1968. El golpe de los militares peruanos no fue un golpe realizado en nombre de ningún líder militar concreto sino de la institución en su totalidad. Sin embargo, las lógicas tensiones surgidas en su interior terminaron decantando el control hacia la línea dura encarnada por Velasco Alvarado. Uno de los puntos de conflicto vendría dado por la propia organización de poder recogida en el texto: cada comandante general es, inmediatamente, ministro de Estado. El conflicto por los ascensos estaba servido. Una vez que Velasco Alvarado se hizo con el control dio paso a un régimen revolucionario teñido de populismo y con evidentes pretensiones modernizadoras. El golpe en Panamá de 1968, por su parte, es recogido en el *Documento* 34 a través del discurso, justificando su participación en los hechos, de López de Guevara, uno de los políticos civiles que formaría parte del nuevo gobierno. El once de octubre la Guardia Nacional panameña ejecutó un golpe de Estado, conocido como Movimiento de Restauración de la República, que acabó con el gobierno del presidente Arnulfo Arias dando lugar a una Junta Provisional presidida por el Coronel José Manuel Pinilla. Sin embargo el hombre fuerte del régimen sería Omar Torrijos, a quien la nueva asamblea nacional proclamaría en 1972 líder supremo de la revolución panameña confiriéndole plenos poderes. En el discurso televisado del nuevo ministro de relaciones exteriores se aprecia la insistencia en legitimar el golpe, por un lado, y en rechazar los gobiernos militares, salvo en casos de excepcionalidad extrema como aquél, por otro.

Un golpe especialmente emblemático, que se ha convertido en símbolo de un fenómeno tan extendido como el golpismo latinoamericano, fue el golpe de Estado chileno de 1973. El 11 de septiembre de 1973 las fuerzas armadas chilenas atacaron el palacio presidencial de La Moneda acabando con el gobierno y la vida de Salvador Allende.

La victoriosa Junta Militar de los comandantes en Jefe, presidida por el general Augusto Pinochet, acabó con el régimen democrático anterior e inauguró una de las dictaduras más crueles de todo el siglo. El *Documento* 35 recoge la constitución de la Junta de Gobierno Militar en las horas siguientes a la rebelión. El último discurso del presidente Salvador Allende (*Documento* 36), radiado en directo la misma mañana del golpe, además de ser un testimonio ético de compromiso y responsabilidad política une a su valor histórico su belleza literaria. El *Documento* 37 recoge parte de la emisión radiofónica prevista por el Partido Comunista de Chile para el 11 de septiembre en la cual se observan las modificaciones a que se vieron obligados por los acontecimientos desencadenados ese mismo día. Por último, se ha incluido la declaración efectuada por la Confederación Episcopal de Chile tras el golpe (*Documento* 38). Los textos aparecen siguiendo el orden cronológico en que se produjo cada golpe.

TEXTOS SELECCIONADOS

31. PROCLAMA DEL GENERAL LONARDI TRAS EL GOLPE ANTIPERONISTA DE 1955

Al pueblo argentino y a los soldados de la patria:

En mi carácter de jefe de la Revolución Libertadora, me dirijo al pueblo, y en especial a mis camaradas de todas las armas, para pedir su colaboración en nuestro movimiento. La Armada, el Aeronáutico y el Ejército de la patria abandonan otra vez sus bases y cuarteles para intervenir en la vida cívica de la Nación. Lo hacemos impulsados por el imperativo del amor a la libertad y al honor de un pueblo sojuzgado que quiere vivir de acuerdo con sus tradiciones y que no se resigna a seguir indefinidamente los caprichos de un dictador que abusa de la fuerza del gobierno para humillar a sus conciudadanos.

Con el pretexto de afianzar los postulados de una justicia social que nadie discute, porque en la hora presente es el anhelo común de todos los argentinos, ha aniquilado los derechos y garantías de la Constitución y suprimido el orden jurídico por su voluntad avasalladora y despótica.

Esta opresión innoble sólo ha servido para el auge de la corrupción y para la destrucción de la cultura y de la economía, de todo lo cual es símbolo tremendo el incendio de los templos y los sacrosantos archivos de la patria, el avasallamiento de los jueces, la reducción de la Universidad a una burocracia deshonesta y la trágica encrucijada que compromete el porvenir de la República contra la entrega de sus fuentes de riqueza.

Si este cuadro fabuloso promueve la inquietud de los argentinos, el dictador —después del simulacro de su renuncia— nos ofrece la perspectiva de la guerra civil y de la matanza fraticida, complaciéndose con la posibilidad de dar muerte a cinco opositores inermes por cada uno de sus secuaces y torturadores.

No es extraño que fuera capaz de complicarse en la profanación de la bandera para imputar el sacrilegio a sus opositores. Ante los conciudadanos y la posteridad lo acusamos de incalificable villanía, plenamente comprobada en las actuaciones labradas por el Consejo Supremo de Guerra y Marina. La preocupación por el honor y la libertad, eliminados por la tiranía, halló su cauce en el corazón de la oficialidad joven, que con rara unanimidad despreció las dádivas y el soborno y puso su limpia espada al servicio de los ideales ciudadanos.

Poco ha costado a quien firma esta proclama y a tantos jefes que en toda la extensión de la República la rubrican con su nombre y con su sangre, secundar ese esfuerzo juvenil que reivindica para siempre el prestigio de las armas nacionales y a todos coloca en la misma línea de los inmortales precursores; los que orlaron los templos con los trofeos tomados al enemigo, los que hicieron flamear nuestra enseña en las batallas que fundaron la patria y los que dieron la lección insuperada de su desinterés y sacrificio.

Ningún escrúpulo deben abrigar los miembros de las fuerzas armadas por la supuesta legitimidad del mandato que ostenta el dictador. Ninguna democracia es legítima si no existen los presupuestos esenciales: libertades y garantías de los derechos personales. Se falsea el empadronamiento o en los comicios se falsea la expresión de la voluntad ciudadana. En cambio, sí tiene todas sus fuerzas el artículo de la Constitución vigente que ordena a los argentinos armarse en defensa de la Constitución y de las leyes. O aquel otro que marca con el dictado de infames traidores a la patria a los que conceden facultades extraordinarias o toleran su acción.

Sepan los hermanos trabajadores que comprometemos nuestro honor de soldados en la solemne promesa de que jamás consentiremos que sus derechos sean cercenados. Las legítimas conquistas que los amparan, no sólo serán mantenidas, sino superadas por el espíritu de solidaridad cristiana y libertad que impregnará la legislación y porque el orden y la honradez administrativa a todos beneficiarán.

La revolución no se hace en provecho de partidos, clases o tendencias, sino para restablecer el imperio del derecho. Postrados a los pies de la Virgen Capitana, invocando la protección de Dios, fuente de toda razón y justicia, hacemos este llamamiento a todos los que integran las fuerzas armadas de la Nación, oficiales, suboficiales y soldados, para que se pongan con nosotros en la línea que señala la trayectoria del Gran Capitán. Lo decimos sencillamente, con plena y reflexiva deliberación: la espada que hemos desenvainado para defender la enseña patria no se guardará sin honor. No nos interesa la vida sin honra y empeñamos en la demanda el porvenir de nuestros hijos y la dignidad de nuestras familias.

General de división, jefe de la Revolución Libertadora.

Eduardo Lonardi.

Córdoba, 17 de septiembre de 1955. En Julio GODIO, "La caída de Perón", en Óscar TRONCOSO (dir.), *Presidencias y golpes militares del siglo XX. 2*, Buenos Aires, Centro Editor, 1986, págs. 256-258.

32. ACTA DE LA REVOLUCIÓN ARGENTINA TRAS EL GOLPE DE ESTADO DE 1966

En la ciudad de Buenos Aires, Capital de la República Argentina, a los veintiocho días del mes de junio del año mil novecientos sesenta y seis, reunidos el Comandante en Jefe del Ejército, Teniente General D. Pascual A. Pistarini, el Comandante de Operaciones Navales, Almirante D. Benigno I. Varela y el

Comandante en Jefe de la Fuerza Aérea, Brigadier Mayor D. Teodoro Álvarez, proceden a realizar un último y exhaustivo análisis de la situación general del país, como así también de las múltiples causas que han provocado la dramática y peligrosa emergencia que vive la República. Ese examen pone de manifiesto que la pésima conducción de los negocios públicos por el actual gobierno, como culminación de muchos otros errores de los que le precedieron en las últimas décadas, de fallas estructurales y de la aplicación de sistemas y técnicas inadecuadas a las realidades contemporáneas, han provocado la ruptura de la unidad espiritual del pueblo argentino, el desaliento y el escepticismo generalizados, la apatía y la pérdida del sentir nacional, el crónico deterioro de la vida económico-financiera, la quiebra del principio de autoridad y una ausencia de orden y disciplina que se traducen en hondas perturbaciones sociales y en un notorio desconocimiento del derecho y de la justicia. Todo ello ha creado condiciones propicias para una sutil y agresiva penetración marxista en todos los campos de la vida nacional, y suscitado un clima que es favorable a los desbordes extremistas y que pone a la Nación en peligro de caer ante el avance del totalitarismo colectivista.

Esta trágica realidad lleva ineludiblemente a la conclusión de que las Fuerzas Armadas, en cumplimiento de su misión de salvaguardar los más altos intereses de la Nación, deben adoptar, de inmediato, las medidas conducentes a terminar con este estado de cosas y encauzar definitivamente al país hacia la obtención de sus grandes objetivos nacionales.

Por ello, se resuelve:

1. Constituir la Junta Revolucionaria con los Comandantes en Jefe de las tres Fuerzas Armadas de la Nación, la que asume el poder político y militar de la República.
2. Destituir de sus cargos al Presidente y Vicepresidente de la República, y a los gobernadores y vicegobernadores de todas las provincias.
3. Disolver el Congreso Nacional y las Legislaturas provinciales.
4. Separar de sus cargos a los miembros de la Corte Suprema de Justicia y al Procurador General de la Nación.

5. Disolver todos los partidos políticos del país.
6. Hacer conocer, al pueblo de la República, las principales causas que han motivado el Acto Revolucionario.
7. Poner en vigencia el Estatuto de la Revolución Argentina.
8. Fijar los Objetivos Políticos de la Nación.
9. Designar a los miembros de la Corte Suprema de Justicia y al Procurador General de la Nación.
10. Hacer prestar juramento en manos de esta Junta Revolucionaria a los miembros de la Corte Suprema de Justicia, quienes jurarán desempeñar sus obligaciones, administrando justicia bien y legalmente, y en conformidad a lo que prescriben los Fines Revolucionarios, el Estatuto Revolucionario y la Constitución Argentina.
11. Ofrecer el cargo de Presidente de la República al señor Teniente General (RE), D. Juan Carlos Onganía, quien, aceptado el mismo, y al tomar posesión de su cargo, prestará juramento en manos de esta Junta Revolucionaria, en los términos siguientes:
    "Yo juro por Dios Nuestro Señor y estos Santos Evangelios, desempeñar con lealtad y patriotismo el cargo de Presidente de la Nación, y observar fielmente los Fines Revolucionarios, el Estatuto de la Revolución y la Constitución de la Nación Argentina. Si así no lo hiciere, Dios y la Nación me lo demanden".
12. Promulgar los decretos necesarios para ejecutar lo dispuesto en esta Acta.
13. Notificar lo actuado a las representaciones diplomáticas acreditadas en nuestro país, a los efectos de las normales relaciones con sus respectivos países.
14. Considerar disuelta esta Junta Revolucionaria en el momento que el nuevo Presidente de la República jure su cargo.

Adoptada la resolución precedente, se da por terminado el acto, firmándose cuatro ejemplares de este documento, a los fines de su registro, conocimiento y ulterior archivo en la Presidencia de la Nación, Comando en Jefe del Ejército, Comando de Operaciones Navales y Comando en Jefe de la Fuerza Aérea.

Pistarini. Varela. Álvarez.

28 de junio de 1966.

En Gerardo BRA, "El gobierno de Onganía", en Óscar TRONCOSO (dir.), *Presidencias y golpes militares del siglo XX. 3*, Buenos Aires, Centro Editor, 1986, págs. 121-123.

33. ESTATUTO DEL GOBIERNO REVOLUCIONARIO PERUANO TRAS EL GOLPE DE 1968

Art. 1. La Fuerza Armada del Perú, recogiendo el anhelo ciudadano y consciente de la impostergable necesidad de poner fin al caos económico, a la inmoralidad administrativa, a la improvisación, al entreguismo respecto a las fuentes naturales de riqueza y a su explotación en beneficio de grupos privilegiados, así como a la pérdida del principio de autoridad y a la incapacidad para realizar las urgentes reformas estructurales que reclama el bienestar del pueblo peruano y el desarrollo del país, asume la responsabilidad de la dirección de Estado, con el fin de encauzarlo definitivamente hacia el logro de los objetivos nacionales.

Art. 2. El Gobierno Revolucionario de la Fuerza Armada tiene por finalidad principal, alcanzar los siguientes objetivos:

a. Transformar la estructura de Estado, haciéndola más dinámica y eficiente para una mejor acción del gobierno.
b. Promover a superiores niveles de vida, compatible con la dignidad de la persona humana, a los sectores menos favorecidos de la población, realizando la transformación de las estructuras económicas, sociales y culturales del país.
c. Imprimir en los actos del gobierno un sentido nacionalista e independiente sustentado en la firme defensa de la soberanía y dignidad nacionales.

d. Moralizar el país en todos los campos de la actividad nacional y restablecer plenamente el principio de autoridad, el respeto a la Ley y el imperio de la justicia.
e. Promover la unión, concordia e integración de los peruanos, fortaleciendo la conciencia nacional.

Art. 3. La Fuerza Armada del Perú, identificada con las aspiraciones del pueblo peruano, y representada por los Comandantes Generales del Ejército, Marina y Fuerza Aérea, constituidos en Junta Revolucionaria, asume el compromiso de cumplir y hacer cumplir decididamente el Estatuto y el Plan del Gobierno Revolucionario.

Para este efecto, los Comandantes Generales de los tres institutos de la Fuerza Armada serán al mismo tiempo Ministros de Estado en los Despachos de Guerra, Marina y Aeronáutica, respectivamente.

Art. 4. La Junta Revolucionaria designará por unanimidad Presidente de la República a un miembro de la Fuerza Armada.

Los Ministros de Estado, con excepción de los de Guerra, Marina y Aeronáutica, serán designados por el Presidente de la República, con acuerdo de la Junta Revolucionaria, pudiendo ser miembros de la Fuerza Armada o civiles.

El Ministro de Guerra ejercerá la Presidencia del Gabinete.

Art. 5. El Gobierno Revolucionario actuará conforme a las disposiciones del presente Estatuto y a las de la Constitución del Estado, Leyes y demás disposiciones en cuanto sean compatibles con los objetivos del Gobierno Revolucionario.

Art. 6. El Presidente de la República ejercerá las funciones que la Constitución otorga al Poder Ejecutivo y con el voto aprobatorio del Consejo de Ministros los del Poder Legislativo, mediante Decretos-Leyes cedidos conjuntamente con los miembros de la Junta Revolucionaria.

Art. 7. El Gobierno Revolucionario respetará los tratados internacionales celebrados por la República Peruana.

Art. 8. Cada Ministro tendrá un Asesor Técnico, quien será su colaborador inmediato con el fin de asegurar la continuidad en la ejecución de los planes y programas del respectivo Portafolio.

Art. 9. Los Comandantes Generales de los Institutos Armados continuarán rigiéndose, en lo que respecta a su situación militar, por las disposiciones legales vigentes. Al pasar a la situación de retiro, la designación de su sucesor recaerá en el Oficial General de mayor antigüedad dentro de su respectivo Instituto.

Art. 10. El Presidente de la República jurará el cargo y el cumplimiento del presente Estatuto ante la Junta Revolucionaria. Los Ministros de Estado lo harán ante el Presidente.

Art. 11. El presente Estatuto no sufrirá modificaciones y será refrendado por los Comandantes Generales del Ejército, Marina y Fuerza Aérea al constituirse en Junta Revolucionaria.

Lima, 3 de octubre de 1968.

En Hugo NEIRA, *El golpe de Estado*, Madrid, ZYX, 1969, págs. 45-47.

34. PANAMÁ Y EL GOLPE NACIONALISTA DE TORRIJOS EN 1968

Compatriotas:

Creo mi deber explicar mi posición en el Gabinete de la Junta que presiden los Coroneles José Manuel Pinilla Fábrega y Bolívar Urrutia Parrilla.

Durante el primer Consejo de Gabinete que se celebró el domingo pasado, el Presidente Pinilla expresó que se trataba de un paréntesis en la vida institucional de la República; que muy pronto los militares volverían a los cuarteles; y, después de una pausa del Presidente Pinilla, yo pedí la palabra y expresé , más o menos la siguiente frase: "Yo, como hombre de Derecho, como profesor de la Universidad de Panamá, por principio, no puedo estar de acuerdo con los golpes militares". Y agregué: "Pero éste que se ha dado está justificado", y por eso he decidido asumir toda responsabilidad en el manejo de los negocios del Ministerio de Relaciones Exteriores.

¿Por qué digo yo que este golpe de Estado está justificado? ¿Por qué aseguro yo esto? Nosotros, en América, somos muy dados a preocuparnos nada más de la suerte de los presidentes, por la suerte del Órgano Ejecutivo. Se derrumba una Corte Suprema, se derrumban los Tribunales Superiores de Circuito y Municipales, y no ha pasado nada. ¡Pero se ha destruido un Organo del Estado! Se derrumba una Asamblea, y nadie protesta. Pero también se ha destruido otro Órgano del Estado. Pero, lanzamos el grito al cielo cuando se derrumba o se cambia la estructura del Órgano Ejecutivo. Entonces lanzamos el grito al cielo y decimos: ¡golpe militar! Se reúnen los países de América a consultarse entre sí. Y esta es una posición que debe erradicarse para siempre. No es únicamente la suerte de un Órgano del Estado la que debe preocupar a todo ciudadano consciente, a todo americano responsable. También debemos recordar que toda nuestra estructura de Derecho, de régimen democrático, está cimentada en un equilibrio de poderes que debe mantenerse a toda costa. No es la centralización o la fusión de tres poderes en uno lo que puede llamarse democracia. Esa es una caricatura de democracia. Pero aquí en Panamá, señores –digámoslo con toda honestidad, con toda franqueza–, en muy corto tiempo se habían destruido la Corte Suprema y la Asamblea Nacional. Entonces, ¡el golpe está justificado! (...)

Señores, avanzamos y avanzamos institucionalmente, avanzamos en lo permanente, en lo institucional; y podemos seguir progresando. El pueblo panameño nos ha dado un compás de espera y queremos que ese compás de espera se prolongue porque, en pocos días, sabemos que podremos demostrar categóricamente, demostrar fuera de toda duda, demostrar a todo el que mire estas cosas con pupila limpia, que el Gobierno ha sido entregado a civiles y que estos civiles le han dado un nuevo rumbo a esta República; que quieren mantener ese rumbo hacia mejores horizontes, hacia un futuro de dignidad de nuestros hijos, hacia un futuro de dignidad para nuestros campesinos y para nuestros obreros. (...)

Han pasado diez días; se ha consumado el cambio de gobierno; se ha consumado una revolución institucional. Ha costado dos vidas; afortunadamente nada más que dos vidas. Ello demuestra el alto grado de civismo de la Guardia Nacional; ello demuestra el respeto a los Derechos Humanos en esta coyuntura histórica, en una situación tan difícil; y esas dos vidas nada más son dos guardias, dos servidores humildes de la Guardia Nacional. Ello corrobora –repito– el alto grado de civismo, de respeto a la dignidad humana de la Guardia Nacional.

Yo no estoy de acuerdo con cuartelazos. Yo tampoco estoy de acuerdo con que prevalezca la bota militar. Pero es que la bota militar no está prevaleciendo; es que los criterios de cuarteles, en el sentido tradicional, no están prevaleciendo. Aquí hay un gobierno en manos de civiles, y así seguirá para bien de esta República: en manos de civiles. Así lo ha reiterado la alta oficialidad y la tropa de la Guardia Nacional; se trata de un breve paréntesis en la vida de la esta República. Será breve, repito. Así lo reafirmamos.

En la Presidencia de la República no ondean banderas de partidos; ondean banderas de dignidad, banderas de competencia, banderas de respeto a los Derechos Humanos, banderas de probidad. Y esas banderas seguirán ondeando allí en la Presidencia con el soplo popular, allí seguirán moviéndose con el hálito popular, porque son banderas por las cuales ha luchado nuestro pueblo y por las cuales se ha sacrificado nuestro pueblo; y ese sacrificio lo haremos valer. No ondean, repito, banderas de partidos. Hay un concepto de base nacional en la Presidencia de la República; hay un criterio de empujar a la República con personal competente, que lo hay en Panamá. Tenemos un equipo humano que puede mover a esta República hacia nuevos senderos, sin trillar por esos caminos tradicionales de la corrupción, el favoritismo político, el nepotismo, o sea el empleo de los familiares, como se vio en los nombramientos de entidades autónomas que hizo el doctor Arias. No puede colocarse a la República, como una hacienda privada, en manos de parientes, señores. Comprometemos nuestro honor en que los nombramientos nuevos de entidades autónomas harán honor a la República, demostrarán la honestidad, el deseo de servir a la República, que tiene esta Junta de Gobierno.

Pedimos un compás de espera. Pedimos el diálogo, porque queremos seguir avanzando en esta República, porque queremos darle un futuro mejor a nuestros hijos y lo queremos dar con dignidad. ¡Avanzaremos en libertad pero con orden; avanzaremos en revolución sin dictadura... pero avanzaremos!

Discurso de Carlos Alfredo López Guevara, nombrado Ministro de Relaciones Exteriores, para exponer su posición ante el golpe del 11 de octubre de 1968. En *Discursos fundamentales a la nación panameña*, nº 5, Panamá, Secretaría de Información de la Presidencia, 1968.

35. CONSTITUCIÓN DE LA JUNTA DE GOBIERNO MILITAR CHILENA

En Santiago, a once días del mes de septiembre de 1973, el Comandante en Jefe del Ejército, General Augusto Pinochet Ugarte; el Comandante en Jefe de la Armada, Almirante José Toribio Merino Castro; el Comandante en Jefe de la FACH, General del Aire Gustavo Leigh Guzmán, y el Director General de Carabineros, General César Mendoza Durán, reunidos en esta fecha, considerando:

1. Que la Fuerza Pública, formada constitucionalmente por el Ejército, la Armada, la Fuerza Aérea y el Cuerpo de Carabineros, representa la organización que el Estado se ha dado para el resguardo y defensa de su integridad física y moral y de su identidad histórico-cultural;
2. Que, de consiguiente, su misión suprema es la de asegurar, por sobre toda otra consideración, la supervivencia de dichas realidades y valores, que son los superiores y permanentes de la nacionalidad chilena, y
3. Que Chile se encuentra en un proceso de destrucción sistemática e integral de estos elementos constitutivos de su ser, por efecto de la intromisión de una ideología dogmática y excluyente, inspirada en los principios foráneos del marxismo-leninismo;

Han acordado, en cumplimiento del impostergable deber que tal misión impone a los organismos defensores del Estado, dictar el siguiente Decreto Ley:

1. Con esta fecha se constituyen en Junta de Gobierno y asumen el Mando Supremo de la Nación, con el patriótico compromiso de restaurar la chilenidad, la justicia y la institucionalidad quebrantadas, conscientes de que ésta es la única forma de ser fieles a las tradiciones nacionales, al legado de los Padres de la Patria y a la Historia de Chile, y de permitir que la evolución y el progreso del país se encaucen vigorosamente por los caminos que la dinámica de los tiempos actuales exigen a Chile en el concierto de la comunidad internacional de que forma parte.
2. Designan al General de Ejército don Augusto Pinochet Ugarte como Presidente de la Junta, quien asume con esta fecha dicho cargo.
3. Declaran que la Junta, en el ejercicio de su misión, garantizará la plena eficacia de las atribuciones del Poder Judicial y respetará la Constitución y las leyes de la República, en la medida en que la actual situación del país lo permitan para el mejor cumplimiento de los postulados que ella se propone.

Regístrese en la Contraloría General de la República, publíquese en el Diario Oficial e insértese en los Boletines Oficiales del Ejército, Armada, Fuerza Aérea, Carabineros e Investigaciones y en la recopilación oficial de dicha Contraloría.

Junta de Gobierno de la República de Chile.

Augusto Pinochet Ugarte, General de Ejército, Comandante en Jefe del Ejército.

José Toribio Merino Castro, Almirante, Comandante en Jefe de la Armada.

Gustavo Leigh Guzmán, General del Aire, Comandante en Jefe de la Fuerza Aérea.

César Mendoza Durán, General, Director General de Carabineros.

Lo que se transcribe para su conocimiento. René C. Vidal Basauri, Teniente Coronel, Jefe Depto. Asuntos Especiales, Subsecretario de Guerra Subrogante.

En Augusto PINOCHET UGARTE, *El día decisivo. 11 de Septiembre de 1973*, Santiago, Andrés Bello, 1980 (4ª ed.), págs. 255-256.

36. EL ÚLTIMO DISCURSO DE SALVADOR ALLENDE

Seguramente ésta será la última oportunidad en que me pueda dirigir a ustedes. La Fuerza Aérea ha bombardeado las antenas de Radio Magallanes. Mis palabras no tienen amargura sino decepción. Que sean ellas el castigo moral para quienes han traicionado su juramento: soldados de Chile, Comandantes en Jefe titulares, el Almirante Merino que se ha autodesignado Comandante de la Armada, más el señor Mendoza, general rastrero que sólo ayer manifestara su fidelidad y lealtad al Gobierno y que también se ha autodenominado Director General de Carabineros. Ante estos hechos sólo me cabe decir a los trabajadores: ¡No voy a renunciar!

Colocado en un tránsito histórico, pagaré con mi vida la lealtad del pueblo. Y les digo que tengo la certeza de que la semilla que hemos entregado a la conciencia digna de miles y miles de chilenos, no podrá ser segada definitivamente. Tienen la fuerza, podrán avasallar, pero no se detienen los procesos sociales ni con el crimen ni con la fuerza. La historia es nuestra, y la hacen los pueblos.

Trabajadores de mi patria, tengo que agradecerles la lealtad que siempre tuvieron, la confianza que depositaron en un hombre que sólo fue intérprete de grandes anhelos de justicia, que empeñó su palabra en que respetaría la Constitución y la ley, y así lo hizo. En este momento definitivo, el último en que yo pueda dirigirme a ustedes, quiero que aprovechen la lección: el capital foráneo y el imperialismo unido a la reacción, crearon el clima para que las Fuerzas Armadas rompieran su tradición, la que les enseñara Schneider y reafirmara el Comandante Araya, víctimas del mismo sector social que hoy estará en sus casas esperando, con mano ajena, reconquistar el poder para seguir defendiendo sus granjerías y sus privilegios.

Me dirijo, sobre todo, a la modesta mujer de nuestra tierra, a la campesina que creyó en nosotros, a la obrera que quiso trabajar más, a la madre que supo de nuestra preocupación por los niños.

Me dirijo a los profesionales de la Patria, a los que siguieron trabajando contra la sedición auspiciada por los Colegios Profesionales,

Colegios clasistas que defendieron también las ventajas de una sociedad capitalista de unos pocos.

Me dirijo a la juventud, a aquellos que cantaron y entregaron su alegría y su espíritu de lucha.

Me dirijo al hombre de Chile, al obrero, al campesino, al intelectual, a aquellos que serán perseguidos; porque en nuestro país el fascismo ya estuvo hace muchas horas presente: en los atentados terroristas, volando los puentes, cortando las líneas férreas, destruyendo los oleoductos y los gasoductos, frente al silencio de quienes tenían la obligación de proceder. Estaban comprometidos. La historia los juzgará.

Seguramente Radio Magallanes será acallada, y el metal tranquilo de mi voz ya no llegará a ustedes. No importa. Lo seguirán oyendo. Siempre estaré junto a ustedes. Por lo menos quedará mi recuerdo: el de un hombre digno, que fue leal a la Patria.

El pueblo debe defenderse, pero no sacrificarse. El pueblo no debe dejarse arrasar ni acribillar, pero tampoco puede humillarse.

Trabajadores de mi Patria, tengo fe en Chile y en su destino. Superarán otros hombres este momento gris y amargo en que la traición pretende imponerse. Sigan ustedes sabiendo que, mucho más temprano que tarde, de nuevo se abrirán las grandes alamedas por donde pase el hombre libre, para construir una sociedad mejor.

¡Viva Chile! ¡Viva el pueblo! ¡Vivan los trabajadores! Estas son mis últimas palabras y tengo la certeza de que mi sacrificio no será vano; tengo la certeza de que, por lo menos, será una lección moral que castigará la felonía, la cobardía y la traición.

Alocución al pueblo chileno realizada a las 9'30 horas del 11 de septiembre de 1973, tras el levantamiento militar, desde "Radio Magallanes". En Florencia VARGAS y José Manuel VERGARA, *Operación Chile*, Barcelona, Pomaire, 1973, págs. 75-77.

37. DECLARACIÓN DEL PARTIDO COMUNISTA CHILENO EL DÍA DEL GOLPE

El Partido Comunista se dirige a los trabajadores de la ciudad y el campo, al pueblo chileno, a todas las fuerzas democráticas haciendo un llamado fervoroso y urgente, para que cada cual tome su puesto de combate, dispuestos a repeler la intentona de los reaccionarios que se empeñan en echar abajo el Gobierno Constitucional. Los golpistas han avanzado peligrosamente, algunos proclaman sin tapujos que había llegado la hora de lograr sus propósitos por cualquier medio; con tal fin han concentrado todos sus esfuerzos para el paro sedicioso, a cuantos sectores responden a sus influencias o son arrastrados por las amenazas terroristas o el dinero extranjero, que corre a raudales. Por eso, maniobraron hasta lograr que el Colegio Médico cometiera la felonía de romper el acuerdo de vuelta al trabajo a que había llegado con el Gobierno. Ésta es la primera vez que un cuerpo de profesionales universitarios falta a su palabra. Lo hace por imposición de la derecha reaccionaria que en este caso concreto no trepidó en derribar una directiva encabezada por un democratacristiano. Simultáneamente, la Dirección del Partido Democratacristiano se suma a los que quieren la caída del Gobierno poniendo en práctica diversas fórmulas, las que revisten de apariencia democrática y hasta constitucionalistas. Éste y no otro es el significado de la proposición que formula para que renuncien simultáneamente el Presidente de la República y los Parlamentarios de ambas ramas del Congreso. El señor Aylwin, en discurso pronunciado el 26 de julio había declarado que su partido "repudia toda solución que implique la búsqueda de salidas políticas al margen de la Constitución y la Ley y el desencadenamiento de la violencia, el fomento del odio y el enfrentamiento físico a través de golpes de Estado, la guerra civil, o cualquier medio directo o solapado que conduzca al derrocamiento del Gobierno", y más adelante agregó: "lo he dicho varias veces y repito una más. Mientras haya una posibilidad de salida democrática, nuestro deber es buscarla".

Los democratacristianos aparecen faltando a su palabra. El acuerdo que su Partido aprobó en la Cámara junto los nacionales, acusando al Gobierno de supuestas ilegalidades, el apoyo abierto que prestan a los Paros Sediciosos y la proposición ya mencionada de plantear la renuncia del

Presidente de la República y de los parlamentarios demuestra que en forma solapada y en ocasiones directas lo que buscan es el derrocamiento del Gobierno. La renuncia de los parlamentarios y la renovación del Congreso antes de los plazos que la Constitución establece tiene escasa significación, porque hace apenas seis meses fueron elegidos los actuales Diputados y Senadores y sobre todo porque este no es un Régimen Parlamentario. En cambio la renuncia del Presidente de la República tiene como objetivo poner fin al proceso de cambios revolucionarios; por consiguiente, es una variante apenas solapada de la sedición reaccionaria y no constituye ninguna salida democrática, tanto por el propósito que la inspira, como por el hecho de que ello significaría desatar la anarquía, provocar al pueblo, abrir las puertas a la embestida fascista que sueña no con restaurar el Gobierno democratacristiano, sino con implantar un Chile una dictadura abiertamente reaccionaria. Ahora el país se puede explicar por qué la dirección democratacristiana no ha tenido ni una palabra de condenación contra el terrorismo fascista ni las declaraciones abiertamente sediciosas de la derecha y por qué los democratacristianos que tienen influencia en el transporte, el comercio y los Colegios Profesionales no han movido un dedo para facilitar la solución de los conflictos. Ello explica también por qué el Sr. Aylwin aceptó primero formalmente el llamado del Episcopado al diálogo hecho a través del Cardenal y se apresuró enseguida a darlo por cancelado; por tanto, aunque entre los golpistas se pueden observar variantes, en los hechos se apoyan mutuamente y buscan el mismo objetivo. Ellos se guían por el adagio que dice una mano lava la otra y las dos lavan la cara.

El Partido Comunista expresa su convencimiento de que hay y puede haber soluciones verdaderamente democráticas pudiendo llegarse incluso a la consulta popular a través del plebiscito. La mayoría del país no quiere el trastorno institucional ni el caos ni la guerra civil. Y está por los cambios y no por la vuelta al pasado; ésta es la base social y política que podría conducir a una solución acorde con los sentimientos e intereses mayoritarios de los chilenos y a su concreción deben asumir responsabilidades los sectores democráticos de oposición.

En una hora tan decisiva como la que vivimos, el Partido Comunista expresa sobre todo su confianza en la acción de los trabajadores y del pueblo, por eso es que llama a cada cual a tomar su puesto de combate y a fortalecer la unidad obrera y popular, dejando de lado toda diferencia secundaria. La movilización de las masas debe expresarse en estos días particularmente en su participación multitudinaria dirigida a garantizar la marcha normal del país. Como en octubre del año pasado el enemigo busca que Chile paralice; como entonces el pueblo debe asegurar que camine; hay que echar a andar o reforzar las actividades de los sindicatos industriales y profesionales, de los cordones industriales, de los comandos comunales, de las JAP, de los Frentes Patrióticos, de todas las organizaciones del pueblo, en un esfuerzo sostenido y creciente para que el país funcione, todas las fábricas trabajen, todos los servicios respondan a las necesidades de la población; para que el pan llegue a todos los hogares en forma equitativa, para que los abastecimientos en general no falten en las casas del pueblo. Saludamos los esfuerzos y sacrificios que realizan los camioneros del Mopare, los muchachos del Movimiento de Voluntarios de la Patria, los trabajadores de la salud, de los puertos y de los ferrocarriles, de la ENAP, de la ENDESA y otros servicios vitales para contrarrestar los efectos del paro sedicioso. Saludamos a los obreros molineros que en los últimos días han trabajado extraordinariamente, incluso sábados y domingos. Saludamos a los funcionarios y empleados de las empresas del área social, en especial al personal de la Corfo, que han montado decenas de convoyes sobre la base de formación de brigadas que sábados y domingos han montado los camiones del área social para trasladar mercancías de uno a otro punto de la República. Éstos son los ejemplos que hay que multiplicar hasta doblarle la mano al golpismo. El próximo sábado 15 y domingo 16 y lunes 17 deben convertirse en jornadas de lucha; como el año pasado el pueblo debe movilizarse también para acompañar al Presidente, compañero Salvador Allende, en los actos oficiales de celebración de las fiestas patrias.

Texto publicado en *El Siglo*, 11 de septiembre de 1973.
Radiado a las 10'04 horas en Radio Magallanes.
En Óscar SOTO, *El último día de Salvador Allende*, Madrid,
El País Aguilar, 1998, págs. 258-262.

38. DECLARACIÓN DE LA CONFEDERACIÓN EPISCOPAL DE CHILE TRAS EL GOLPE

Santiago, 13 de septiembre 1973.

1. Consta al país que los Obispos hicimos cuanto estuvo de nuestra parte porque se mantuviera Chile dentro de la Constitución y la Ley, y se evitara cualquier desenlace violento como el que ha tenido nuestra crisis institucional. Desenlace que los miembros de la Junta de Gobierno han sido los primeros en lamentar.
2. Nos duele inmensamente y nos oprime la sangre que ha enrojecido nuestras calles, nuestras poblaciones y nuestras fábricas, sangre de civiles y sangre de soldados, y las lágrimas de tantas mujeres y niños.
3. Pedimos respeto por los caídos en la lucha, y en primer lugar, por el que hasta el martes 11 de septiembre fue el Presidente de la República.
4. Pedimos moderación frente a los vencidos. Que no haya innecesarias represalias, que se tome en cuenta el sincero idealismo que inspiró a muchos de los que han sido derrotados. Que se acabe el odio, que venga la hora de la reconciliación.
5. Confiamos que los adelantos logrados en gobiernos anteriores por la clase obrera y campesina no serán desconocidos, y por el contrario, se mantendrán y se acrecentarán, hasta llegar a la plena igualdad y participación de todos en la vida nacional.
6. Confiando en el patriotismo y en el desinterés que han expresado los que han asumido la difícil tarea de restaurar el orden institucional y la vida económica del país, tan gravemente alterados, pedimos a los chilenos que, dadas las actuales circunstancias, cooperen a llevar a cabo esta tarea, y sobre todo, con humildad y con fervor pedimos a Dios que los ayude.
7. La cordura y el patriotismo de los chilenos, unidos a la tradición de democracia y de humanismo de nuestras Fuerzas Armadas, permitirán que Chile pueda volver muy luego a la normalidad institucional como lo han prometido los mismos integrantes de la Junta de Gobierno y reiniciar su camino de progreso en la paz.

Raúl Silva Henríquez

Cardenal y Arzobispo de Santiago y Presidente Confederación Episcopal.

Mons. José Manuel Santos, Vicepresidente de la Conferencia Episcopal y Obispo de Valdivia; Mons. Bernardino Piñera, Obispo de Temuco; Mons. Orozimbo Fuenzalida, Obispo de Los Ángeles.

En Augusto PINOCHET, *El día decisivo. 11 de Septiembre de 1973*, ob. cit., págs. 265-266.

39. DISCURSO DE NAVIDAD DEL GENERAL VIDELA NOVENTA DÍAS ANTES DEL GOLPE

Es imprescindible que el pueblo argentino y sus Fuerzas Armadas tomen conciencia de la gravedad de las horas que vive la Patria (...), la delincuencia subversiva, si bien se nutre de una falsa ideología, actúa favorecida por el amparo que le brinda una pasividad cómplice (...), miramos consternados a nuestro alrededor y observamos con pena pero con la sana rabia del verdadero soldado, las incongruentes dificultades en que se debate el país, sin avizorarse solución.

Frente a estas tinieblas, la hora del despertar del pueblo argentino ha llegado. La paz no sólo ruega, la felicidad no sólo se espera, sino que también se ganan.

El Ejército Argentino, con el justo derecho que le concede la cuota de sangre generosamente derramada por sus generosos hijos héroes y mártires, reclama con angustia pero también con firmeza una inmediata toma de conciencia para definir posiciones. La inmoralidad y la corrupción deben ser adecuadamente sancionadas. La especulación política, económica e ideológica deben dejar de ser medios utilizados por grupos de aventureros para lograr sus fines. El orden y la seguridad de los argentinos deben vencer al desorden y la inseguridad. Así, sólo así, la República toda recobrará su fe y ese espíritu nacional que hasta no hace mucho la había caracterizado. Civilidad y Fuerzas Armadas debemos por fin unir los corazones y los brazos potentes, alzando nuestra súplica al Señor, para que a través de su Hijo, pero también a través de nuestros esfuerzos mancomunados, logremos prontamente hacer realidad el sueño de una Nación pujante, apoyada en los principios cristianos de verdad, amor, justicia y libertad.

Así, no cejaremos hasta el triunfo final y absoluto que será, a despecho de injustificadas impaciencias o intolerables resignaciones, el triunfo del país. Integrantes del Ejército Argentino, militares y civiles: en esta celebración ruego a Dios nuestro Señor para que por su gracia divina:

Bendiga a los hombres del aire, mar y tierra, de las fuerzas de seguridad y policiales, quienes desde el extremo norte de la República hasta las mismas entrañas de los hielos antárticos, custodian celosos la soberanía nacional.

Proteja a los argentinos de buena voluntad que luchan por la paz, la prosperidad y la felicidad de nuestro pueblo.

Permita gozar de la celestial contemplación de Dios a los héroes muertos por la Patria y colme de cristiana resignación a sus sufrientes familias.

Ilumine a aquellos que, modificando rumbos, deban adoptar las decisiones que solucionen los problemas del país; y no ruego por el castigo eterno de aquellos que han abandonado el recto camino, pero sí lo hago para que la ley de los hombres caiga con todo rigor sobre ellos.

En Laura SAN MARTINO DE DROMI, *Argentina Contemporánea de Perón a Menem*, Buenos Aires, Ediciones Ciudad Argentina, 1996, págs. 683-685.

40. PROCLAMA GOLPISTA DEL PROCESO DE REORGANIZACIÓN NACIONAL ARGENTINO DE 1976

Agotadas todas las instancias del mecanismo constitucional, superada la posibilidad de rectificaciones dentro del marco de las instituciones y demostrada en forma irrefutable la imposibilidad de la recuperación del proceso por sus vías naturales llega a su término una situación que agravia a la Nación y compromete su futuro.

Nuestro pueblo ha sufrido una nueva frustración. Frente a un tremendo vacío de poder, capaz de sumirnos en la disolución y en la anarquía; a la falta de capacidad de convocatoria que ha demostrado el gobierno nacional; a las reiteradas y sucesivas contradicciones evidenciadas en la adopción de medidas de toda índole; a la falta de una estrategia global que conducida por el poder político, enfrentara la subversión; a la carencia de soluciones para problemas básicos de la Nación, cuya resultante ha sido el incremento permanente de todos los extremismos; a la ausencia total de los ejemplos éticos y morales que deben dar quienes ejercen la conducción del Estado; a la manifiesta irresponsabilidad en el manejo de la economía, que ocasionara el agotamiento del aparato productivo; a la especulación y la corrupción generalizada, todo lo cual se traduce en una irreparable pérdida del sentido de grandeza y de fe; las Fuerzas Armadas, en cumplimiento de una obligación irrenunciable, han asumido la conducción del Estado.

Una obligación que surge de serenas meditaciones sobre las consecuencias irreparables que podría tener sobre el destino de la Nación toda, una actitud distinta a la adoptada.

Esta decisión persigue el propósito de terminar con el desgobierno, la corrupción y el flagelo subversivo, y sólo está dirigida contra quienes han delinquido o cometido abusos de poder.

Es una decisión por la Patria y no supone, por lo tanto, discriminaciones contra ninguna militancia cívica ni sector social alguno. Rechaza, por consiguiente, la acción disociadora de todos los extremismos y el efecto corruptor de cualquier demagogia.

Las Fuerzas Armadas desarrollarán durante la etapa que hoy se inicia una acción regida por pautas perfectamente determinadas, por medio del orden, del trabajo, de la observancia plena de los principios éticos y morales de la justicia, de la organización integral del hombre, del respeto a sus derechos y dignidad; así la República llegará a la unidad de los argentinos y a la total recuperación del ser nacional, metas irrenunciables para cuya obtención se convoca en un esfuerzo común a los hombres y mujeres, sin exclusiones, que habitan este suelo.

Tras esas aspiraciones compartidas, todos los sectores representativos del país deben sentirse claramente identificados y, por ende, comprometidos en la empresa común que conduzca a la grandeza de la Patria.

No será un gobierno patrimonio de sectores ni para sector alguno. Estará imbuido de un profundo sentido nacional y sólo responderá a los más sagrados intereses de la Nación y sus habitantes.

Al contraer las Fuerzas Armadas tan trascendente compromiso, formulan una firme convocatoria a toda la comunidad nacional.

En esta nueva etapa hay un puesto de lucha para cada ciudadano. La tarea es ardua y urgente. No estará exenta de sacrificios, pero se la emprende con el absoluto convencimiento de que el ejemplo se predicará de arriba hacia abajo y con fe en el futuro argentino.

La conducción del proceso se ejercitará con absoluta firmeza y vocación de servicio.

A partir de este momento, la responsabilidad asumida impone el ejercicio severo de la autoridad para erradicar definitivamente los vicios que afectan al país.

Por ello, al par que se continuará combatiendo sin tregua a la delincuencia subversiva, abierta o encubierta, y se desterrará toda demagogia, no se tolerará la corrupción o la venalidad bajo ninguna forma o circunstancia, ni tampoco cualquier trasgresión a la ley u oposición al proceso de reparación que se inicia.

Las Fuerzas Armadas han asumido el control de la República. Quiera el país todo comprender el sentido profundo e inequívoco de esta actitud para que la responsabilidad y el esfuerzo colectivos acompañen esta empresa, que, persiguiendo el bien común, alcanzará, con la ayuda de Dios, la plena recuperación nacional.

Jorge Rafael Videla. Teniente general, comandante general del Ejército.

Emilio Eduardo Massera. Almirante, comandante general de la Armada.

Orlando Ramón Agosti. Brigadier, comandante general de la Fuerza Aérea.

Buenos Aires, 24 de marzo de 1976.

En Óscar TRONCOSO, "El proceso de reorganización nacional. 1", en Óscar TRONCOSO (dir.), *Presidencias y golpes militares del siglo XX. 3*, ob. cit., págs. 107-109.

41. OBJETIVOS DEL PROCESO DE REORGANIZACIÓN NACIONAL

Buenos Aires, 24 de marzo de 1976.

Acta fijando el propósito y los objetivos básicos para el proceso de reorganización nacional.

La Junta Militar fija como propósito y objetivos básicos del proceso de reorganización nacional en desarrollo, los que se enuncian a continuación:

1. Propósito

Restituir los valores esenciales que sirven de fundamento a la conducción integral del Estado, enfatizando el sentido de moralidad, idoneidad y eficiencia, imprescindibles para reconstituir el contenido y la imagen de la Nación, erradicar la subversión y promover el desarrollo económico de la vida nacional basado en el equilibrio y participación responsable de los distintos sectores a fin de asegurar la posterior instauración de una democracia republicana, representativa y federal, adecuada a la realidad y exigencias de solución y progreso del pueblo argentino.

2. Objetivos básicos

2.1. Concreción de una soberanía política basada en el accionar de instituciones constitucionales revitalizadas, que ubiquen permanente el interés nacional por encima de cualquier sectarismo, tendencia o personalismo.

2.2. Vigencia de los valores de la moral cristiana, de la tradición nacional y de la dignidad del ser argentino.

2.3. Vigencia de la seguridad nacional, erradicando la subversión y las causas que favorecen su existencia.

2.4. Vigencia plena del orden jurídico y social.

2.5. Concreción de una situación socioeconómica que asegure la capacidad de decisión nacional y la plena realización del hombre argentino, en donde el Estado mantenga el control sobre las áreas vitales que hacen a la seguridad y al desarrollo y brinde a la iniciativa y capitales privados, nacionales y extranjeros, las condiciones necesarias para una participación fluida en el proceso de explotación racional de los recursos, neutralizando toda posibilidad de interferencia de aquéllos en el ejercicio de los poderes públicos.

2.6. Obtención del bienestar general a través del trabajo fecundo, con igualdad de oportunidades y un adecuado sentido de justicia social.

2.7. Relación armónica entre el Estado, el capital y el trabajo, con fortalecido desenvolvimiento de las estructuras empresariales y sindicales, ajustadas a sus fines específicos.

2.8. Conformación de un sistema educativo acorde con las necesidades del país, que sirva efectivamente a los objetivos de la Nación y consolide los valores y aspiraciones culturales del ser argentino.

2.9. Ubicación internacional en el mundo occidental y cristiano, manteniendo la capacidad de autodeterminación y asegurando el fortalecimiento de la presencia argentina en el concierto de las naciones.

Videla. Massera. Agosti.

En Óscar TRONCOSO, "El proceso de reorganización nacional. 1", en Óscar TRONCOSO (dir.), *Presidencias y golpes militares del siglo XX. 3*, ob. cit., págs. 110-111.

BIBLIOGRAFÍA

ÁLVAREZ RESTREPO, Antonio, *Los Golpes de Estado en Colombia*, Bogotá, Banco de la República, 1982.

ARON, Raymond, *La República Imperial*, Madrid, Alianza, 1976.

BAPTISTA GUMICIO, Mariano y otros, *Guerrilleros y generales sobre Bolivia*, Buenos Aires, Jorge Álvarez, 1968.

DABÉNE, Olivier, *América Latina en el siglo XX*, Madrid, Síntesis, 2000.

DAVIS, Nathaniel, *Los dos últimos años de Salvador Allende*, Barcelona, Plaza & Janés, 1986.

DIX, Robert H., "Military Coups and Military Rule in Latin America", en *Armed Forces & Society*, vol. 20, nı 3, 1994, págs. 439-456.

FINER, Samuel E., *The Man on Horseback: The Role of the Military in Underdeveloped Countries*, Nueva York, Praeger, 1962.

FITCH, John S., *The Military Coup d'Etat as a Political Process: Ecuador, 1948-1966*, Baltimore, John Hopkins University Press, 1977.

GARCÍA, Alejandro, *La crisis argentina 1966-1976: notas y documentos sobre una época de violencia política*, Murcia, Universidad de Murcia, 1994.

GARCÍA, Prudencio, *El drama de la autonomía militar. Argentina bajo las Juntas Militares*, Madrid, Alianza, 1995.

GONZÁLEZ DE OLEAGA, Marisa, *El peronismo*, Madrid, Historia 16, 1993.

GRABENDORFF, Wolf, *¿A dónde Latinoamérica?*, Madrid, Mediterráneo, 1979.

HUNTINGTON, Samuel H., *El orden político en las sociedades en cambio*, Barcelona, Paidós, 1996 (ed. orig. 1968).

— *La tercera ola. La democratización a finales del siglo XX*, Barcelona, Paidós, 1994.

KLARE, Michael T. y Nancy STEIN, *Armas y poder en América Latina*, Mexico, Era, 1978.

LIEUWEN, Edwin, *Generales contra presidentes en América Latina*, Buenos Aires, Ediciones Siglo Veinte, 1965.

MIRANDA, Mario, *Radicalización y golpes de Estado en América Latina*, México, UNAM, 1973.

NEIRA, Hugo, *El golpe de Estado*, Madrid, ZYX, 1969.

NORDLINGER, Eric A., *Soldiers in Politics: Military Coups and Goverments*, Scarborough, Prentice-Hall, 1977.

O'DONNELL, Guillermo, Philippe C. SCHMITTER y Laurence WHITEHEAD, *Transiciones desde un gobierno autoritario* (4 vol.), Barcelona, Paidós, 1994 (ed. orig. 1986).

PEASE G. Y., Franklin, *Historia contemporánea del Perú*, México, Fondo de Cultura Económico, 1995.

PINOCHET, Augusto, *El día decisivo. 11 de septiembre de 1973*, Santiago, Andrés Bello, 1980.

POTASH, Robert A., *El ejército y la política en la Argentina; 1945-1962. De Perón a Frondizi*, Buenos Aires, Sudamericana, 1982.

RIZZO, Aldo, *La alternativa en uniforme*, Barcelona, Euros, 1976.

ROUQUIÉ, Alain, *Poder militar y sociedad política en la Argentina*, Buenos Aires, Emecé, 1982.

RUIZ MORENO, Isidoro J., *La revolución del 55* (2 vol.), Buenos Aires, Emecé, 1994.

SAN MARTINO DE DROMI, Mª Laura, *Argentina Contemporánea de Perón a Menem*, Buenos Aires, Ciudad Argentina, 1996.

SOTO, Óscar, *El último día de Salvador Allende*, Madrid, El País-Aguilar, 1998.

STEPAN, Alfred, *The military in politics: Changing patterns in Brazil*, Princeton, Princeton University Press, 1971.

TRONCOSO, Óscar (dir.), *Presidencias y golpes militares del siglo XX* (3 vol.), Buenos Aires, Centro Editor, 1986.

VARAS, Florencia y José Manuel VERGARA, *Operación Chile*, Barcelona, Pomaire, 1973.

CAPÍTULO 5

TRANSICIONES A LA DEMOCRACIA Y GOLPES DE ESTADO

En 1974, tras el golpe de Estado portugués del 25 de abril, dio comienzo un período de cambios políticos en el que numerosos países experimentaron procesos de transición a la democracia. Esta *ola democratizadora* se tradujo en la extensión de la democracia a zonas en las que, en aquel momento, estaba ausente. Comenzó en la Europa del Sur (Portugal, Grecia y España) mediados los años setenta, prosiguió en América Latina durante los años ochenta y tuvo su culminación más espectacular en los últimos años ochenta y primeros noventa en la Europa de Este y la antigua Unión Soviética. Por tratarse de momentos delicados, de equilibrios inestables y lucha interna en cada uno de los Estados, la tentación de determinados actores y grupos políticos de recurrir a una técnica como la del golpe de Estado para imponer su criterio o alcanzar el poder sin ceder a las reivindicaciones del contrario fue constante. En concreto, dado que en todo golpe se recurre a la violencia o a la amenaza de su utilización, los actores con más posibilidades de utilizar los golpes para dirimir conflictos e imponer su voluntad fueron las fuerzas armadas o aquellos grupos que sintonizaban ideológicamente con ellas. Sin embargo, no siempre se tuvo en cuenta la adecuación de las tácticas golpistas al momento histórico y muchos de los golpes llevados a cabo terminaron fracasando. En ocasiones, como en el golpe que inaugura la época de las transiciones, los actores que lo utilizaron lo hicieron para acelerar las transformaciones del sistema. El caso del golpe militar portugués es claro ejemplo de la inicial neutralidad política de los golpes ya que en este caso no sirvió de escudo protector contra los cambios en marcha sino como motor de arranque de los mismos. No obstante, la mayoría de los golpes observados en este período fueron golpes conservadores que pretendían mantener las estructuras políticas, económicas y sociales de los viejos sistemas o que, simplemente, intentaban defender a los sectores reaccionarios de las amenazas derivadas de los cambios.

De entre todos los golpes de este período hemos destacado tres por su particular importancia y trascendencia. En primer lugar el golpe de Estado de los militares progresistas portugueses que, unidos en torno al Movimiento de las Fuerzas Armadas, llevaron a cabo un golpe de Estado, técnicamente impecable, que derrocaría a la dictadura caetanista y abriría, como hemos señalado, el tiempo de las transiciones. En cuanto a los textos seleccionados en relación directa con el golpe portugués y el comienzo de los cambios políticos, nos hemos centrado en dos momentos: el golpe de abril de 1974 y el golpe antirrevolucionario que tuvo lugar tan sólo unos meses después, en marzo de 1975. El primer texto se trata de un escrito que fue difundido entre los militares portugueses unas semanas antes de producirse el golpe de Estado del 25 de abril (*Documento* 42). En él se explica la formación de un Movimiento de Oficiales y se comentan algunos de los principales problemas con que se encuentra el país, especialmente el asunto de las colonias que tan directamente afectaba al ejército. Una vez producido el golpe, el general Spínola, desde ese momento presidente de la Junta de Salvación Nacional, distribuyó a los medios de comunicación el programa del Movimiento de las Fuerzas Armadas (*Documento* 43) en el que se detallan las medidas que estaban inmediatamente dispuestos a aplicar. El mismo general Spínola realizó un escrito en el que se reflejaban los compromisos adquiridos por la Junta de Salvación Nacional (*Documento* 44). Unos meses después de que los militares se hicieran con el poder y debido al derrotero que tomaban los acontecimientos hubo un nuevo golpe de Estado que pretendía dar un giro a la política excesivamente izquierdista del Movimiento de las Fuerzas Armadas. El general Spínola, señalado como instigador del contragolpe, se vio obligado a exiliarse tras el fracaso de la intentona. En cualquier caso los golpistas tenían previsto un manifiesto para ser difundido (*Documento* 45), hecho que finalmente no se produjo. Los *Documentos* 46 y 47 reflejan la información sobre los acontecimientos expresada por el brigadier Otelo Saraiva de Carvalho, quien era considerado como la máxima garantía de unidad de las fuerzas armadas, y el mensaje televisivo de Vasco de Gonçalves, primer ministro del Gobierno provisional.

A continuación hemos considerado el golpe frustrado del 23 de febrero de 1981 que, trastocando de raíz la consolidación del joven sistema constituido en 1978, intentó alterar el resultado de la transición española. El cambio político experimentado por España tras la muerte del general Franco ha venido siendo considerado como modélico y, de hecho, fue referente en no pocas de las transiciones comenzadas con posterioridad a la española. A pesar de su carácter único e irrepetible ha sido motivo de admiración permanente tanto para aquellos países que emprendían procesos similares como para los propios estudiosos de la política. Ahora bien, no deja de ser cierto que el transcurso del tiempo ha suavizado las aristas de un proceso que no fue sencillo ni estuvo exento de dificultades y que sólo puede ser presentado como un camino de rosas realizando ejercicios malabares de difícil encaje histórico. Desde un primer momento los cambios que se pretendían contaron con la clara oposición de grupos pertenecientes al antiguo régimen y de aquellos aparatos del Estado que veían amenazada su situación de privilegio. En la difícil búsqueda de un equilibrio consensuado y mayoritario entre las diferentes partes se alcanzaron cotas de moderación que difícilmente podían contentar a los extremos del abanico político del momento. Uno de los hechos que mejor refleja las dificultades del proceso sería la ejecución del golpe de 1981, en el que confluirían las amenazas golpistas, conspiraciones y tramas de todo tipo presentes en la transición.

El golpe de febrero de 1981 fue el momento en que la expresión militar alcanzó su punto más crítico, poniendo en juego la propia pervivencia del recién inaugurado sistema democrático. El ejército franquista, como soporte de la dictadura, estaba destinado, una vez en marcha el cambio político iniciado a la muerte de Franco, a ser el defensor de su ideología (conservadora, católica, corporativista) y de sus intereses. El papel reservado a las fuerzas armadas estaba bastante claro, siendo, de hecho, el grupo de presión que con mayor ahínco articuló posiciones políticas contrarias a la transición. En todo el período fueron frecuentes las presiones y conspiraciones militares, sin la participación de civiles más allá del apoyo natural de determinados grupos de la extrema derecha y de antiguos jerarcas del régimen franquista. En líneas generales, el golpe de Estado supuso la materialización de las diferentes intrigas militares que, con distintos grados de afianzamiento, trataban de articular algunos jefes militares. Eran varias las líneas conspirativas abiertas que, de forma simplificada, pueden resumirse en dos: un golpe duro, que imitara al llevado a cabo el 12 de septiembre de 1980 en Turquía, promovido por coroneles y tenientes coroneles con experiencia previa en servicios de inteligencia y bien situados en importantes unidades de todo el país; y un golpe de timón, al estilo del que condujo a De Gaulle al poder en Francia en 1958, con la intención indefinida de dar un giro a la política nacional, especialmente a las cuestiones terrorista y autonómica, y promovido por sectores del generalato con el apoyo difuso de algunas fuerzas políticas. La dimisión del presidente Suárez, en enero de 1981, y la celebración de la votación de investidura de Calvo Sotelo, en febrero, adelantaron los planes precipitando un golpe con grandes lagunas en cuanto al seguimiento, organización y programa de los golpistas, cuya confianza en la propagación de la rebelión resultó, como pudo comprobarse, cuando menos ingenua. Con motivo de la segunda votación de investidura, la primera fue el día 19, el teniente coronel de la Guardia Civil Antonio Tejero secuestró al Gobierno y al Parlamento, acción que fue acompañada por el Capitán General de Valencia, Jaime Miláns del Bosch, que sacó las tropas a la calle en espera de ser imitado por el resto de Capitanías para forzar la formación de un gobierno presidido por el General Alfonso Armada. Conforme transcurrieron las horas se hizo evidente el fracaso de los golpistas, especialmente tras la aparición del Rey en televisión defendiendo el orden constitucional.

El *Documento* 48 pertenece al bando del teniente general Jaime Milans del Bosch, primer texto puesto en circulación en el golpe del 23 de febrero de 1981 tras la ocupación del Congreso por el teniente coronel Antonio Tejero. Cabe señalar de este texto que sigue casi al pie de la letra algunos de los puntos del bando del general Saliquet, recogido en el capítulo 3 (*Documento* 27), tras el golpe del 18 de julio de 1936. No hay duda de que la memoria histórica de cierto sector del ejército actuó como incentivo para la acción. De hecho, los tres generales condenados por participar en el golpe, Milans del Bosch, Armada y Torres Rojas, habían participado activamente en la guerra civil. En el *Documento* 49 se incluye una breve nota de la Junta de Jefes de Estado Mayor una vez que el fracaso del golpe parecía evidente. Sin embargo la situación tardó unas horas en aclararse. En el *Documento* 50 se recoge la formación de un gabinete provisional de subsecretarios y secretarios con la intención de evitar el total vacío de poder. Los medios de comunicación jugaron un papel fundamental ya que su actividad no se vio interrumpida. En el *Documento* 51 se recoge el editorial del diario *El País* en el que hay que señalar el llamamiento a la movilización general. Llamamiento estéril ya que la pasividad fue actitud predominante, especialmente por el miedo que sintió la población. Cuando el golpe parecía destinado al fracaso el teniente coronel Tejero dictó a Juan García Carrés, el único civil acusado en el juicio posterior a los hechos, un manifiesto (*Documento* 52) con la intención de que fuera publicado por el diario ultraderechista *El Alcázar*. El fracaso de los golpistas fue evidente tras la aparición del Rey en televisión, a las 0'12 horas del día

24, leyendo un mensaje en el que condenaba el golpe (*Documento* 53). La certeza del fracaso condujo a Milans a anular su primer bando (*Documento* 54). Sobre el 23-F se incluyen finalmente dos textos en los que se da cuenta de las primeras acciones del gobierno tras el golpe (*Documento* 55), con distintos ceses y nombramientos, y del Ministerio de Defensa (*Documento* 56), en igual sentido.

Por último hemos seleccionado el golpe de Estado de agosto de 1991 en la antigua Unión Soviética, con el que ciertos sectores del Partido Comunista intentaron frenar los cambios comenzados por Gorbachov unos años antes. Sin duda, pocos golpes como este han tenido, en su fracaso, consecuencias de tan hondo calado. La principal de ellas fue la desaparición de la propia Unión Soviética y del régimen que durante siete décadas había regido los destinos de una considerable parte del planeta. La firma del Tratado de la Unión, prevista para el día 20 de agosto, con el que se pretendía crear una nueva estructura territorial para la URSS, cediendo altos niveles de soberanía a cada república pero conservando un sistema federal y un poder central con competencias sustanciales, fue percibido como un ataque irreversible a las posturas antirreformistas. Un simple repaso de los principales actores participantes en el golpe (los que constituyeron el autodenominado Comité Estatal para el Estado de Excepción; GKChP, según sus siglas en ruso) y de sus particulares trayectorias políticas nos permite observar, no obstante, que los acontecimientos no fueron protagonizados por los sectores más reaccionarios e inmovilistas del régimen ni por partidarios de la aceleración de las reformas sino por un sector del PCUS que simplemente pretendía inclinar la balanza de su lado, paralizando la situación y aplazando la resolución de los problemas más acuciantes. Ante la ausencia de un grupo político consistente que avalara su política, Gorbachov basó su gobierno en un oscilante apoyo de distintos sectores políticos reunidos en torno a grupos de interés, diferentes entre sí, con distintas apreciaciones sobre las reformas. Durante el otoño de 1990, con su negativa a aceptar el programa económico pactado con la República Rusa, el agravamiento de los conflictos existentes y el endurecimiento represivo del gobierno, realizó una aproximación a la política deseada por la alianza de los miembros del aparato del PCUS, el complejo militar-industrial y el generalato. La posterior modificación de esa política, en la primavera de 1991, predispuso a los sectores afectados a poner en marcha un golpe blando, alejado de las posturas de los sectores más reaccionarios. No parece necesario insistir en que los miembros del comité de emergencia habían sido nombrados por Gorbachov en los meses previos ni, tampoco, en que el poder y las competencias que poseían, derivados de los cargos que ocupaban, eran enormes. En el comité figuraban el vicepresidente de la URSS, el primer ministro, los ministros de defensa e interior, el jefe del KGB, el vicepresidente del Consejo de Defensa (a cuyo cargo estaba el complejo militar-industrial) y los representantes del campesinado y de las empresas estatales, prácticamente el grueso del gobierno y, sin duda, sus miembros más destacados.

En cuanto al desarrollo del golpe soviético, a la vista de los resultados, hay que destacar que se trató de un golpe mal planteado, pésimamente organizado, con una notable falta de coordinación y sin unos objetivos claros. El carácter blando del golpe se explica por lo poco ambicioso de sus objetivos finales y por la poca previsión sobre el comportamiento de los líderes de la oposición y de la propia población. De aquí derivan, posiblemente, las notables deficiencias técnicas que impidieron su éxito: un golpe reaccionario que, con objetivos que fueran más allá de una simple rectificación de la política o del intento de disciplinar al país, hubiera pretendido restablecer el sistema soviético (dejando aparte tal imposibilidad) no hubiera facilitado su fracaso con medidas tan tímidas y errores tan considerables. Los líderes que entonces se denominaban demócratas, con Yeltsin a la cabeza, no fueron detenidos ni incomunicados, no se cerró el centro de la ciudad, el control de los medios de comunicación fue a todas luces ineficaz y las medidas adoptadas al compás de los acontecimientos fueron continuamente superadas por éstos. Las principales consecuencias, quizá las mayores que haya tenido nunca un golpe de Estado, fueron la desaparición del Estado soviético, su descomposición en quince nuevos y el derrumbe, por tanto, de su sistema político, incluido el partido sobre el que se sustentaba. Es posible que un análisis más detenido nos permita observar que la desmembración de la Unión Soviética no fue tanto consecuencia del fracaso del golpe como resultado natural del resurgir nacionalista y de las tensiones existentes entre las *élites* de las distintas repúblicas. Lo que motivó el fracaso del golpe fue la aceleración del proceso que alcanzó, en pocas semanas, una velocidad de vértigo. Los intentos de Gorbachov, con anterioridad al golpe, de solucionar el problema de nacional (el Tratado de la Unión y la "Ley de Secesión") en realidad pretendían asegurar la continuidad de la URSS. Tras los sucesos de agosto la disolución de la misma fue inevitable y breve: en diciembre se constituía la Comunidad de Estados Independientes. A Gorbachov no le quedó otra salida que la dimisión, que se produjo días más tarde. Yeltsin, como presidente de la Rusia heredera del imperio soviético, pasó a ocupar su lugar en la dirección del país.

El primero de los textos seleccionados del golpe de agosto de 1991 corresponde al comunicado del Comité de Emergencia que se hizo con las riendas del poder soviético (*Documento* 57). Los golpistas no contaron con la oposición que suscitaría su acción entre la población y entre algunas autoridades como Boris Yeltsin, presidente de la Federación Rusa. El *Documento* 58 recoge el llamamiento contra el golpe realizado por Yeltsin en la puerta del Congreso ruso, la conocida Casa Blanca, encaramado a un tanque y acompañado por sus seguidores. La redacción del texto corrió a cargo de Jasbulatov, presidente en funciones del Soviet Supremo de la Federación Rusa. Una de las principales acciones del golpe fue el aislamiento de Gorbachov en su casa de campo en Crimea. El *Documento* 59 refleja la situación de Gorbachov según el relato realizado por él mismo. El comité de emergencia publicó, en el diario *Pravda*, un manifiesto con sus argumentos y objetivos (*Documento* 60). Por último se han recogido algunas declaraciones de Kriuchkov (61), considerado como uno de los cerebros del golpe.

TEXTOS SELECCIONADOS

42. COMUNICADO DISTRIBUIDO ENTRE LOS MILITARES PORTUGUESES ANTES DEL GOLPE

El "Movimiento" a las Fuerzas Armadas y a la nación.

5 de marzo de 1974.

Desde hace unos meses, como es de general conocimiento, se ha desarrollado en el seno de las Fuerzas Armadas un "Movimiento de Oficiales", cuyos orígenes quedan en el pasado y que hoy asume características, intenciones y finalidades que creemos oportuno clarificar y definir. El documento ahora presentado a la atención de todos los militares tiene como objetivo esencial invitarles a una reflexión crítica sobre los aspectos fundamentales de los problemas con que se enfrentan las Fuerzas Armadas, siendo para esto indispensable una reflexión global —esto es, no disociando a las Fuerzas Armadas de la nación y del momento crítico que el país atraviesa— y, acto seguido, consolidar la adhesión de los que consecuentemente llegaron a la conclusión de que es imperioso, necesario y urgente actuar de forma coherente con nuestro análisis.

Todos sabemos y sentimos que, en opinión general, las Fuerzas Armadas han sido consideradas como el soporte de fuerza de una estructura global político-económica para cuya orientación, pasando por la necesaria definición del interés nacional, no se llama al común de los ciudadanos a una participación directa. De hecho, existe la conciencia de que tal estructura no habría podido mantenerse inalterable a través de los años, por más cuidado que se hubiese puesto en la preparación de las organizaciones policiales y judiciales, si sus dirigentes no hubiesen tenido la garantía de obediencia sin discusión por parte de las Fuerzas Armadas en los objetivos definidos por ellos. De ahí que se haya generalizado el principio de que compete exclusivamente al poder político la definición de los grandes objetivos nacionales y a las Fuerzas Armadas la misión de ejecutarlos sin poner en cuestión su legitimidad. Es el mito del "apoliticismo de las Fuerzas Armadas" el que transformó a los militares, que deberían ser los guardianes de una Constitución legítima, en meros ejecutores de una política trazada desde arriba, la cual ha sido protegida no sólo con "oportunas" alteraciones de la Constitución, sino también por leyes que efectivamente la restringen. (...)

El mayor problema del pueblo portugués, el que en gran medida condiciona todos los demás, es en este momento el de la guerra en tres territorios africanos: Angola, Mozambique y Guinea. La cuestión es gravísima y está en la base de una crisis general del régimen, ya incontrolable por el poder. Se está generalizando tanto en el seno de las Fuerzas Armadas como en la sociedad civil la idea de que no es posible obtener una victoria por las armas. Se ha hecho todo para que en la opinión pública nacional se enraíce la noción de que el poder político trazó ya la estrategia adecuada y que las Fuerzas Armadas no tienen más que seguirla para que se garantice la integridad de los territorios. Consecuentemente, si la situación se agrava aún más, fácilmente se adivina sobre quien recaerán las responsabilidades, al tiempo que el poder habrá creado las condiciones propicias para un inocente "lavarse las manos".

Los militares conscientes saben, no obstante, que la solución del problema ultramarino es política y no militar y entienden que es deber suyo denunciar los errores de que son víctimas y que transformarán a las Fuerzas Armadas, una vez más, en "chivo expiatorio" de una estrategia imposible: una solución política que salvaguarde el honor y la dignidad nacionales, así como todos los intereses legítimos de los portugueses instalados en África, pero que tenga en cuenta la realidad incontrovertible e irreversible de la honda aspiración de los pueblos africanos a gobernarse por sí mismos; lo que implica necesariamente fórmulas políticas jurídicas y diplomáticas extremadamente flexibles y dinámicas. Esta solución ha de ser encarada con realismo y coraje, y pensamos que corresponde no sólo a los verdaderos intereses del pueblo portugués sino a su auténtico destino histórico y a sus más altos ideales de justicia y de paz. Entretanto, los militares conscientes saben que tal solución no será jamás consentida por el poder, que se arroga a sí mismo el derecho exclusivo en materia de patriotismo y se pretende apoyado por la nación. No estamos de acuerdo por tanto, ni con este exclusivismo ni con el apoyo que se proclama.

Y porque pensamos así, entendemos necesario, como condición primera para la solución del problema africano, de la crisis de las Fuerzas Armadas y de la crisis general del país, que el poder político ostente el máximo de legitimidad, que sus instituciones sean efectivamente representativas de las aspiraciones e intereses del pueblo. En otras palabras, sin democratización del país no es posible pensar en ninguna solución válida para los gravísimos problemas que pesan sobre nosotros.

Se trata, por tanto, antes que nada y por encima de todo, de la obtención de una democracia política.

En Luis CARANDELL y Eduardo BARRENECHEA, *Portugal, sí*, Madrid, Cuadernos para el Diálogo, 1974, págs. 155-159.

43. PROGRAMA DEL MOVIMIENTO DE LAS FUERZAS ARMADAS TRAS EL GOLPE DEL 25 DE ABRIL DE 1974

Considerando que después de trece años de lucha en tierras de Ultramar, el sistema político vigente no ha conseguido definir concreta y objetivamente una política ultramarina que conduzca a la paz entre los portugueses de todas las razas y credos.

Considerando que la definición de esta política sólo es posible con el saneamiento de la actual política interna y de sus instituciones, convirtiéndolas, por la vía democrática, en representantes indiscutibles del pueblo portugués. Considerando también que la sustitución de su sistema político vigente tendrá que producirse sin convulsiones internas que afecten a la paz, al progreso y al bienestar de la Nación, el Movimiento de las Fuerzas Armadas Portuguesas, en la profunda convicción de que interpreta las aspiraciones e intereses de la gran mayoría del pueblo portugués y de que su acción se justifica plenamente en nombre de la salvación de la patria, y, haciendo uso de la fuerza que le ha sido conferida por la Nación a través de sus soldados, proclama y se compromete a garantizar y a adoptar las siguientes medidas, como plataforma que se entiende como necesaria para la resolución de la gran crisis nacional que Portugal atraviesa.

A. MEDIDAS INMEDIATAS

1. Ejercicio del poder político por una Junta de Salvación Nacional hasta la formación, a corto plazo, de un Gobierno civil provisional. La designación del Presidente y del vicepresidente será efectuada por la propia Junta.
2. La junta de Salvación Nacional decretará:

   a. La destitución inmediata del Presidente de la República y del actual Gobierno, y la disolución de la Asamblea Nacional y del Consejo de Estado, medidas que serán acompañadas del anuncio público de la convocatoria, en un plazo de doce meses, de una Asamblea Nacional Constituyente, elegida por sufragio universal directo y secreto, según ley electoral, a elaborar por el futuro Gobierno Provisional.
   b. La destitución de todos los Gobernadores Civiles del Continente, Gobernadores de los distritos autónomos en las islas adyacentes y Gobernadores Generales de las provincias ultramarinas, así como la extinción inmediata de la Acción Nacional Popular.

      1. Los Gobiernos Generales de las provincias ultramarinas serán inmediatamente asumidos por los respectivos secretarios generales, investidos en las funciones de Encargado del Gobierno, hasta el nombramiento de un nuevo Gobernador General por el Gobierno Provisional.
      2. Los asuntos de los Gobiernos civiles serán despachados por los respectivos sustitutos legales hasta que no se nombren nuevos Gobernadores por el Gobierno Provisional.

   c. La extinción inmediata de la DGS, Legión Portuguesa y organizaciones políticas de la juventud. En Ultramar la DGS será reestructurada y saneada, organizándose como policía de información militar en lo que lo exijan las operaciones militares.
   d. Entrega a las Fuerzas Armadas de los individuos acusados de crimen contra el orden político instaurado, mientras dure el período

de vigencia de la Junta de Salvación Nacional, para la instrucción de los correspondientes procesos.

e. Medidas que permitan una vigilancia y un control riguroso de todas las operaciones económicas y financieras con el extranjero.

f. La amnistía inmediata de todos los presos políticos, salvo los inculpados de delitos comunes, los cuales serán entregados a la jurisdicción respectiva, y reintegración voluntaria de los funcionarios del Estado destituidos por motivos políticos.

g. Abolición de la censura y examen previo.

 1. Reconociéndose la necesidad de salvaguardar el secreto de los aspectos militares y evitar perturbaciones en la opinión pública causadas por agresiones ideológicas de los medios más reaccionarios, será creada una Comisión "ad hoc", para "control" de la Prensa, la Televisión, el Teatro y el Cine, de carácter transitorio, directamente dependiente de la Junta de Salvación Nacional, la cual se mantendrá en sus funciones hasta la publicación de las nuevas leyes de Prensa, Radio, Televisión, Teatro y Cine, por el futuro Gobierno Provisional.

h. Medidas para la reorganización y saneamiento de las Fuerzas Armadas y Militarizadas (GNR, PSP, GF, etc.).

i. El control de las fronteras será atribuido a las Fuerzas Armadas y Militarizadas, mientras no sea creado un servicio propio.

j. Medidas que conduzcan al combate eficaz contra la corrupción y las especulaciones.

B. MEDIDAS A CORTO PLAZO

1. En el plazo máximo de tres semanas después de la conquista del Poder, la Junta de Salvación Nacional elegirá, de entre sus miembros, al que ejercerá las funciones del Presidente de la República, que conservará poderes semejantes a los previstos en la actual Constitución.

a. Los restantes miembros de la Junta de Salvación Nacional asumirán las funciones de jefe del Estado Mayor General de las Fuerzas Armadas, jefe del Estado Mayor del Ejército, Jefe del Estado Mayor de la Marina y jefe del Estado Mayor de la Fuerza Aérea, y formarán parte del Consejo de Estado.

2. Después de asumir sus funciones, el Presidente de la República nombrará el Gobierno Civil provisional, que estará compuesto por personalidades representativas de los grupos y corrientes políticas y personalidades independientes que se identifiquen con el presente programa.
3. Durante el período de excepción del Gobierno Provisional, impuesto por la necesidad histórica de la transformación política, se mantendrá la Junta de Salvación Nacional para la salvaguarda de los objetivos aquí programados.

   a. El período de excepción terminará después de que, de acuerdo con la nueva Constitución política, sean elegidos el Presidente de la República y la Asamblea Legislativa.

4. El Gobierno Provisional gobernará mediante Decretos-Leyes que obedecerán obligatoriamente al espíritu de la presente proclamación.
5. El Gobierno Provisional, teniendo en cuenta que las grandes reformas de fondo sólo podrán ser adoptadas en el ámbito de la futura Asamblea Nacional Constituyente, se obliga a promover inmediatamente:

   a. La aplicación de medidas que garanticen el ejercicio formal de la acción del Gobierno y el estudio y la aplicación de medidas preparatorias de carácter material, económico, social y cultural, que garanticen el futuro ejercicio de la libertad política de los ciudadanos.
   b. La libertad de reunión y de asociación. En aplicación de este principio, será permitida la formación de asociaciones políticas posibles embriones de los futuros partidos políticos y garantizada la libertad sindical, de acuerdo con la ley especial que regulará su ejercicio.

c. La libertad de expresión y pensamiento, bajo cualquier forma.
d. La promulgación de una nueva ley de Prensa, Radio, Televisión, Teatro y Cine.
e. Medidas y disposiciones tendentes a asegurar, a corto plazo, la independencia y la dignificación del poder judicial.

1. La extinción de los tribunales especiales y la dignificación del proceso penal en todas sus fases.
2. Los crímenes cometidos contra el Estado, en el nuevo régimen, serán instruidos por Jueces de Derecho y juzgados por Tribunales Ordinarios, dándose para ello todas las garantías solicitadas. Las investigaciones serán encargadas a la Policía Judicial.

6. Un Gobierno Provisional lanzará las bases de:

a. Una nueva política económica puesta al servicio del pueblo portugués, en particular de las capas de la población hasta ahora menos favorecidas, teniendo como preocupación inmediata la lucha contra la inflación y el alza excesiva del costo de la vida, lo que necesariamente implicará una estrategia antimonopolista.
b. Una nueva política social que, en todos los dominios, tendrá esencialmente como objetivo la defensa de los intereses de las clases trabajadoras y el aumento progresivo, más acelerado, de la calidad de vida de todos los portugueses.

7. El Gobierno Provisional se orientará, en materia de política internacional, por los principios de independencia e igualdad entre los Estados, de no ingerencia en los asuntos de otros países y de defensa de la paz, ampliando y diversificando las relaciones internacionales desde la amistad y la cooperación.

a. El gobierno Provisional respetará los compromisos internacionales derivados de los tratados en vigor.

8. La política ultramarina del Gobierno Provisional, teniendo en cuenta que su definición competirá a la Nación, se orientará por los siguientes principios.

   a. Reconocimiento de que la solución de las guerras de Ultramar es política y no militar.
   b. Creación de condiciones para un debate franco y abierto a nivel nacional del problema ultramarino.
   c. Proclamación de los fundamentos de una política ultramarina que conduzca a la paz.

C. CONSIDERACIONES FINALES

1. Después de que sean elegidos por la Nación la Asamblea Nacional Constituyente y el nuevo Presidente de la República, será disuelta la Junta de Salvación Nacional, y la acción de las Fuerzas Armadas será limitada a su misión específica de defensa externa de la soberanía nacional.
2. El Movimiento de las Fuerzas Armadas, convencido de que los principios y los objetivos aquí proclamados traducen un compromiso asumido ante el país y son imperativos para servir los intereses supremos de la Nación, dirige a todos los Portugueses un vehemente llamamiento a la participación sincera, clara y decidida en la vida pública nacional y exhorta a que los garanticen, con su trabajo y convivencia pacífica, cualquiera que sea su posición social, para acceder a las condiciones necesarias para la definición, a corto plazo, de una política que conduzca a la solución de los graves problemas nacionales y a la armonía, progreso y justicia social indispensables para obtener el lugar a que Portugal tiene derecho entre las naciones.

Entregado a los medios de comunicación por el general Spínola, presidente de la Junta de Salvación Nacional, en las primeras horas de la mañana del día 26 de abril. En Vicente TALÓN, *Portugal, ¿golpe o revolución?*, Madrid, CVS, 1974, págs. 337-342.

44. COMUNICADO DEL GENERAL SPÍNOLA COMO PRESIDENTE DE LA JUNTA DE SALVACIÓN NACIONAL

En obediencia al mandato que acaba de serle confiado por las Fuerzas Armadas, después del triunfo del Movimiento en buena hora llevado a cabo para la supervivencia nacional y para el bienestar del Pueblo portugués, la Junta de Salvación Nacional que presido, constituida por imperativo de asegurar el orden y de dirigirse al país para la definición y consecución de los verdaderos objetivos nacionales, asume ante el mismo el compromiso de:

- Garantizar la soberanía de la Nación como patria soberana en su todo pluricontinental.
- Promover desde ahora la concienciación de los portugueses permitiendo la plena expresión de todas las corrientes de opinión, en orden a acelerar la constitución de asociaciones cívicas que han de polarizar tendencias y facilitar la libre elección, por sufragio directo, de una Asamblea Nacional Constituyente y la subsiguiente elección del Presidente de la República.
- Garantizar la libertad de expresión y pensamiento.
- Abstenerse de cualquier actitud política que pueda condicionar la libertad de elección y la tarea de la futura Asamblea Constituyente y evitar por todos los medios que otras fuerzas puedan interferirse en el proceso que se desea eminentemente nacional.
- Ordenar su acción por las normas elementales de la moral y la justicia, asegurando a cada ciudadano los derechos fundamentales estatuidos en declaraciones universales y hacer respetar la paz cívica, limitando el ejercicio de la autoridad a la garantía de la libertad de los ciudadanos.
- Respetar los compromisos internacionales que se derivan de los tratados en vigor.
- Dinamizar sus tareas en orden a que en el más corto plazo posible, el país se gobierne por instituciones de su libre elección.

- Devolver el poder a las instituciones constitucionales después que el Presidente de la República electo comience el ejercicio de sus funciones.

26 de abril de 1974. En Luis CARANDELL y Eduardo BARRENECHEA, *Portugal, sí*, ob. cit., págs. 165-166.

45. EL GOLPE DE SPÍNOLA DEL 11 DE MARZO DE 1975

Nuestro pueblo ha venido padeciendo las más claras violaciones y la autoridad se ha disuelto en las calles. La anarquía se expande por todo el país.

Nosotros tomamos las armas para cumplir nuestras promesas, para garantizar y salvaguardar la pureza de las elecciones previstas para el 12 de abril, así como para contener a las fuerzas antiportuguesas del desorden que actúan en la nación.

La persecución política y religiosa en Portugal está dirigida, en la sombra, por agentes extremistas y de organizaciones internacionales, cuya fuerza es mayor cada día que pasa. La escalada de violencia ha alcanzado un punto inimaginable.

Las Fuerzas Armadas Portuguesas no intervinieron el 25 de abril para cambiar una dictadura por otra. Se trataba de instaurar la democracia, de restaurar la libertad de nuestro pueblo contra el fascismo de la izquierda o de la derecha, contra todos los que se visten de negro o de rojo.

No podíamos consentir el martirio de Portugal y la ruina de la Patria. Deseamos para el pueblo portugués la libertad y la posibilidad de una elección libre. Lar Fuerzas Armadas ponen sus vidas al lado de todos aquellos que aman a Portugal.

Manifiesto que los golpistas tenían previsto difundir en caso de triunfo. En VVAA, *Portugal. El fracaso del golpe de Estado*, Madrid, Mirasierra, 1975, pág. 82.

46. EL FRACASO DEL GOLPE ANTIRREVOLUCIONARIO

Todas las fuerzas del ejército de la Región Militar de Lisboa se portaron óptimamente. Dieron una vez más la prueba cabal de la confianza que hemos depositado en ellas. En este momento, tengo todavía una fuerza de reserva que no he tenido necesidad de utilizar y que continúa, por tanto, a mis órdenes para recibir instrucciones, pero como la situación está dominada no es necesario. Sin embargo, todavía en el cuartel de la Guardia Nacional Republicana hay un problema que resolver: algunos oficiales de la misma, oficiales de caballería, tomaron por sorpresa al Jefe y al Comandante general Pinto Ferreira, que se encuentra en el acuartelamiento do Carmo a la espera de una solución.

Tengo que decirles una cosa: juzgo que la situación es tranquila. Fue un ejercicio de fuegos reales y ahora vamos a ver cuál será la situación de los responsables.

En Oporto también está la situación en calma. También querían hacer allí una llamada a las masas populares para que se levantaran junto con los cuarteles, poniendo barricadas y diciendo que las unidades del Ejército están contra el MFA, lo cual es falso. Sobre elementos extremistas que están usando esta situación para llevar a la masa contra el Ejército, hay que decir que no hay alteraciones. Puedo garantizar con mi palabra de honor que esto es todo lo que sé. Que las Fuerzas Armadas están totalmente serenas y con el MFA y el COPCON.

Se vive en un ambiente de cierta excitación, pero al mismo tiempo de tranquilidad, porque tenemos confianza total en las Fuerzas Armadas.

Yo hice venir a Lisboa una división de Fusileros, pero no llegaron a intervenir, y la situación está dominada.

Hago una llamada a las masas populares para que no comiencen a realizar acciones aisladas, separadas del conjunto de defensa. Estamos dominando y todos deben mantenerse atentos, no regateando esfuerzos para salvar la Democracia que sólo tiene diez meses y necesita ser amparada.

La situación de la Democracia es extremadamente difícil, y tenemos que estar siempre atentos para conseguir derrumbar todos los obstáculos que se nos anteponen.

Pido a las masas populares que se desmovilicen psicológicamente, que no tomen actitudes de individualismo, que no hagan barricadas en las calles, que no vale la pena, que la situación está dominada.

Mensaje del brigadier Otelo Saraiva de Carvalho emitido en la televisión portuguesa a las 15'30 horas del 11 de marzo de 1975. En VV.AA., *Portugal. El fracaso del golpe de Estado*, ob. cit., pág. 40.

47. MENSAJE DE VASCO GONÇALVES, PRIMER MINISTRO DEL GOBIERNO PROVISIONAL

Una minoría de criminales lanzó a los hombres de las Fuerzas Armadas contra los hombres de las Fuerzas Armadas, que es el mayor crimen que hoy se puede perpetrar en Portugal. Beneficiándose de la gran benevolencia que los generosos obreros del 25 de abril han tenido para con sus enemigos, intentaron dividir al país esas fuerzas reaccionarias a las que tantas veces se ha llamado la atención.

Espero que esta sea una verdadera lección para los portugueses, para los partidos políticos, para los sindicatos, para las Fuerzas Armadas, para todos los patriotas. Nuestros verdaderos enemigos son la reacción y los fascistas. Y la reacción se traduce en la práctica en aquellos que se oponen al desarrollo y al progreso de la Patria dentro del Programa de las Fuerzas Armadas, en el sentido que el MFA le ha procurado imprimir. Son todos aquellos que diariamente cortan este proceso revolucionario, ya a nivel de justicia social, ya a nivel de mandos, a todos los niveles, esa lucha cotidiana que todos los demócratas emprenden contra sus enemigos, y que significa la lucha que el pueblo portugués emprende contra la reacción.

Yo exhorto desde aquí a las masas trabajadoras para que no se dejen separar de sus sindicatos, para que se unan, para que vean bien dónde están sus enemigos y sus amigos.

La unidad de las masas trabajadoras es indispensable para la consolidación de la revolución democrática portuguesa.

En el momento en que nos atacaban, se estaba preparando una huelga en los transportes aéreos portugueses, y es preciso que los trabajadores de la TAP, por ejemplo, entre otros, tomen conciencia de los peligros que corren al dividirse, al escindirse del MFA, y que estén alerta contra quien los divide.

Los trabajadores deben sacar todas las conclusiones de esta tentativa reaccionaria de lanzar las Fuerzas Armadas contra las Fuerzas Armadas, de lanzar a los camaradas de armas contra sus camaradas, sirviéndose de las mayores mentiras, de ignominias, lanzando hombres honrados a aventuras condenadas, por adelantado, al fracaso, porque el MFA tiene consigo a la abrumadora mayoría de las masas trabajadoras y de los patriotas portugueses.

También los partidos políticos deben sacar conclusiones de la situación que acabamos de vivir. En lugar de lanzarse en lucha unos contra otros, en lugar de dividirse, que se unan. Que se unan envueltos en la bandera de nuestra patria, en el verdadero progreso de nuestra patria, con las ideas revolucionarias que trae el programa de las Fuerzas Armadas.

Los partidos políticos tienen la obligación de sacar conclusiones de este acontecimiento.

Por otro lado, las fuerzas progresistas de esos mismos partidos nos apoyan en estos momentos. Debemos reconocerlo y afirmar una vez más que la revolución portuguesa sólo puede marchar adelante en estrecha alianza con el MFA, con los partidos políticos progresistas y patrióticos que verdaderamente están interesados en el cambio de rumbo de la vida política, económica y social portuguesa.

A todos los portugueses, a todos los patriotas, bien trabajadores, bien de la pequeña burguesía, bien los pequeños comerciantes, que vean las aventuras a las que nuestros enemigos nos pueden lanzar, y que tengan confianza en el MFA que está atento y en estrecha relación con el pueblo portugués, y no permitirá que la reacción vuelva a dominar este país.

¡Viva Portugal!

Emitido a las 17'15 horas del 11 de marzo en la televisión portuguesa. En VVAA, *Portugal. El fracaso del golpe de Estado*, ob. cit., págs. 42-45.

48. BANDO DEL TENIENTE GENERAL MILANS DEL BOSCH.
23 DE FEBRERO DE 1981

Excmo. Sr. D. Jaime Milans del Bosch y Ussía, Teniente General del Ejército y Capitán General de la III Región Militar.

Hago saber:

Ante los acontecimientos que se están desarrollando en estos momentos en la Capital de España y consiguiente vacío de poder, es mi deber garantizar el orden en la Región de mi Mando en tanto se reciban las correspondientes instrucciones que dicte S.M. el Rey.

En consecuencia dispongo:

Artículo 1. Todo el personal afecto a los Servicios Públicos de interés Civil queda militarizado, con los deberes y atribuciones que marca la Ley.

Artículo 2. Se prohibe el contacto con las Unidades Armadas por parte de la población civil. Dichas Unidades repelerán sin intimidación ni aviso previo todas las agresiones que puedan sufrir, con la máxima energía.

Igualmente repelerán las lesiones contra edificios, establecimientos, vías de comunicación y transporte, servicios de agua, luz y electricidad, así como dependencias y almacenes de primera necesidad.

Artículo 3. Quedarán sometidos a la Jurisdicción Militar y tramitados por procedimientos sumarísimos, todos los hechos comprendidos en el Artículo anterior, así como los delitos de rebelión, sedición y de atentado o resistencia a los Agentes de la Autoridad. Los de desacato, injuria, amenaza o menosprecio a todo el personal militar o militarizado que lleve distintivo de tal, cualquiera que lo realice, propague, incite, induzca. Igualmente los de tenencia ilícita de armas o cualquier objeto de agresión.

Artículo 4. Quedan prohibidos los *lock-outs* y huelgas. Se considerará como sedición el abandono del trabajo siendo principales responsables los dirigentes de sindicatos y asociaciones laborales.

Artículo 5. Quedan prohibidas todas las actividades públicas y privadas de todos los partidos políticos, prohibiéndose igualmente las reuniones superiores a cuatro personas, así como la utilización por los mismos de cualquier medio de comunicación social.

Artículo 6. Se establece el toque de queda desde las veintiuna a las siete horas, pudiendo circular únicamente dos personas como máximo durante el citado plazo de tiempo por la vía pública y pernoctando todos los grupos familiares en sus respectivos domicilios.

Artículo 7. Sólo podrán circular los vehículos de transporte público, así como los particulares debidamente autorizados. Permanecerán abiertas únicamente las estaciones de servicio y suministro de carburantes que diariamente se señalen.

Artículo 8. Quedan suprimidas la totalidad de las actividades públicas y privadas de todos los partidos políticos.

Artículo 9. Todos los cuerpos de Seguridad del Estado se mantendrán bajo mi autoridad.

Artículo 10. Igualmente asumo el poder judicial y administrativo, tanto del Ente Autonómico como de los Provinciales y Municipales.

Artículo 11. Estas normas estarán en vigor el tiempo estrictamente necesario para recibir instrucciones de S.M. el Rey o de la Superioridad.

Este Bando surtirá efectos desde el momento de su publicación.

Por último se espera la colaboración activa de todas las personas amantes del orden y de la paz, respecto de las instrucciones anteriormente expuestas.

Por todo ello termino con un fuerte:

¡Viva el Rey! ¡Viva por siempre España!

Valencia, 23 de febrero de 1981. El teniente general Jaime Milans del Bosch.

En Pilar URBANO, *Con la venia... yo indagué el 23-F*, Barcelona, Argos Vergara, 1982, págs. 360-364.

49. NOTA DE LA JUNTA DE JEFES DE ESTADO MAYOR

La Junta de Jefes de Estado Mayor, a las 22 horas, manifiesta que, ante los sucesos desarrollados en el Palacio del Congreso, se han tomado las medidas necesarias para reprimir todo atentado a la Constitución y restablecer el orden que la misma determina.

La Junta de Jefes de Estado Mayor continúa reunida, pero no se facilitará ningún otro tipo de comunicado.

En Ricardo CID CAÑAVERAL y otros, *Todos al suelo. La conspiración y el golpe*, Madrid, Punto Crítico, 1981, pág. 195.

50. ALOCUCIÓN DE FRANCISCO LAÍNA, DIRECTOR DE LA SEGURIDAD DEL ESTADO

La situación creada por un acto de violencia en la sede del Congreso de los Diputados ha impedido, hasta el momento, la acción normal del Consejo de Ministros, cuyos miembros se encuentran retenidos en la Cámara.

En estas circunstancias, los secretarios de Estado y subsecretarios de los diversos ministerios se han constituido en sesión permanente, por instrucciones de su majestad el Rey, para asegurar la gobernación del país, dentro de cauces civiles y en estrecho contacto con la Junta de Jefes de Estado Mayor, que igualmente se halla reunida.

Todas las informaciones hasta el momento recogidas por quienes accidentalmente desempeñan el mando político del país, en nombre del Gobierno, coinciden en manifestar que la calma más absoluta reina en todo el territorio nacional y que es de esperar una pronta solución a esta interrupción momentánea de la vida parlamentaria.

Quienes en este momento asumen en España la plenitud del poder civil y militar, de manera transitoria y bajo la dirección y autoridad de su majestad el Rey pueden garantizar a sus compatriotas que ningún acto de fuerza destruirá la convivencia democrática que el pueblo libremente desea, y que se plasma en el texto de la Constitución, a la que civiles y militares han jurado protección.

En Ricardo CID CAÑAVERAL y otros, *Todos al suelo. La conspiración y el golpe*, ob. cit., pág. 194.

51. EDITORIAL DE LA EDICIÓN ESPECIAL DEL DIARIO EL PAÍS

¡Viva la Constitución!

En la hora de un atentado alevoso contra el pueblo español a manos de unos hombres armados que pretenden por la fuerza sustituir la soberanía de los ciudadanos, EL PAÍS sale a la calle en defensa de la ley y de la Constitución. La rebelión debe ser abortada; sus culpables, detenidos, juzgados severamente y condenados para ejemplar escarmiento de la Historia. Los españoles deben sumarse a la gran protesta nacional e internacional y movilizar por todos los medios a su alcance la voluntad popular en defensa de la legalidad.

El golpe de Estado llevado a cabo por destacamentos de la Guardia Civil, precedente a la declaración de Milans, es un atentado contra la Constitución, aprobada en referéndum por el pueblo español en diciembre de 1978, y una humillación para la dignidad y la madurez de una de las más antiguas naciones del mundo occidental. El golpe de Estado ilumina, por lo demás, buena parte de los acontecimientos de la etapa de la transición y los sitúa en su adecuada perspectiva. La *operación Galaxia* no fue una *charla de café*, sino uno de los hilos de la madeja conspirativa que quedó al descubierto.

Las debilidades, complicidades y cobardías que impidieron realizar a tiempo los relevos debidos en cargos de las fuerzas de seguridad, de los conspiradores y golpistas por militares y policías respetuosos de la Constitución, la Monarquía parlamentaria y del ordenamiento jurídico son factores tan responsables como los propios golpistas de esa inaudita y esperpéntica estampa en la que los representantes del pueblo soberano y el Gobierno del Estado han sido secuestrados por un pelotón. Hasta la dimisión de Adolfo Suárez adquiere, a esta luz, un nuevo significado, que no hace más que poner de relieve la falta de coraje del presidente en funciones y la irresponsabilidad de numerosos miembros de su partido. Ocurra lo que ocurra en las próximas horas o en los próximos días, suceda lo que suceda a quienes nos mantenemos fieles a la Constitución y a la legalidad vigente, nacidas ambas de elecciones libres y de la voluntad del pueblo español; los golpistas están condenados por la Historia, por la ética y por los juramentos de honor que tanto prodigan y tan poco cumplen. Ojalá este acto sea sólo un miserable y bochornoso incidente y sirva, al menos, para que el Poder Legislativo y el Poder Ejecutivo de esta vieja nación sepan sacar las consecuencias: que una democracia no puede ser defendida por quienes no creen ni en sus valores ni en sus principios y por quienes están dispuestos a extorsionar en contra de la libertad.

¡Viva la constitución! ¡Viva España!

En *El País*, edición especial puesta en circulación a las once de la noche del día 23 de febrero de 1981.

52. EL MANIFIESTO DEL TENIENTE CORONEL ANTONIO TEJERO

Españoles: las unidades del Ejército y de la Guardia Civil que desde ayer están ocupando el Congreso de los Diputados a las órdenes del general Milans del Bosch, Capitán General de Valencia, no tienen otro deseo que el bien de España y de su pueblo.

No admiten más que un Gobierno que instaure una verdadera democracia. No admiten las autonomías separatistas y quieren una España descentralizada, pero no rota. No admiten la impunidad de los asesinos terroristas, contra los que es preciso aplicar todo el rigor de la ley. No pueden aceptar una situación en la que el prestigio de España disminuye día a día; no admiten la inseguridad ciudadana que nos impide vivir en paz.

Aceptan y respetan al Rey, al que quieren ver al frente de los destinos de la Patria, respaldado por sus Fuerzas Armadas. En suma, quieren la unidad de España, la paz, orden y seguridad. ¡Viva España!

Texto que debía ser publicado por el diario *El Alcázar*. Dictado por Tejero, desde el Congreso, a Juan García Carrés, quien debía encargarse de la operación. En *El País*, 4 de marzo de 1981.

53. MENSAJE TELEVISIVO DEL REY AL PUEBLO ESPAÑOL

Al dirigirme a todos los españoles, con brevedad y concisión, en las circunstancias extraordinarias que en estos momentos estamos viviendo, pido a todos la mayor serenidad y confianza y les hago saber que he cursado a los capitanes generales de las regiones militares, zonas marítimas y regiones aéreas la orden siguiente:

Ante la situación creada por los sucesos desarrollados en el Palacio del Congreso y para evitar cualquier posible confusión, confirmo que he ordenado a las autoridades civiles y a la Junta de Jefes de Estado Mayor que tomen todas las medidas necesarias para mantener el orden constitucional dentro de la legalidad vigente. Cualquier medida de carácter militar que, en su caso, hubiera de tomarse, deberá contar con la aprobación de la junta de Jefes de Estado Mayor.

La Corona, símbolo de la permanencia y unidad de la Patria, no puede tolerar en forma alguna acciones o actitudes de personas que pretendan interrumpir por la fuerza el proceso democrático que la Constitución votada por el pueblo español determinó en su día a través de referéndum.

Emitido en Televisión Española a las 0.12 horas
del día 24 de febrero de 1981.

54. BANDO DEL GENERAL MILANS DEL BOSCH ANULANDO EL ANTERIOR

Excmo. Sr. D. Jaime Milans del Bosch y Ussía, Teniente General del Ejército y Capitán General de la 3o Región Militar.

Hago saber:

Que recibidas instrucciones dictadas por S.M. el Rey y garantizando el orden y seguridad ciudadana en el ámbito de esta Región de mi mando, dispongo,

Quede sin efecto o dispuesto en el manifiesto publicado con fecha de ayer, día 23 de febrero del presente año, desde el momento de la difusión de este comunicado.

Quiero agradecer a todas las Autoridades, Entidades, Corporaciones, particulares y medios de comunicación social la colaboración prestada y la comprensión de los motivos que produjeron la decisión transmitida en mi anterior comunicado.

Igualmente, ante la imposibilidad de hacerlo personal o individualmente, quiero agradecer en nombre propio y en el de esta Capitanía General cuantas adhesiones y ofrecimientos he recibido.

Al propio tiempo informo que las unidades militares seguirán adoptando el despliegue y medidas de seguridad pertinentes que les permita una pronta y eficaz actuación si fuera necesario, para garantía de la paz, orden y seguridad ciudadana.

En todo momento, la intención de este Mando ha sido y es el Servicio de España, el respeto a la Ley bajo el mando supremo de S.M. el Rey (Q.D.G.) cuya adhesión inquebrantable queda patente hoy más que nunca.

¡Viva el Rey! ¡Viva siempre España!

Valencia, 24 de febrero de 1981.

El teniente general Jaime Milans del Bosch.

En Pilar URBANO, *Con la venia...*,
ob. cit., págs. 365-367.

55. PRIMERAS ACCIONES DEL GOBIERNO TRAS EL GOLPE

Finalizado esta mañana el secuestro de los diputados y miembros del Gobierno en funciones, se celebró una reunión del Consejo de Ministros bajo la presidencia de Adolfo Suárez González.

Previamente, el presidente en funciones fue recibido en audiencia por su majestad el Rey, en su residencia del palacio de La Zarzuela.

La reunión extraordinaria del Consejo de Ministros se inició con un informe del presidente del Gobierno, en el que puso de relieve la serenidad y firmeza de su majestad el Rey con ocasión de los recientes acontecimientos, haciendo constar la gratitud de todos hacia su persona. Por otra parte, el presidente del Gobierno informó sobre las reacciones registradas en otros sectores.

Seguidamente, el director de la Seguridad del Estado, Francisco Laína, hizo una exposición detallada de los acontecimientos registrados con ocasión del asalto al palacio del Congreso de los Diputados, teniendo en cuenta el obligado aislamiento a que fueron sometidos los miembros de la Cámara y del Gobierno.

El Consejo de Ministros adoptó las siguientes decisiones:

1. A propuesta del mando militar, cesar al capitán general de la III Región Militar, teniente general Jaime Milans del Bosch y Ussía –que se encuentra arrestado–, por desobediencia reiterada a las órdenes recibidas y por su actuación en relación con los hechos registrados los días 23 y 24 del mes en curso.
2. Nombrar capitán general de la III Región Militar al hasta ahora titular de la IV Región Militar, teniente general Antonio Pascual Galmes.
3. Nombrar capitán general de la IV Región Militar al teniente general Ricardo Arozarena Girón, hasta ahora director del Centro Superior de Estudios de la Defensa Nacional.

Independientemente de la celebración del Consejo de Ministros, se ha conocido que los jefes, oficiales, suboficiales y clases de tropa implicados en el asalto al Congreso de los Diputados han pasado a disposición de la autoridad judicial de la I Región Militar, habiéndose nombrado el juez correspondiente.

Al mismo tiempo se ha abierto la oportuna investigación con objeto de aclarar las responsabilidades en que se hubiese incurrido por acción u omisión en relación con los referidos hechos.

Nota oficial facilitada por la secretaría de Estado para la Información sobre el Consejo de Ministros celebrado el día 24 de febrero. En *El País*, 25 de febrero de 1981.

56. NOTA DEL MINISTERIO DE DEFENSA TRAS EL GOLPE

1. El teniente general Jefe del Estado Mayor del Ejército de Tierra ha dispuesto el cese y posterior arresto del general de división don Alfonso

Armada Comyn, segundo jefe del Estado Mayor del mismo Ejército de Tierra, en relación con su actuación durante los días 23 y 24 de febrero y en función de los resultados derivados hasta el momento de la investigación abierta sobre los hechos relacionados con el asalto al Congreso de los Diputados.

2. Y ello como consecuencia de la existencia de indicios que apuntan al intento no constitucional de asumir por su parte la Presidencia del Gobierno.
3. La investigación abierta delimitará en sus justos términos las responsabilidades de los implicados, a cuyo efecto ya se han iniciado en la I y III regiones militares los correspondientes procedimientos judiciales, para cuya continuación el Gobierno, oído el Consejo Supremo de Justicia Militar, ha acordado designar juez especial con jurisdicción en todo el territorio nacional, al consejero togado don José María García Escudero.
4. De las declaraciones formuladas por los presuntamente inculpados, actualmente detenidos, se están derivando posibles responsabilidades en otros cuadros de mando que están siendo corregidas en principio, por sus respectivos superiores jerárquicos, sin perjuicio de las actuaciones judiciales posteriores a que pudiera haber lugar. En este orden de ideas, ha de señalarse el cese, como jefe de la División Maestrazgo número 3, del general don José León Pizarro y el arresto del general don Luis Torres Rojas, gobernador militar de la plaza y provincia de La Coruña, y del coronel don José Ignacio San Martín López, jefe de Estado Mayor de la División Acorazada Brunete, número 1.
5. La opinión pública tendrá, en su momento, cumplida información sobre los hechos y las responsabilidades de las personas implicadas en los mismos, a medida que avance la investigación abierta y siempre bajo la cautela del secreto del sumario para no perjudicar el curso de las investigaciones.

Mientras tanto, este Ministerio hace una llamada a la responsabilidad informativa de los distintos medios de comunicación social para evitar especulaciones y difusión de noticias insuficientemente contrastadas. Todo ello para no causar perjuicios morales contra el honor de las personas y el buen nombre de las instituciones.

Nota del Ministerio de Defensa realizada a través de su Oficina de Información, Difusión y Relaciones Públicas. En *El País*, 26 de febrero de 1981.

57. COMUNICADO DE LA DIRECCIÓN SOVIÉTICA ANUNCIANDO EL RELEVO DE GORBACHOV

Debido a la imposibilidad, por su estado de salud, de que Gorbachov, Mijail Sergueyevich, cumpla sus obligaciones de presidente de la URSS y debido al paso, de acuerdo con el artículo 127/7 de la Constitución de la URSS, de las competencias del presidente de la URSS al vicepresidente de la URSS, Yanaev, Guennadi Ivánovich; con la finalidad de superar la profunda y total crisis, el enfrentamiento político, interétnico y civil, el caos y la anarquía, que amenazan la vida y seguridad de los ciudadanos de la Unión Soviética, la soberanía, la integridad territorial, la libertad e independencia de nuestra Patria; partiendo de los resultados del referéndum sobre la conservación de la Unión de Repúblicas Socialistas Soviéticas; obedeciendo a los intereses vitales de los pueblos de nuestra patria, de todos los soviéticos, comunicamos:

1. De acuerdo con el artículo 127/3 de la Constitución de la URSS y el artículo 2 de la Ley de la URSS "Sobre el régimen jurídico del estado de excepción" y respondiendo a las exigencias de amplias capas de la población sobre la necesidad de tomar las medidas más decididas para evitar la inclinación de la sociedad hacia la catástrofe nacional y para que sean salvaguardadas la legalidad y el orden, proclamar el estado de excepción en algunas regiones de la URSS, por un plazo de seis meses, a partir de las cuatro de la mañana del 19 de agosto de 1991, hora de Moscú.

2. Determinar que en todo el territorio de la URSS la Constitución de la URSS y las leyes de la Unión de Repúblicas Socialistas Soviéticas tienen indiscutible prioridad.
3. Para la dirección del país y una efectiva realización del régimen de estado de excepción, constituir un comité estatal para el estado de excepción (GKChP de la URSS) con la siguiente composición: Baklanov O.D., primer vicepresidente del Consejo de la Defensa de la URSS; Kriuchkov V.A., presidente del KGB de la URSS; Pavlov V.S., primer ministro de la URSS; Pugo B.K., ministro de Asuntos del Interior de la URSS; Starodubtsev V.A., presidente de la Unión de Campesinos de la URSS; Tiziakov A.I., presidente de la asociación de empresas estatales y de instituciones de la industria, la construcción, el transporte y las comunicaciones de la URSS; Yazov D.T., ministro de Defensa de la URSS; Yanaev G.I., presidente en funciones de la URSS.
4. Establecer que las resoluciones del GKChP de la URSS son de obligación y estricto cumplimiento por parte de todos los órganos de poder y dirección, cargos oficiales y ciudadanos en todo el territorio de la Unión de Repúblicas Socialistas Soviéticas.

G. Yanaev, V. Pavlov, O. Baklanov.
18 de agosto de 1991.

En Rafael POCH, *Tres días de agosto. Golpe y revolución en la URSS*, Barcelona, La Vanguardia, 1991, págs. 15-16.

58. EL LLAMAMIENTO DE YELTSIN A LOS CIUDADANOS DE RUSIA

La noche del 18 al 19 de agosto ha sido destituido el presidente del país legalmente elegido.

Independientemente de las razones con que se quiera justificar esa destitución, estamos ante un golpe de Estado de derechas, reaccionario y anticonstitucional.

A pesar de todas las dificultades y duras pruebas que está experimentando el pueblo, el proceso democrático en el país está adquiriendo cada vez mayores dimensiones y se está haciendo irreversible. Los pueblos de Rusia se están haciendo dueños de su destino. Han sido limitados sustancialmente los incontrolados derechos de los órganos no constitucionales, incluyendo los del partido. La dirección de Rusia ha adoptado una decidida posición en relación al Tratado de la Unión en favor de la unidad de la Unión Soviética, en favor de la unidad de Rusia. Nuestra posición al respecto ha permitido acelerar sustancialmente la elaboración de ese Tratado, acordado con todas las repúblicas y establecer la fecha de su firma para el 20 de agosto del presente.

Tal desarrollo de los acontecimientos ha despertado la irritación de las fuerzas reaccionarias, las ha llevado a intentos irresponsables y aventureros de resolución por la fuerza de complejísimos problemas políticos y económicos. Anteriormente ya se habían producido intentos de llevar a cabo un golpe de Estado. Siempre hemos considerado y seguimos considerando que tales métodos violentos son inadmisibles. Desacreditan a la URSS ante el mundo entero, socavan nuestro prestigio en la comunidad mundial y nos devuelven a la época de la guerra fría y al aislamiento de la Unión Soviética de la comunidad mundial.

Todo ello nos hace proclamar fuera de la ley a ese denominado comité que se ha hecho con el poder. En consecuencia, declaramos así mismo ilegales todas las resoluciones y disposiciones de ese comité.

Estamos convencidos de que los órganos locales de poder van a observar estrictamente las leyes constitucionales y los decretos del presidente de la Federación Rusa.

Hacemos un llamamiento a los ciudadanos de Rusia a dar una respuesta digna a los golpistas y a exigir que el país vuelva a su normal desarrollo constitucional. Evidentemente es necesario que se garantice al presidente del país, Gorbachov, la posibilidad de intervenir ante el pueblo. Exigimos la convocatoria inmediata de un Congreso extraordinario de los diputados del pueblo de la URSS. Estamos absolutamente convencidos de que nuestros compatriotas no van a tolerar que se afirmen la arbitrariedad ni los golpistas, gente que ha perdido toda vergüenza y honestidad. Apelamos a los militares a que demuestren un elevado espíritu de ciudadanía y no tomen parte en ese golpe reaccionario.

Hasta que no se cumplan estas exigencias, hacemos un llamamiento a la huelga general indefinida.

No dudamos de que la comunidad mundial va a dar una objetiva valoración de este cínico intento de golpe de Estado de derechas.

El presidente de la Federación Rusa, Yeltsin B.N.

El presidente del Consejo de Ministros de la Federación Rusa, Silaev I.S.

El presidente en funciones del Soviet Supremo de la Federación Rusa, Jasbulatov R.I.

19 de agosto de 1991. 9.00 de la mañana.

En Rafael POCH, *Tres días de agosto...*, ob. cit., págs. 122-123.

59. EL SECUESTRO DE GORBACHOV EN CRIMEA

Quiero que cuanto me dispongo a decir ante la videocámara sea dado a conocer a los delegados del Pueblo de la URSS, al Soviet Supremo de la URSS y al público soviético y del mundo en general. Tras escuchar la conferencia de prensa dada por Yanayev y otros miembros del llamado Comité de Emergencia comprendí que la opinión pública de nuestro país y la opinión mundial habían sido engañadas.

Lo que está ocurriendo es esencialmente una superchería con graves consecuencias. Alegando que el presidente se encuentra en mal estado de salud e incapacitado para ejercer sus deberes, el vicepresidente ha asumido los poderes del presidente de la URSS. Y sobre esta base se promulgan decretos y se toman decisiones, incluida la de proclamar el estado de emergencia en el país con todas las consecuencias subsiguientes.

Declaro que cuanto se ha dicho concerniente a mi estado de salud es falso. Así pues, a partir de una mentira se ha llevado adelante un golpe de Estado anticonstitucional. Al presidente legítimo del país se le ha impedido ejercer sus funciones. Por añadidura, la casa de Crimea donde estoy de vacaciones, y desde donde hoy debía volar para la firma del Tratado el veinte (en realidad estamos ya a veinte, y yo iba a tomar el avión la tarde del diecinueve) está rodeada de tropas y yo estoy bajo arresto. Se me ha privado del sistema gubernamental de comunicaciones, y el avión que se encontraba aquí conmigo, así como los helicópteros, han sido expedidos. No tengo la menor idea de dónde están. Todos mis teléfonos han sido desconectados y no tengo contacto con el mundo exterior. Estoy arrestado y no se permite a nadie salir del terreno de la *dacha*. Estoy rodeado de tropas tanto por tierra como por mar.

No sé si lograré sacar esto de aquí, pero intentaré hacerlo todo para procurar que esta cinta consiga la libertad, como dicen. Deben ustedes sacar la conclusión de que el pueblo, el país y la opinión pública mundial han sido engañados. Una burda farsa, diría yo, se está representando ante nuestros ojos, con un cinismo no disimulado e incluso con complacencia. Y ha conducido ya al estado de emergencia que yo objeté cuando me enviaron delegados, de cuya visita hube de enterarme cuando ya habían comparecido en la *dacha* sin previo aviso, pese a que yo había estado hablando con Yanayev a mediodía del domingo. Yanayev verificó conmigo la hora de mi vuelo el diecinueve, con objeto de que nos encontráramos.

Lo más peligroso es el hecho de que lo que el Comité de Emergencia está ahora haciendo puede conducir a una escalada de la confrontación y el conflicto civil, y quizás a la guerra civil. Todos lo pensamos ya en diciembre, enero, febrero y marzo, e intentamos entonces volverlo todo en otra dirección: el acuerdo. Incluso empezamos a ver los primeros frutos de dicho acuerdo. Sí, quizá no fue suficiente. Sí, quizá debió ser distinto. Sí, las personas que están en el poder tienen que actuar y resolver problemas; pero debemos a pesar de todo seguir la vía del acuerdo y no la vía de imponer a la sociedad civil un conflicto que podría hacer retroceder al país y acarrear graves consecuencias para el mismo país, el pueblo y el mundo entero.

Esto es lo que quería decir, y os pido que lo valoréis correctamente.

Transcripción de la declaración grabada en video por Mijail Gorbachov en la *dacha* de Foros, la noche del 19 al 20 de agosto de 1991. En Mijail GORBACHOV, *El golpe de agosto. La verdad y sus consecuencias*, Barcelona, Ediciones B, 1991, págs. 133-135.

60. MANIFIESTO DEL COMITÉ DE EMERGENCIA

¡Compatriotas! ¡Ciudadanos de la Unión Soviética!

¡En este grave momento, crítico para los destinos de la patria y de nuestros pueblos, nos dirigimos a ustedes!

¡Una amenaza mortal se cierne sobre nuestra gran patria! La política de reformas iniciada por iniciativa de M. S. Gorbachov, concebida como medio para garantizar el desarrollo dinámico del país y la democratización de la vida social, ha ido a parar, debido a causas diversas, a un callejón sin salida. Las esperanzas y entusiasmo iniciales han sido sustituidos por la incredulidad, la apatía y la desesperación. El poder en todos sus niveles ha dejado de contar con la confianza del pueblo. La politiquería ha desplazado de la vida social la preocupación por los destinos de la patria así como al ciudadano. Reina por todas partes una rabiosa burla contra todas las instituciones estatales. De hecho el país ha quedado fuera de control.

Aprovechando las libertades concebidas, pisoteando los recién aparecidos brotes de democracia, han surgido fuerzas extremistas que se han propuesto como objetivo la liquidación de la Unión Soviética, la desintegración del Estado y la toma del poder a cualquier precio. Han sido pisoteados los resultados del plebiscito nacional sobre la unidad de la patria. Las cínicas especulaciones con los sentimientos nacionales constituyen tan sólo un medio para la satisfacción de sus ambiciones. A esos aventureros políticos no les importan ni las desdichas actuales de sus pueblos ni el día de mañana. Creando un clima de terror moral y político e intentando ampararse tras el escudo de la confianza del pueblo, olvidan que los lazos que ellos condenan y destrozan se han ido formando sobre un apoyo popular muchísimo más amplio, que además ha pasado una prueba secular histórica. Hoy, quienes de hecho están haciendo todo lo posible por derrocar el régimen constitucional, deben responder ante padres y madres por la muerte de los muchos cientos de víctimas de los conflictos entre nacionalidades. Sobre su conciencia deben pesar los destinos traumatizados de más de medio millón de refugiados. Por su culpa han perdido el sosiego y la alegría de la vida decenas de millones de soviéticos, que tan sólo ayer vivían como una sola familia y que hoy han pasado a ser parias en su propia casa.

Debe ser el pueblo mismo el que decida cuál debe ser nuestro régimen social, pero ahora se le está intentando privar de ese derecho.

En vez de preocuparse por la seguridad y bienestar de cada ciudadano y de la sociedad en conjunto, a menudo la gente a cuyas manos ha pasado el poder, emplean éste siguiendo intereses ajenos al pueblo, como medio de inmoral autoafirmación. Ríos de palabras, montañas de comunicados y promesas no hacen sino subrayar la indignidad y sordidez de acciones prácticas. La inflación de poder, que es peor que cualquier otra, está destrozando nuestro Estado y nuestra sociedad.

Los ciudadanos están sintiendo cada vez más la inseguridad ante el porvenir, una profunda alarma por el futuro de sus hijos.

La crisis de poder se ha reflejado de manera catastrófica en la economía. El caótico y desordenado deslizamiento hacia el mercado ha significado toda una explosión de egoísmo regional, institucional, corporativo y personal. La guerra de leyes y el apoyo a las tendencias centrífugas han supuesto la destrucción del mecanismo de funcionamiento económico único, formado durante decenios. El resultado ha sido un fuerte bajón del nivel de vida de la inmensa mayoría de los soviéticos, el florecimiento de la especulación y la economía sumergida. Hace ya tiempo que se debía haber dicho la verdad al pueblo: si no se toman urgentes y decididas medidas para la estabilización de la economía, son inminentes e inevitables el hambre y un mayor empobrecimiento, de los que hay tan sólo un paso hacia demostraciones masivas de descontento incontrolado de destructivas consecuencias. Únicamente las personas irresponsables pueden confiar en una supuesta ayuda exterior. Las limosnas no podrán resolver nunca nuestros problemas, la salvación está en nuestras propias manos. Ha llegado el momento de determinar la autoridad de cada persona u organización en dependencia de su aportación real en el restablecimiento y desarrollo de la economía del país.

Llevamos muchos años oyendo proclamas en defensa de los intereses de la persona. No obstante, en la práctica, la persona ha quedado humillada, discriminados sus derechos reales y sus posibilidades, ha sido llevada a la desesperación. Ante nuestros ojos están perdiendo peso y efectividad todas las instituciones democráticas formadas por la voluntad popular. Es el resultado de las acciones dirigidas de quienes, groseramente, pisoteando la Ley Fundamental de la URSS, están de hecho llevando a cabo un golpe anticonstitucional e intentan establecer una desenfrenada dictadura personal. Prefecturas, alcaldías y otras estructuras ilegales están sustituyendo, de manera cada vez más ilícita, los Soviets elegidos por el pueblo.

Se están violando los derechos de los trabajadores. Es derecho al trabajo, ala educación, a la salud, a la vivienda, al descanso, están siendo cuestionados.

Incluso la elemental seguridad personal de la gente está cada vez más amenazada. La delincuencia está aumentando rápidamente, se está organizando y politizando. El país se está hundiendo es una vorágine de violencia y arbitrariedad. Nunca antes en la historia del país habían adquirido tales dimensiones la propaganda del sexo y la violencia, que amenazan la salud y la vida de las futuras generaciones. Millones de personas exigen que se tomen medidas contra el pulpo de la delincuencia y la escandalosa inmoralidad.

La cada vez mayor desestabilización de la situación política y económica en la Unión Soviética está socavando nuestra posición en el mundo. En algunos sitios se pueden oír ya notas revanchistas, se producen exigencias de que se reconsideren nuestras fronteras. Suenan incluso voces en favor del desmembramiento de la Unión Soviética y de la posibilidad del establecimiento de un control internacional sobre algunos puntos y regiones del país. Tal es la amarga realidad. Tan solo ayer el ciudadano soviético en el extranjero podía sentirse ciudadano digno de un Estado influyente y respetado. En la actualidad, a menudo no es sino un extranjero de segunda categoría, que experimenta desprecio o compasión por parte del extranjero.

El orgullo y el honor del ciudadano soviético deben ser restablecidos totalmente.

El Comité Estatal para el estado de excepción es perfectamente consciente de la profundidad de la crisis que afecta a nuestro país, se hace cargo de la responsabilidad por los destinos de la patria y está totalmente resuelto a tomar las más serias medidas para sacar cuanto antes al Estado y a la sociedad de la crisis.

Prometemos llevar a cabo un amplio debate nacional sobre el proyecto del nuevo Tratado de la Unión. Todos van a tener el derecho y la posibilidad de, en un clima sosegado, reflexionar sobre ese importantísimo documento y tomar una resolución al respecto, puesto que de ello depende el futuro de los numerosos pueblos de nuestra gran patria.

Estamos dispuestos a restablecer inmediatamente la legalidad y el orden público, acabar con el derramamiento de sangre, declarar una implacable guerra al mundo criminal, extirpar los fenómenos vergonzosos que desacreditan a nuestra sociedad y humillan a los ciudadanos soviéticos. Vamos a limpiar las calles de nuestras ciudades de elementos criminales, vamos a poner fin a la impunidad de los malversadores de la propiedad del pueblo.

Estamos a favor de los procesos auténticamente democráticos, de una política consecuente de reformas que lleve a la renovación de nuestra patria, a un bienestar económico y social que le permita ocupar un lugar digno en la comunidad mundial de las naciones.

El desarrollo del país no debe basarse en el descenso del nivel de vida de la población. En una sociedad sana será algo normal el constante aumento del bienestar de todos los ciudadanos.

Sin dejar de preocuparnos por el fortalecimiento y defensa de los derechos de la persona, vamos a concentrar nuestra atención en la defensa de los intereses de las más amplias capas de la población, de quienes más han sufrido por la inflación, la desorganización en la producción y el sector de servicios.

Nuestra preocupación principal será la solución de los problemas de la alimentación y la vivienda. Todas las fuerzas disponibles van a ser movilizadas para la satisfacción de estas necesidades primeras de pueblo.

Hacemos un llamamiento a obreros, campesinos, intelectualidad laboral, a todos los soviéticos, a restablecer en el plazo más inmediato la disciplina laboral y el orden, elevar el nivel de producción, para después avanzar decididamente hacia adelante. De ello depende nuestra vida y la de nuestros futuros hijos y nietos, el futuro de la patria.

Somos un país amante de la paz y vamos a observar estrictamente todas las obligaciones tomadas por nosotros. No tenemos ningún tipo de pretensiones para con nadie. Queremos vivir con todos en paz y amistad, pero declaramos decididamente que no se va a permitir nunca ni a nadie atentar contra nuestra soberanía, independencia e integridad territorial. Todo intento de hablar con nuestro país en el idioma dictado, parta de quien parta, será atajado resueltamente.

Nuestro multinacional pueblo ha vivido durante siglos colmado de orgullo por su patria, nunca nos avergonzaremos de nuestros sentimientos patrióticos y consideramos normal y lícito educar a la presente y a las futuras generaciones de ciudadanos de nuestra gran potencia en este espíritu.

Mostrarnos pasivos en esta hora crítica para los destinos de nuestra patria significaría hacernos responsables de trágicas consecuencias, ciertamente imprevisibles. Todo aquel que ama a la patria, que desea vivir y trabajar en un clima de tranquilidad y seguridad, todo aquel que no consiente la continuación de los sangrientos enfrentamientos interétnicos, que quiere que su patria sea independiente y próspera, debe hacer la única elección posible. Apelamos a todos los auténticos patriotas, a las gentes de buena voluntad, a poner fin a los actuales turbios tiempos.

Hacemos un llamamiento a todos los ciudadanos de la Unión Soviética a que sean conscientes de su deber ante la patria y a prestar toda la ayuda posible al Comité Estatal para el estado de excepción en la URSS, a los esfuerzos para sacar al país de la crisis.

Las propuestas constructivas de organizaciones socio-políticas, colectivos laborales y ciudadanos serán recibidas con agradecimiento como demostración de su disposición patriótica a participar activamente en el restablecimiento de la amistad secular en una única familia de pueblos fraternales y en el renacimiento de la patria.

Comité Estatal para el estado de excepción en la URSS, 18 de agosto de 1991.

"Llamamiento al pueblo soviético" publicado en el diario *Pravda* el día 20 de agosto de 1991. En Ricardo MARTÍN DE LA GUARDIA y Guillermo PÉREZ SÁNCHEZ, *La Unión Soviética: de la perestroika a la desintegración*, Madrid, Istmo, 1995, págs. 445-450.

61. LAS VALORACIONES DE KRIUCHKOV SOBRE EL GOLPE

Me reprocho haber comprendido a Gorbachov tan sólo a los dos años de trabajo conjunto. Debía haberlo comprendido antes. Además, debía haber dicho en voz alta lo que esperaba a nuestro país, sabiendo más que nadie. Yo recibía información de los lugares más sagrados, de aquel mundo, y ya era evidente en qué pensaban y de qué hablaban. Era información exacta gracias a la fuerza de nuestros servicios de inteligencia, gracias a la valentía de nuestros hombres, cuyos nombres se conocerán algún día. Debía haberlo dicho todo a plena voz. Salir a las tribunas y escribir en los periódicos. Podía incluso haberme retirado y hablar de todo eso desde posiciones de pensionista, porque la futura desintegración de la Unión ya era evidente.

¿Por qué nos detuvimos y por qué no actuamos decididamente en 1991? En nuestros cálculos no figuraba el derramamiento de sangre. Cuando nos dimos cuenta de que la parte opuesta estaba dispuesta a hacerlo, nos detuvimos. Me da pena de los tres muchachos caídos. Los arrojaron contra los tanques. No fuimos nosotros quienes los matamos. Ha pasado poco más de un año y cuántas guerras hay alrededor, cuántos muertos... Varios millones de refugiados... En esto desembocó aquella tragedia.

Hacia el verano de 1991 ya no me quedaba duda alguna respecto a la dirección en que avanzábamos, mejor dicho, hacían avanzar al país. Comenzaba a comprender y algo ya sabía a ciencia cierta: quiénes conducían el país a tal situación. Y, créame, fue muy penoso tener conciencia de que entre ellos figuraba también el ex presidente Gorbachov. Tuve con él muchas conversaciones y encuentros, le mostraba la información correspondiente, pero no hacía más que sonreír maliciosamente. Entonces –fue algo espontáneo– se tomó la decisión de intervenir en la sesión del Soviet Supremo de la URSS y expresar qué nos esperaba, qué destino tan horrible teníamos por delante. En ese momento se nos planteó una duda:)cómo decir esta verdad?)en público o en una sesión a puerta cerrada? Reconozco mi culpa, debía haberme opuesto a la sesión a puerta cerrada y hablar en público. Pero estuve de acuerdo con la decisión de hacer un primer informe en la sesión cerrada del Soviet Supremo de la URSS. Por supuesto, fue un gran error.

En cuanto al posterior fracaso de los acontecimientos las causas son muchas. En primer lugar, cuando todo se acabó y comprendimos que habíamos sufrido una derrota, tuve dudas: ¿Eran correctos nuestros cálculos y nuestras acciones? ¿No nos equivocamos? ¿No hubo error en la selección de personas? ¿No difería nuestra visión de la situación de la visión que tenían las fuerzas sanas de la sociedad? Muy pronto me convencí de que no nos habíamos equivocado en la evaluación de los acontecimientos, todo lo habíamos calculado correctamente, pero, por lo visto, habíamos cometido un serio error en la manera de actuar. En segundo lugar, cuando en el puesto de presidente de una potencia como era la Unión Soviética y en el puesto de secretario general de un partido como era el PCUS hay un traidor, la situación es particularmente extraordinaria. Y cuando al lado de estos traidores hay otros traidores se presenta una situación única, que requiere acciones extraordinarias a las que, desde luego, no nos atrevimos.

Entrevista realizada por Alexander Nevzórov a Vladímir A. Kriuchkov, presidente del KGB en el momento del golpe y uno de sus máximos organizadores. En Alexander NEVZÓROV, *Polie Chiesti*, San Petersburgo, Shans, 1995, págs. 162-173.

BIBLIOGRAFÍA

AGÜERO, Felipe, *Militares, civiles y democracia*, Madrid, Alianza, 1995.

AGUILAR FERNÁNDEZ, Paloma, *Memoria y olvido de la Guerra Civil española*, Madrid, Alianza, 1996.

BONELL, Victoria E., Ann COOPER y Gregory FREIDIN, *Russia at the barricades*, Nueva York, Sharpe, 1994.

BUSQUETS, Julio, Miguel A. AGUILAR e Ignacio PUCHE, *El golpe. Anatomía y claves del asalto al Congreso*, Barcelona, Ariel, 1981.

CARANDELL, Luis y Eduardo BARRENECHEA, *Portugal, sí*, Madrid, Cuadernos para el diálogo, 1974.

CARRILHO, Maria, *Forças Armadas e mudança política em Portugal no séc. XX*, Lisboa, Estudos Gerais, 1985.

CASALS i MESEGUER, Xavier, *La tentación neofascista en España*, Barcelona, Plaza & Janés, 1998.

COTARELO, Ramón (dir.), *Transición política y consolidación democrática. España (1975-1986)*, Madrid, CIS, 1992.

DE LA TORRE GÓMEZ, Hipólito (ed.), *Fuerzas Armadas y poder político en el siglo XX de Portugal y España*, Mérida, UNED, 1996.

FARRÀS, Andreu y Pere CULLELL, *El 23-F a Catalunya*, Barcelona, Planeta, 1998.

FERNÁNDEZ LÓPEZ, Javier, *El rey y otros militares. Los militares en el cambio de régimen político en España (1962-1982)*, Madrid, Trotta, 1998.

GONZÁLEZ HERNÁNDEZ, Juan Carlos, *Desarrollo político y consolidación democrática en Portugal (1974-1988)*, Madrid, CIS-Universidad de Salamanca, 1999.

GORBACHOV, Mijail, *El golpe de agosto. La verdad y sus consecuencias*, Barcelona, Ediciones B, 1991.

GOSSET, Ulysse y Vladimir FÉDOROVSKI, *Historie secrète d'un coup d'État. Moscou, 19 août 1991*, París, JCLattès, 1991.

HUNTINGTON, Samuel P., *La tercera ola. La democratización a finales del siglo XX*, Barcelona, Paidós, 1994.

MARAVALL, José María, *La política de la transición*, Madrid, Taurus, 1984.

MARTÍN DE LA GUARDIA, Ricardo M. y Guillermo A. PÉREZ, *La Unión Soviética: de la perestroika a la desintegración*, Madrid, Istmo, 1995.

MARTÍN PRIETO, José Luis, *Técnica de un golpe de Estado*, Barcelona, Grijalbo, 1982.

MORALES, José Luis y Juan CELADA, *La alternativa militar. El golpismo después de Franco*, Madrid, Revolución, 1981.

MOREIRA ALVES, Marcio, *La revolución de los militares portugueses*, Barcelona, Euros, 1976.

ONETO, José, *La noche de Tejero*, Barcelona, Planeta, 1981.

POCH, Rafael, *Tres días de agosto. Golpe y revolución en la URSS*, Barcelona, La Vanguardia, 1991.

PRIETO, Joaquín y José Luis BARBERÍA, *El enigma del "Elefante". La conspiración del 23-F*, Madrid, El País-Aguilar, 1991.

RODRÍGUEZ JIMÉNEZ, José Luis, *Reaccionarios y golpistas: la extrema derecha en España, del tardofranquismo a la consolidación de la democracia (1967-1982)*, Madrid, CSIC, 1994.

SÁNCHEZ CERVELLÓ, Josep, *La revolución portuguesa y su influencia en la transición española (1961-1976)*, Madrid, Nerea, 1995.

SIXSMITH, Martin, *Moscow coup: the death of the Soviet system*, Londres, Simon & Schuster, 1991.

STEELE, Jonathan, *Eternal Russia*, Londres, Faber and Faber, 1994.

TAIBO, Carlos, *La disolución de la URSS*, Barcelona, Ronsel, 1994.

TALÓN, Vicente, *Portugal ¿golpe o revolución?*, Madrid, CVS, 1974.

TEZANOS, José Félix, Ramón COTARELO y Andrés de BLAS (eds.), *La transición democrática española*, Madrid, Sistema, 1989.

TUSELL, Javier y Álvaro SOTO (eds.), *Historia de la transición. 1975-1986*, Madrid, Alianza, 1996.

URBANO, Pilar, *Con la venia... yo indagué el 23-F*, Barcelona, Argos Vergara, 1982.

VV.AA., *Portugal. El fracaso del golpe de Estado*, Madrid, Mirasierra, 1975.

CAPÍTULO 6

GOLPES DE ESTADO A FINALES DE SIGLO ¿EL FIN DEL GOLPISMO?

Fue en noviembre de 1990 cuando el presidente norteamericano George Bush lanzó su proclama sobre la instauración de lo que denominaría *Nuevo Orden Internacional*. Las transformaciones experimentadas por la Unión Soviética, la desmembración del bloque del Este y del Pacto de Varsovia, los cambios en la economía mundial y la evidencia de la victoria norteamericana en la guerra fría, puesta de manifiesto en la guerra del Golfo, vinieron a conformar un orden distinto al anterior con unas características propias. Con la autoeliminación de una de las dos superpotencias se ha pasado, tal y como afirma Francisco Peñas, a un sistema unipolar caracterizado, entre otras cuestiones, por el predominio de la inestabilidad frente al marco estable y predecible del período anterior; por los cambios en el carácter y la distribución del poder ya que, al perder su hegemonía el poder militar, se ha diversificado en otros de carácter económico, tecnológico, etcétera; por el fin de la primacía de la geopolítica al cesar la lucha por las áreas de influencia; y por el olvido en que se han sumido los países periféricos. Como consecuencia de estos cambios, sin embargo, los golpes de Estado no han desaparecido sino que tan sólo han experimentado algunos cambios derivados del nuevo contexto internacional. En unos casos, al perder la función de control que en ciertos momentos cumplieron, han desaparecido determinados tipos de golpes como, por ejemplo, los golpes latinoamericanos clásicos; en otros han cobrado nueva fuerza como elemento de resolución de conflictos y enfrentamiento en la lucha por el Estado que han mantenido las distintas *élites* nacionales, como ha sucedido en los golpes africanos; en otros, en fin, han aparecido donde antes no existieron, respondiendo a una dinámica de lucha entre potencias regionales por imponer su influencia asociada a enfrentamientos de raíz cultural, como ha venido sucediendo en algunas repúblicas ex-soviéticas.

El control que ejercían las superpotencias sobre los distintos países ha desaparecido para dar paso al autocontrol que exige el nuevo orden económico. La globalización económica, la homogeneidad del mercado y la inexistencia de alternativas empujan a los Estados a no alejarse de los patrones económicos establecidos. De esta forma, se han producido dos hechos destacables como son la eliminación de controles rígidos, pasando del control militar al autocontrol económico, y el olvido de la periferia, ya que, al desaparecer las áreas de influencia protegidas, aquellos países que carecen de interés estratégico dejan de tener interés para el resto. La imposibilidad de alejarse de la nueva ortodoxia económica limita las acciones de las *élites* que, conscientes del riesgo, evitan políticas independientes ya que eso supondría su propio suicidio político. En América Latina, por ejemplo, la contención de las políticas económicas y la extensión del movimiento democrático tienen no poco que ver con este hecho. Las políticas igualitarias con alto componente social, la nacionalización de empresas y de recursos naturales o las restricciones al comercio no suponen, hoy en día, incentivos para que los Estados Unidos apoyen a sectores involucionistas o financien costosos golpes de Estado. Directamente conducen a la marginalidad económica por parte del resto del sistema. En un mundo bipolar existía el peligro de que los países optaran por una u otra alternativa. En un sistema unipolar no hay riesgo de desviación ya que ésta implicaría la autodestrucción. No son, por tanto, necesarios los viejos controles de adhesión, sustituidos por otros más sutiles y eficientes, lo cual ha permitido la generalización de la democracia a la vez que ha dotado de autonomía a los antiguos conflictos.

Una vez eliminada la amenaza soviética y el riesgo de involución de tipo socialista, los militares latinoamericanos han dejado de ser útiles a los intereses de los Estados Unidos, lo que ha facilitado el control civil de las fuerzas armadas y el que la democracia se consolide como sistema político con el apoyo norteamericano. Ello, sin embargo, no ha supuesto la desaparición de las políticas intervencionistas estadounidenses que ya existían antes de la configuración del orden bipolar. De hecho podría considerarse que el antisovietismo de las últimas décadas ha sido una versión más de la nunca abandonada doctrina Monroe que, en los últimos años, ha sido sustituida por la lucha contra el narcotráfico. Siendo así, los golpes de Estado, una vez menguada la posibilidad de intervención de los ejércitos, han tenido lugar por lo general en el plano civil, en las altas esferas de la administración y como consecuencia de la lucha por el poder. El autogolpe del presidente Alberto Fujimori en 1992, en Perú, o el fracasado intento del presidente guatemalteco Jorge Serrano Elías, en 1993, se inscriben en esta dinámica. En los casos en que las fuerzas armadas intentaron acabar con la democracia la oposición exterior, e interior, fue mayor. El fracaso de los *carapintadas* argentinos, en diciembre de 1990, o de los paracaidistas venezolanos, en febrero de 1992, fue inevitable ya que sus golpes correspondían a otra época. Cuando en 1991 las fuerzas armadas haitianas derrocaron al presidente Bertrand Aristide fue necesaria la intervención de los Estados Unidos para rehabilitarlo en su cargo, algo inconcebible apenas unos años antes cuando aquéllas eran garantía de freno del comunismo. De hecho, las intervenciones más recientes de los ejércitos latinoamericanos no han tenido una intención clara de alcanzar el poder sino que han respondido a demostraciones de fuerza, presiones y motines para conseguir beneficios en su situación o para protestar por cuestiones puntuales. El motín de los militares guatemaltecos en febrero de 1997 fue descrito por el coronel Otto Noack, portavoz del ejército, como una simple protesta: "no se trata de una sublevación. Es una simple demostración de descontento a la que todo guatemalteco tiene derecho. No hay ningún peligro". En Honduras las disputas internas en las fuerzas armadas provocaron en 1990 la destitución de su jefe, el general Arnulfo Cantarero; en julio de 1996 la cúpula castrense abortó un complot contra su, desde entonces, nuevo jefe, Mario Hung. Nada más lejos del típico golpismo de tentación maximalista que sufrió el continente en las décadas anteriores. En Paraguay, en abril de 1996, el golpe del general Lino César Oviedo trajo de nuevo a escena al fantasma del tradicional golpismo militar. Sin embargo la cascada de acontecimientos derivados de aquel incidente, que terminó con Oviedo en el exilio tras el asesinato del vicepresidente Luis María Argaña en 1999, ha demostrado que tan sólo perseguía prebendas personales en su particular lucha por el poder. El fracaso de otra nueva intentona golpista en Paraguay, en mayo del año 2000, promovida por Oviedo, pone de manifiesto las dificultades que el golpismo militarista tiene en Latinoamérica. Antiguos golpistas y antiguos dictadores, en la nueva situación internacional, si desean alcanzar el poder no tienen más remedio que acercarse a la arena electoral. El resurgir a través de las urnas de veteranos dictadores o golpistas como Hugo Chávez en Venezuela, Hugo Bánzer en Bolivia o Ríos Montt en Guatemala, demuestra que incluso ellos mismos han desechado la vía de las armas ya que son conscientes de su poco futuro. Chávez había dirigido, en febrero de 1992, una intentona golpista que terminó fracasando; en diciembre de 1998 venció en las elecciones presidenciales con el 56% de los votos, acabando con cuatro décadas de bipartidismo. Bánzer participó en el alzamiento armado de agosto de 1971, convirtiéndose, hasta 1978, en uno más de los todopoderosos dictadores apoyados por los Estados Unidos; el 1 de junio de 1997 venció en las elecciones presidenciales siendo nombrado, de nuevo, jefe del Estado y del gobierno. Ríos Montt gobernó, tras un golpe de Estado, entre 1982 y 1983, siendo acusado de genocidio; su partido venció en las elecciones de diciembre de 1999, alcanzando la presidencia su delfín, Alfonso Portillo. Toda vez que la ambición de estos personajes ha sido, y sigue siendo, conseguir el poder, se han amoldado a las nuevas condiciones, en este caso a lo que podría definirse como neopopulismo autoritario.

Una situación diferente es la que se deriva de las nuevas condiciones creadas en el tercer mundo. Tal y como hemos señalado, estos países han pasado de ser la periferia en la que se dirimían buena parte de los conflictos geopolíticos a configurarse como una zona de abandono al carecer de interés económico y estratégico. El caso del continente africano es paradigmático. En 1990 el número de conflictos abiertos era innumerable: guerras civiles en Angola, Somalia, Chad, Liberia, Mozambique, Etiopía; conflictos étnicos o religiosos en Sudán, Mauritania, Malí, Senegal, Sahara occidental, Burundi, Ruanda... Poco a poco, al calor de los nuevos vientos internacionales, la situación parecía mejorar: los cambios en Sudáfrica, tras la liberalización de Nelson Mandela y la legalización del Congreso Nacional Africano, la independencia de Namibia, la retirada sudafricana de Angola, la transición de ésta y Mozambique hacia un sistema multipartidista, etc. Sin embargo, la pérdida de interés por esta región geográfica ha traído consigo el resurgir de antiguos conflictos territoriales, étnicos, religiosos o sencillamente, una vez más, de luchas internas por el poder de ciertos grupos, líderes y facciones. Sólo cuando el control de determinadas materias primas estaba en juego, como ha podido ocurrir con el petróleo o los diamantes, ha habido movilización internacional de algún tipo. En los numerosos procesos de cambio iniciados con la década se han dado las condiciones para que los líderes políticos construyan sus clientelas apelando a lazos étnicos que hunden sus raíces en la propia formación de los imperios coloniales o en sus procesos de descolonización. La endeblez de los Estados africanos, construidos en la mayoría de los casos bajo los arbitrarios criterios de la colonización, ha quedado al descubierto al finalizar la guerra fría. No fueron pocos los gobiernos que se mantuvieron en el poder gracias al sustento de una superpotencia; al desaparecer este apoyo, y quedar en evidencia sus frágiles bases, el colapso estaba servido. De esta forma, como bien señala Leonardo Villalón, "al esfumarse cualquier vestigio de contrato social, la etnicidad o lazos similares se vuelven la base para nuevas alianzas en la lucha de todos contra todos". En este medio, la fórmula del golpe de Estado ha cobrado nuevos bríos en la lucha por el poder. Si su presencia fue constante en las décadas anteriores, hasta el punto de ser utilizado en la mayoría de los cambios de régimen, no sólo la nueva situación no ha conducido a su desaparición sino que ha motivado que reaparezca con fuerza.

Desde 1990 hasta mediados del año 2000 el número de golpes llevados a cabo en África, independientemente de su éxito, llegaba al medio centenar. En ocasiones su origen se ha hallado en las luchas entre una etnia gobernante y otra que aspiraba al poder o se resistía a su dominio. Así ha sido en el caso de Sudán donde la división del país entre un norte árabe mayoritario y un sur cristiano y animista de raza negra ha estado presente en los golpes de abril y septiembre de 1990 y febrero y abril de 1992. De igual forma ha ocurrido en Mauritania, donde la principal organización política negra estuvo implicada en el golpe de noviembre de 1990. Y lo mismo puede decirse de los golpes en Burundi, en marzo de 1992, octubre de 1993 y julio de 1996, inscritos en la dinámica de luchas entre las etnias *hutu* y *tutsi*. En otros casos las razones nos remiten al colapso estatal producido tras el olvido al que ha relegado a numerosos países el nuevo orden internacional. El caso de Liberia, en guerra civil desde el golpe de julio de 1990, es un claro ejemplo de esta situación, aunque sin duda ha sido Somalia, donde la lucha desorganizada de los acertadamente llamados *señores de la guerra* ha sido constante, quien mejor ejemplifica la lucha de todos contra todos. El marco estatal ha sido el centro donde se han ubicado las distintas luchas por el poder, al margen de que el origen de la confrontación fuera étnico, religioso o de otro tipo.

En ocasiones, detrás de las luchas late la competencia por hacerse con el control de determinados bienes naturales. Sierra Leona, que en apenas cinco años ha sufrido media docena de golpes, ha visto crecer los conflictos por la presencia en su territorio de numerosas minas de diamantes que han servido para financiar los conflictos en toda la zona. El Frente Revolucionario Unido, guerrilla que lucha por el poder y los diamantes, representa, como pocos, la conversión de un grupo revolucionario en un movimiento mafioso. El apoyo que los militares golpistas han recibido de la guerrilla, lejos de afinidades ideológicas, se inscribe en la contienda establecida contra el Estado por el control de los diamantes. En la mayoría de los casos la lucha se ha producido entre distintas *élites* y grupos de poder que poco tienen que ver con razones más profundas, siendo su único objetivo el control del Estado. Es el caso, por ejemplo, del golpe de noviembre de 1993 en Nigeria, que impidió la investidura de Moshood Abioa, ganador en las elecciones presidenciales del mes de junio, del golpe de julio de 1994 en Gambia, de los de Níger, en enero de 1996, y Guinea Conakry, al mes siguiente, o de los más recientes en Costa de Marfil en diciembre de 1999 y julio de 2000. No cabe duda de que el optimismo democratizador con que comenzaron los noventa, que parecía el fin de los regímenes africanos de partido único, se ha apagado en la medida en que los hechos no han respondido a las expectativas creadas.

Un tipo de golpismo particularmente especial se está detectando en las repúblicas que conformaron la antigua Unión Soviética ya que se trata de una zona en la que este fenómeno, lógicamente, no se dio con anterioridad. Sus causas, a pesar de atender a factores múltiples y complejos, tienen su origen en la lucha por el poder entre aquellos grupos herederos de la *nomenklatura* soviética que cuentan con el apoyo de Moscú y aquellos otros grupos de base islámica que son apoyados por otras potencias regionales como Irán o Turquía. A ello hay que añadir el apoyo de distintos clanes, minorías étnicas y facciones regionales a uno u otro grupo, lo cual acentúa notablemente la confusión. Es el caso claro de Tayikistán donde los herederos del antiguo sistema gobiernan con el apoyo de las facciones de Kuliab, Leninabad y la minoría uzbeka frente a la oposición armada de los grupos islámicos refugiados en Afganistán y apoyados por Irán. En este puzzle, aderezado por intereses económicos y la influencia de grupos mafiosos, tuvo lugar un golpe en febrero de 1996 al disputarse el poder distintos grupos del sector gobernante. También en Azerbaiyán, en un contexto presidido por el conflicto del Alto Karabaj, un territorio poblado por armenios bajo administración azerbaiyana, la lucha entre distintos grupos propició un golpe que derribó al presidente Abulfaz Elchibey en junio de 1993 y que condujo a Heidar Alíyev a la presidencia. Dos años después, en marzo de 1995, otro golpe intentaba acabar con el poder de éste sin conseguir su propósito.

La lucha descarnada por el poder, en ausencia de tradiciones democráticas y una vez levantado el rígido control soviético, se ha servido, en ocasiones, de la utilización de modelo de golpe bonapartista en contextos de lucha entre los poderes legislativo y ejecutivo. Es el caso de Kazajstán, cuyo presidente, Nursultán Nazarbáiev, disolvió el Parlamento en marzo de 1995 y se dotó de poderes especiales. Posteriormente, a través de un referéndum, legitimó su acción prorrogando su mandato hasta el año 2001. Esta situación de lucha entre un presidente y el Parlamento también se dio en el otoño de 1996 en Bielorrusia o, de un modo más claro, en la propia Rusia donde Yeltsin disolvió el Parlamento y se hizo con los poderes legislativo y judicial el 21 de septiembre de 1993. Posteriormente, tras *solucionar* en octubre el conflicto con el Parlamento, convocó el referéndum sobre la nueva Constitución y elecciones para el Parlamento que se celebraron en diciembre. Este modelo de golpe, cuya presencia también hemos destacado anteriormente en Perú o Guatemala, atiende a la confrontación que se produce en la lucha por el Gobierno y que se expresa en la eliminación de la oposición una vez que se consigue. Sobre estos tres ejemplos, por tratarse de un modelo repetido en la nueva situación internacional, hemos seleccionado los textos que a continuación comentamos.

Los tres primeros textos corresponden al autogolpe del presidente peruano Alberto Fujimori en 1992. Las principales características que lo definen son el haberse gestado en el plano civil, en las altas esferas de la administración, sin intervención militar directa y buscando resolver una situación de enfrentamiento entre los poderes del Estado. Las fuerzas armadas, lógicamente, jugaron un papel importante ya que de su apoyo, reflejado tanto en forma de intervención como de pasividad, depende el éxito de todo golpe. Fujimori disolvió el Parlamento y asumió todos los poderes el 5 de abril de 1992, convocó elecciones para el Congreso Constituyente Democrático el 22 de noviembre del mismo año y el nuevo texto constitucional entró en vigor el 31 de diciembre de 1993. Los textos corresponden al primer comunicado oficial hecho público tras el golpe (*Documento* 62), en el que puede destacarse el apoyo firme de las fuerzas armadas a la acción ilegal llevada a cabo por el presidente. El *Documento* 63 recoge el primer decreto, en el que se recogen los objetivos del Gobierno de Emergencia y Reconstrucción Nacional, la disolución del Congreso y la suspensión de la Constitución. Por último se incluye un texto largo pero que merece la pena ser recogido como el manifiesto (*Documento* 64) que Fujimori leyó al país a través de las cámaras de televisión justificando su acción.

El *Documento* 65 recoge la narración de los hechos acontecidos en un golpe de similares características como fue el llevado a cabo en Guatemala en 1993. En este caso, el presidente Serrano Elías anunció, el 25 de mayo de 1993, la disolución del Parlamento, del Tribunal Supremo y la suspensión de los derechos constitucionales. Sin embargo, su intento resultó frustrado, entre otras razones, por la falta de apoyo exterior. El texto en cuestión pertenece al informe "Recuperación de la memoria histórica", proyecto interdiocesano de la Oficina de Derechos Humanos del Arzobispado de Guatemala, que en su análisis de lo ocurrido en los últimos años en aquel país dedicaron un apartado al autogolpe de 1993.

Por último se incluye el decreto nº 1400 mediante el cual Boris Yeltsin, presidente de la Federación Rusa, disolvió el Parlamento y se dotó de poderes especiales (*Documento* 66). En su lucha con un Parlamento adverso a sus intereses y en continua confrontación con la presidencia del gobierno, Yeltsin solucionó la situación eliminando al oponente. La resistencia del Parlamento daría lugar al bombardeo de éste y a los trágicos acontecimientos de octubre de 1993 en los que la lucha llegó a las calles de Moscú. Se trata de un texto, inédito en castellano, que condicionaría la posterior evolución de la vida política rusa.

TEXTOS SELECCIONADOS

62. COMUNICADO OFICIAL Nº 001. EL AUTOGOLPE DE FUJIMORI DE 1992

El presidente del Comando Conjunto de las Fuerzas Armadas y los Comandantes Generales de los respectivos Institutos y el Director de la Policía Nacional del Perú, en representación de la Fuerzas Armadas y la Policía Nacional, cumplen con informar a la ciudadanía que los Institutos Castrenses conformados por el Ejército, la Marina de Guerra y la Fuerza Aérea del Perú, así como la Policía Nacional del Perú, en forma unánime acuerdan brindar su más decidido respaldo y apoyo a la decisión adoptada en la fecha por el Señor Presidente de la República y Jefe Supremo de las Fuerzas Armadas y Policía Nacional del Perú.

Ante la situación que vive el país, estamos absolutamente convencidos que para corregir la crisis institucional en el Poder Legislativo y en el Poder Judicial, se requiere tomar medidas inmediatas de emergencia con el fin de lograr la reconstrucción del país. Estamos conscientes que los procedimientos considerados en la legislación no permitirían la eliminación de la corruptela, la ineficiencia y los intereses de las cúpulas encaramadas en ambos Poderes. Por lo que las fuerzas del orden como instrumento de la democracia, acatan y se identifican con las decisiones tomadas por el Señor Presidente Constitucional de la República y Jefe Supremo de las Fuerzas Armadas y Policía Nacional.

Coincidimos con el Señor Presidente de la República que es necesario e impostergable cimentar la nueva estructura básica de la sociedad peruana y adecuar sus principales instituciones a los auténticos intereses nacionales, de ahí que consideramos como un imperativo dar nuestros mejores esfuerzos al logro de los objetivos de la recuperación económica, la moralización de la administración de justicia, hacer más eficiente la administración pública, conseguir la Pacificación Nacional y llevar adelante la lucha contra el narcotráfico y la corrupción.

Exhortamos a toda la ciudadanía para que continúe actuando decididamente en la tarea de reconstrucción nacional en que se halla empeñado el pueblo, el Gobierno y las Fuerzas del Orden.

Lima, 5 de abril de 1992.

Nicolás de Bari Hermoza Ríos. General del Ejército, Presidente del Comando Conjunto de las Fuerzas Armadas y Comandante General del Ejército.

Arnaldo Velarde Ramírez. General del Aire, Comandante General de la Fuerza Aérea del Perú.

Alfredo Arnaiz Ambrossiani. Almirante, Comandante General de la Marina.

Adolfo Cuba y Escobedo. Teniente General PNP, Director General de la Policía Nacional del Perú.

Publicado en el *Diario Oficial El Peruano*, 5 de abril de 1992.

63. PRIMER DECRETO TRAS EL AUTOGOLPE

Decreto Ley 25418.

El Presidente de la República

Por cuanto:

El Gobierno de Emergencia y Reconstrucción Nacional; con el voto aprobatorio del Consejo de Ministros, ha dado el decreto ley siguiente:

Ley de bases del Gobierno de Emergencia y Reconstrucción Nacional.

Artículo 1. El Presidente Constitucional de la República, instituye transitoriamente el gobierno de emergencia y reconstrucción nacional, el mismo que se rige conforme a los alcances del presente decreto ley.

Los fundamentos que sustentan esta decisión se precisan en el manifiesto a la nación del 5 de abril de 1992, documento que forma parte de la presente norma.

Artículo 2. Constituye objetivo fundamental del Gobierno de Emergencia y Reconstrucción Nacional la reforma institucional del país, orientada a lograr una auténtica democracia, que eleve sustancialmente los niveles de vida de la población creando las condiciones para una mejor realización de la persona humana.

Dicha reforma busca establecer las siguientes metas:

Proponer la modificación de la Constitución Política para que el nuevo instrumento resultante sirva de medio eficaz para el desarrollo.

Moralizar la administración de justicia y las instituciones vinculadas a ellas; y el Sistema Nacional de Control, decretando la reorganización integral del Poder Judicial, del Tribunal de Garantías Constitucionales, del Consejo Nacional de la Magistratura, del Ministerio Público y de la Contraloría General de la República.

Modernizar la administración pública, reformando el aparato estatal del gobierno central, de las empresas públicas y de los organismos públicos descentralizados, para convertirla en un factor promotor de la actividad productiva.

Pacificar el país dentro de un marco jurídico que garantice la aplicación de sanciones drásticas a los terroristas, a fin de que, dentro de un clima de paz y orden interno nuestra sociedad se desarrolle adecuadamente.

Luchar frontalmente contra el narcotráfico y su secuela de corrupción.

Sancionar drásticamente todos los casos de inmoralidad y corrupción en la administración pública.

Promover el desarrollo de una economía de mercado dentro de un marco jurídico que dé seguridad y fomente la eficiencia y competitividad de los agentes económicos, a la vez que promueva la estabilidad económica y permita las inversiones nacionales y extranjeras.

Reorganizar los servicios sociales de educación, salud, viviendas y generación de empleos, con especial énfasis en el sistema educativo y en el desarrollo cultural de la nación.

Desarrollar un esquema racional de descentralización de acuerdo con las necesidades de las regiones.

Artículo 3. El Presidente de la República, en tanto se mantenga el Régimen Transitorio de Emergencia, ejerce sus funciones por las disposiciones contenidas en la presente Ley de Bases, así como por las demás normas legales y administrativas vigentes que sean aplicables.

Artículo 4. Disuélvase el Congreso de la República hasta la aprobación de una nueva estructura orgánica del Poder Legislativo, como consecuencia de la modificación de la Constitución Política, a que contrae el Artículo 2º del presente Decreto Ley.

Artículo 5. El Presidente de la República, con el voto aprobatorio del Consejo de Ministros por mayoría absoluta de sus miembros ejerce las funciones que corresponde al Poder Legislativo, a través de Decreto Leyes.

Artículo 6. El Gobierno de Emergencia y Reconstrucción Nacional ratifica y respeta los Tratados, Convenios, Pactos, Acuerdos, Contratos y demás compromisos internacionales vigentes suscritos por el Estado Peruano.

Artículo 7. El presente Decreto Ley de Bases entrará en vigencia a partir del día de su publicación.

Artículo 8. Déjese en suspenso los artículos de la Constitución Política y las normas legales que se opongan al presente Decreto Ley.

El presente Decreto Ley es promulgado por el Presidente Constitucional de la República y refrendado por los miembros del Consejo de Ministros, en la Casa del Gobierno, en Lima, a los seis días del mes de abril de mil novecientos noventa y dos.

Alberto Fujimori Fujimori. Presidente Constitucional de la República.

Óscar de la Puente Raygada. Presidente del Consejo de Ministros y Ministro de Vivienda y Construcción.

Fernando Vega Santa Gadea. Ministro de Justicia.

Augusto Blacker Miller. Ministro de Relaciones Exteriores.

Jaime A. Sobero Taira. Ministro de Pesquería.

Alfredo Ross Antezana. Ministro de Transportes y Comunicaciones.

Víctor Joy Way Rojas. Ministro de Industria, Comercio Interior, Turismo e Integración.

Víctor Malca Villanueva. General del Ejército. Ministro de Defensa.

Jaime Yoshiyama Tanaka. Ministro de Energía y Minas.

Publicado en el *Diario Oficial El Peruano*. 6 de abril de 1992.

64. MANIFIESTO AL PAÍS DEL PRESIDENTE FUJIMORI

Queridos compatriotas:

Durante estos veinte meses mi gobierno se propuso la construcción de una democracia real, de una democracia que garantizara efectivamente la participación, en las mismas condiciones, de todos los ciudadanos, en la que no haya lugar para el privilegio y la prebenda; y que, finalmente nos permitiera vencer en el mediano plazo, el atraso, la miseria, la falta de oportunidades, la corrupción y la violencia.

Como muchos peruanos he pensado que esta era quizá la última oportunidad para que el Perú fuera al encuentro de su destino. Algunos resultados positivos e indiscutibles se aprecian ya en este primer tramo de mi Gobierno, ellos son el resultado de la disciplina y el orden con que se han manejado los asuntos nacionales y de la actitud responsable y sacrificada del pueblo peruano. Allí están la reinserción de nuestro país en el ámbito financiero internacional, el paulatino control de la hiperinflación y el clima de confianza y estabilidad logrados.

Pero hoy sentimos que algo nos impide continuar avanzando por la senda de la reconstrucción nacional y el progreso. Y el pueblo del Perú sabe la causa de este entrampamiento, sabe que no es otro que la descomposición de la institucionalidad vigente. El caos y la corrupción, la falta de la identificación con los grandes intereses nacionales de algunas instituciones fundamentales, como el Poder Legislativo y el Poder Judicial, traban la acción del gobierno orientada al logro de los objetivos de la reconstrucción y el desarrollo nacional.

A la inoperancia del Parlamento y la corrupción del Poder Judicial, se suman la evidente actitud obstruccionista y conjura encubierta contra los esfuerzos del pueblo y del Gobierno por parte de las cúpulas partidarias. Estas cúpulas, expresión de la politiquería tradicional, actúan con el único interés de bloquear las medidas económicas que conduzcan al saneamiento de la situación de bancarrota que precisamente ellas dejaron.

Igualmente, hay grupos a quienes interesa que fracase la estrategia de pacificación porque no se atreven a tomar posición clara frente al terrorismo.

Los encarnizados adversarios políticos de ayer se unen hoy en el propósito de impedir el éxito de la gestión de gobierno sin importarles el futuro del país. Detrás de esta innoble alianza se encuentra el interés común por recuperar el espacio político perdido.

En la lucha contra el narcotráfico el Parlamento ha demostrado debilidad e inconsecuencia. Esto se ve claramente en su posición frente a la legislación propuesta por el Ejecutivo para sancionar el lavado de dinero, para permitir levantar el secreto bancario, para sancionar la compra y venta de bienes provenientes del tráfico ilícito de drogas y para sancionar a servidores y funcionarios públicos que incurran en actos de encubrimiento de narcotraficantes. Todas estas medidas planteadas por el Gobierno, mediante Decreto Legislativo nı 736, fueron derogadas por el Congreso sin la menor explicación y sin pensar que de esta manera se dejaba al país desarmado para sancionar con la dureza necesaria a quienes delinquen con el tráfico de drogas.

La actitud irresponsable y negativa de los Parlamentarios no respeta, tampoco, los mandatos constitucionales, los cuales son violados conscientemente. Tal es el caso de la promulgación de la Ley nº 25397 denominada "Ley de Control Parlamentario sobre los actos normativos del Presidente de la República" que pretenden maniatar a ésta recortándoles atribuciones elementales para gobernar. Esto en aspectos tan importantes como la política económica o la lucha antiterrorista, cuando se niega al Presidente la facultad de señalar cuáles son las zonas de emergencia.

Sin el menor respeto por las facultades presidenciales consignadas en nuestra Constitución incluso se pretende negarle la posibilidad de observar en todo o en parte la Ley Anual de Presupuesto. Este exceso demagógico y obstruccionista ha conducido al grave déficit presupuestario que podría hacer rebotar la hiperinflación, si no se toman urgentes medidas correctivas.

Incurriendo en un acto que agrede y ofende a un país que vive grandes dificultades económicas, el Congreso ha elevado groseramente su presupuesto y extendido indebidamente las cédulas vivas a ex parlamentarios. Esta actitud demuestra la total indiferencia del Parlamento ante el reclamo de austeridad, eficacia y seriedad en el trabajo legislativo que ha hecho innumerables veces el ciudadano común y corriente.

Son muchas las sesiones parlamentarias que se han frustrado porque el Hemiciclo no contaba con quórum. Así muchos proyectos de ley importantes para la marcha del país quedan encarpetados por irresponsabilidad, desidia, holgazanería de los mal llamados "Padres de la Patria".

El pueblo del Perú, las grandes mayorías, reclaman que las energías nacionales sean canalizadas, orientadas y administradas por instituciones eficientes comprometidas con el supremo interés de la nación. Por eso su rechazo permanente a un parlamentarismo irresponsable, estéril, antihistórico y antinacional, que hace prevalecer intereses de grupos y cúpulas partidarias sobre el del Perú. El país quiere un Parlamento conectado con las grandes tareas nacionales, despojados de los vicios del caciquismo político y del clientelismo.

La administración de justicia ganada por el sectarismo político, la venalidad y la irresponsabilidad cómplice, es un escándalo que permanentemente desprestigia a la democracia y a la ley. El país está harto de esta realidad y desea acciones. Quiere un sistema de administración de justicia eficaz y moderno, que constituya plena garantía para la vida ciudadana. No quiere más feudos de corrupción allí donde debiera reinar una moral intachable. Entre algunos ejemplos de como funciona la justicia en el país, basta mencionar la liberación inexplicable de narcotraficantes o el trato notoriamente parcial que les es dispensado a los mismos. O sorpresiva puesta en libertad de terroristas convictos y confesos, haciendo mal uso del llamado criterio de conciencia. Hay que contrastar la sospechosa lentitud con que elevan los procesos seguidos por los ciudadanos de escasos recursos y la diligencia inusual con la que se tratan los casos de gentes con influencia y poder. Todo esto hace escarnio de la justicia.

La corrupción y la infiltración ha llegado a tal grado que se da en todos los niveles e instancias del Poder Judicial. En el Perú la justicia siempre ha sido mercancía que se compra o se vende al mejor postor. No negamos que existen jueces y vocales honestos y probos. A ellos debemos rescatarlos, destituyendo de una vez por todas a los corruptos.

El proceso de regionalización fue una gran esperanza para los pueblos del Perú, pero nació contaminado por los vicios del sistema político tradicional y en lugar de ser una solución es un multiplicado problema, pues se han generado centralismos regionales y una nueva frustración nacional. Frondosas burocracias, hambrientas de poder y de recursos fiscales se han instalado en la mayoría de los gobiernos regionales y están reproduciendo todos los vicios y taras del viejo centralismo limeño. Nada nuevo hay en su concepción de que deben emplearse los dineros del pueblo y la nación, pues en vez de privilegiar el gasto en obras necesarias, dan prioridad al dispendio y al gasto improductivo. Y esto no puede permitirse.

Nadie duda que el Perú no puede continuar postergando indefinidamente cambios socioeconómicos fundamentales. Es por ello que, hoy más que nunca, el Perú necesita, no un parche o una reforma parcial, sino una profunda transformación. El Perú no puede continuar debilitándose por obra del terrorismo, el narcotráfico y la corrupción. Tenemos que robustecerlo por la vía de una modificación radical de las estructuras del país. No podemos esperar tres años más para que lleguen al Parlamento ciudadanos identificados con los reales intereses del pueblo. No podemos esperar, tampoco, un día más para llevar adelante la reorganización total del Poder Judicial.

El Perú se ha jugado en estos veinte meses su destino, pero se lo seguirá jugando en el futuro, pues la reconstrucción del país recién empieza. El gobierno es consciente de la necesidad histórica de eliminar todas las resistencias y frenos a este proceso de reconstrucción.

Si el país no se reconstruye ahora, si no se sientan las bases del desarrollo nacional, no hay garantía posible para el bienestar de los peruanos como colectividad civilizada, como Estado.

Nuestro objetivo es lograr tras la reconstrucción, una sociedad próspera y democrática. La actual formalidad democrática es engañosa, falsa; sus instituciones sirven a menudo los intereses de todos los grupos privilegiados.

Es cierto que la propia Constitución prevé los mecanismos para su modificación, pero es igualmente cierto que para que ello suceda se necesitan dos primeras legislaturas ordinarias consecutivas, lo que vendría a significar que, casi al término del presente mandato, recién contaríamos con los instrumentos legales necesarios para la reconstrucción general del Perú.

Y ello, si el Congreso se decide a aprobar las modificaciones necesarias, incluyendo aquellas que son contrarias a los intereses de los propios parlamentarios, como por ejemplo, la reducción de sus emolumentos o la no reelección.

¿Cuál es la institución o el mecanismo que permitiría realizar todos los cambios profundos que a su vez hagan posible el despegue del Perú? Sin lugar a dudas ni el Parlamento ni el Poder Judicial son hoy por hoy agentes de cambio, sino más bien freno a la transformación y el progreso.

Como Presidente de la República he constatado directamente todas estas anomalías y me he sentido en la responsabilidad de asumir una actitud de excepción para procurar aligerar el proceso de esta reconstrucción nacional, por lo que he decidido tomar las siguientes trascendentales medidas:

1. Disolver temporalmente el Congreso de la República, hasta la aprobación de una nueva estructura orgánica del Poder Legislativo, la que se aprobará mediante un Plebiscito Nacional.
2. Reorganizar totalmente el Poder Judicial, el Consejo Nacional de la Magistratura, el Tribunal de Garantías Constitucionales y el Ministerio Público para una honesta y eficiente administración de justicia.
3. Reestructurar la Contraloría General de la República con el objeto de lograr una fiscalización adecuada y oportuna de la administración pública, que conduzca a sanciones drásticas a los responsables de la malversación de los recursos del Estado.

Reitero que, como ciudadano elegido por las grandes mayorías nacionales, sólo me anima el deseo de lograr la prosperidad y la grandeza de la nación peruana. Y ello, sólo será posible a través de una profunda transformación del Estado y sus instituciones para que éstas se constituyan en verdaderos motores del desarrollo y la justicia social.

En consecuencia, la continuidad gubernamental se dará transitoriamente a través de un Gobierno de Emergencia y Reconstrucción Nacional, cuyos principales objetivos son:

a. Modificar la actual Constitución Política en lo que atañe al logro de una nueva estructura del Congreso y del Poder Judicial, con el fin de convertir a éstos en eficaces instrumentos de orden y desarrollo. En lo que concierne al primero, establecer un Poder Legislativo moderno, identificado con los intereses del país y que se renueve periódicamente.
b. Moralizar radicalmente el Poder Judicial y las instituciones ligadas a él.
c. Modernizar la administración pública para adecuarla a los fines del desarrollo y la mejor y más racional utilización de los recursos.
d. Pacificar al país, dentro de un marco jurídico que sancione en forma drástica a los terroristas y narcotraficantes, para así garantizar un clima de paz y tranquilidad que haga posible las inversiones nacionales y extranjeras.
e. Luchar frontalmente contra el narcotráfico y las actividades ilícitas conexas y lograr la eliminación de los casos aislados de inmoralidad y corrupción en las fuerzas del orden y otras instituciones.
f. Sancionar ejemplarmente todos los casos de inmoralidad y corrupción en la administración pública.
g. Promover la economía de mercado dentro de un marco jurídico que dé la seguridad y fomente le eficiencia y competitividad de los agentes económicos.
h. Reorganizar el sistema educativo adaptándolo a las necesidades del desarrollo, fomentando la creación de una conciencia patriótica y promoviendo la construcción masiva de centros escolares para, de esa manera, paralelamente generar empleo.
i. Descentralizar las facultades del Gobierno Central mediante un proceso de reorganización que reduzca la burocracia y el número de diputados regionales.
j. Elevar a mediano plazo, sustancialmente, los niveles de vida de la población, creando las condiciones para una plena realización de la persona humana.

En tanto se mantenga esta situación de transitoriedad, quedan en suspenso los artículos de la Constitución que no sean compatibles con estos objetivos de Gobierno. Así, la función legislativa será asumida por el Consejo de Ministros, el mismo que queda facultado para expedir Decretos Leyes. Por otro lado, se creará en el más breve plazo posible una comisión para la reorganización del Poder Judicial.

Asimismo, próximamente se nombrará una Comisión que será integrada por connotados juristas para que elabore un proyecto de reforma constitucional con el fin ya expresado de adecuar nuestra Carta Magna a los fines del desarrollo, la modernización y la pacificación del país. En su oportunidad, se convocará a un Plebiscito Nacional para la aprobación de esta reforma.

Todo cambio social verdadero debe tener como eje a la juventud, pero una juventud llena de mística nacionalista. Este es un país de jóvenes y es la juventud la que va a decidir el futuro. La juventud es la capa más sensible, idealista y honesta de la población. Hay que evitar que se contamine con la droga, el fanatismo o la frustración. Su energía debe ser el gran combustible de la Transformación Nacional.

Los jóvenes van a comprender que de lo que se trata es de sembrar un nuevo país y acabar con el viejo y podrido orden de los políticos, jueces y autoridades corruptos que impiden la verdadera democracia, de tal manera que los destinos de la República se rijan por los verdaderos intereses nacionales y no por formalismos pseudodemocráticos que sólo han contribuido a frenar el progreso del país.

El Perú tiene una sola salida: la Reconstrucción Nacional. Nada va a cambiar si ésta no se produce y si a la vez no se asegura la voluntad de cambio, el ansia de renovación del pueblo, que no sea boicoteada por el parlamentarismo estéril, por jueces y funcionarios corruptos.

El país debe entender que la suspensión temporal y parcial de la legalidad existente, no es la negación de la democracia real sino, por el contrario, el punto inicial de la búsqueda de una auténtica transformación que asegure una democracia legítima y efectiva, que permita a todos los peruanos convertirse en constructores de un Perú más justo, más desarrollado y respetado en el concierto de las naciones.

Como Jefe Supremo de las Fuerzas Armadas y de la Policía Nacional, he dispuesto que éstas tomen inmediatamente las acciones pertinentes a fin de garantizar las medidas anunciadas y cautelar el orden y la seguridad ciudadana.

Buenas noches.

Manifiesto de Alberto Fujimori, Presidente de la República, leído en la televisión la noche del 5 de abril. Publicado en el *Diario Oficial El Peruano*, 7 de abril de 1992.

65. EL AUTOGOLPE GUATEMALTECO DE 1993

El 25 de mayo de 1993 el presidente Jorge Serrano decidió sorpresivamente disolver el Congreso de la República, la Corte Suprema de Justicia, la Corte de Constitucionalidad y desconocer al Procurador General de la Nación y al Procurador de Derechos Humanos. A la vez decretó un sistema de censura y suspendió varios artículos de la Constitución que garantizaban los derechos personales. Serrano justificó el golpe de Estado en la necesidad de *terminar con la mafia y la corrupción en el legislativo y el judicial*, y prometió unas inmediatas elecciones legislativas para restablecer la constitucionalidad. Algunos observadores señalaron que inicialmente estas medidas lograron un relativo apoyo de la opinión pública, dado el descrédito del sistema de partidos políticos. Sin embargo la reacción inmediata del sector empresarial y de una parte de la cúpula militar, el papel de los medios de comunicación, las presiones internacionales y la reacción de los sectores organizados y los líderes de la sociedad civil, rápidamente crearon un cuadro desfavorable para el presidente.

Aunque el jefe del Estado Mayor Presidencial, general Francisco Ortega, el ministro de la Defensa, José Domingo García, y el jefe del Estado Mayor de la Defensa Nacional, Jorge Roberto Perussina, apoyaban a Serrano, el Consejo de Comandantes decidió dejar solo al presidente, para ver si lograba mantenerse a flote. Pero desde el primer momento del golpe se organizó una conspiración entre los sectores militares *constitucionalistas*, encabezados por el director de Inteligencia (D-2), coronel Otto Pérez Molina, y los empresarios *modernizantes*, que liberaron al Procurador de Derechos Humanos, Ramiro de León Carpio, y mantuvieron una intensa actividad de coordinación en las protestas ciudadanas.

Por parte de los sectores empresariales el objetivo principal parecía ser *limpiar la mesa*, de manera que el programa de modernización económica (fundamentalmente la privatización de las empresas del sector público) se realizara sin interferencias de los partidos ni los organismos del Estado. Adicionalmente estaban interesados en una posición más definida frente a las negociaciones de paz, convencidos de que ésta podría abrir las puertas financieras y comerciales en el mercado internacional. En este punto coincidían con los militares *constitucionalistas* que valoraban cómo la posición defensiva de los militares guerreristas no resolvía el problema del papel del Ejército en la posguerra.

El presidente de la Corte de Constitucionalidad, Epaminondas González, jugó un papel clave al desconocer las medidas de Serrano. Cinco días después del golpe el ministro de la Defensa, José Domingo García, informó que Serrano había renunciado. Éste aún intentó maniobrar para que el vicepresidente Gustavo Espina le sustituyera, pero ya entonces las fuerzas opositoras habían trazado su propio plan. Los partidos políticos se habían comprometido a la autodepuración del Congreso, y la Coordinadora de Sectores Civiles jugaba un importante papel de oposición cerca de líderes de la Iglesia Católica, la Universidad de San Carlos, Rigoberta Menchú, Helen Mack, y jóvenes empresarios como Lionel Tiorello, Peter Lamport y José Rubén Zamora. Entonces se creó la Instancia de Consenso (CACIF, partidos, CGTG-CUSG) que logró incorporar al Foro Multisectorial Social (UASP, ONG, USAC, organizaciones indígenas).

La Instancia de Consenso pidió la depuración del aparato Legislativo y el Judicial, y propuso una terna para elegir presidente. El 6 de junio el Congreso eligió como presidente a Ramiro de León. También fue elegido vicepresidente Arturo Herbruger, bajo presiones del general Perussina para entonces ministro de la Defensa.

Informe del Proyecto Interdiocesano "Recuperación de la memoria histórica", Oficina de Derechos Humanos del Arzobispado de Guatemala, en VV.AA., Guatemala: nunca más, San Sebastián, Gakoa, 1998, págs. 353-354.

66. DECRETO Nº 1400. EL AUTOGOLPE DE YELTSIN DE 1993

Decreto del Presidente de la Federación Rusa.

Sobre la reforma de la Constitución en la Federación Rusa.

En la Federación Rusa se ha llegado a una situación política que amenaza la seguridad estatal y social del país. La oposición directa a las reformas sociales y económicas constituye una crítica franca y abierta al Presidente de la Federación Rusa, los intentos de la mayoría del Soviet Supremo de la Federación Rusa de atribuirse funciones del poder ejecutivo que corresponden al Consejo de Ministros expresan con toda claridad que una parte de su dirección ha empezado a violar abiertamente la voluntad del pueblo, expresada en el referéndum del 25 de abril de 1993. Así, la ley de referéndum ha sido violada insolentemente cuando las decisiones que han sido aceptadas con el referéndum tienen total valor jurídico, no necesitan ninguna ratificación y deben ser cumplidas en todo el territorio de la Federación Rusa.

El Congreso y el Soviet Supremo emprenden continuamente acciones para atribuirse no sólo funciones del poder ejecutivo sino incluso del poder judicial. Sin embargo, hasta ahora, no han creado los cimientos legales para realizar el tratado de la Federación. Además, las decisiones tomadas contradicen directamente el sistema de la Federación Rusa.

La reforma constitucional está prácticamente paralizada por el Soviet Supremo, que está bloqueando distintas decisiones del Congreso Nacional de Diputados de la Federación Rusa.

El Soviet Supremo, en el desarrollo cotidiano de su trabajo, viola permanentemente su reglamento así como el orden de preparación y aceptación de decisiones. Las votaciones con diputados ausentes se han convertido en un hecho habitual, lo que prácticamente anula la representación popular.

De esta forma se están destruyendo distintas bases del régimen constitucional de la Federación Rusa como el poder nacional del pueblo o el reparto de competencias en la Federación. Sin haber tenido tiempo de fortalecerse, el principio mismo del parlamentarismo se está desacreditando en la Federación Rusa.

En las condiciones actuales, la única forma de terminar con el antagonismo entre, por una parte, el Congreso y el Soviet Supremo y, por otra, el Presidente y el Gobierno, así como para superar la paralización del poder del Estado, es la convocatoria de nuevas elecciones al Parlamento de la Federación Rusa. Estas elecciones del Congreso Nacional de Diputados y del Soviet Supremo no incumplen el plazo fijado y por tanto no violan la voluntad del pueblo expresada en el referéndum del 25 de abril de 1993.

Además se justifica la celebración de elecciones porque la Federación Rusa es un país nuevo, que vino a ocupar el lugar de la antigua República Federal Soviética de Rusia, una de las quince que formaban parte de la URSS, y se ha convertido en heredera de la URSS tal y como se ha reconocido internacionalmente.

Teniendo en cuenta que en la presente Constitución de la Federación Rusa no está previsto el proceso de adopción de una nueva constitución, los partidos políticos, los grupos parlamentarios, los participantes en la Conferencia Constitucional y los representantes de la opinión pública han propuesto en numerosas ocasiones al Presidente de la Federación Rusa establecer cuanto antes la realización de elecciones para el nuevo Parlamento Federal:

- Aspirando a liquidar los obstáculos políticos que no permiten al pueblo decidir por sí mismo su destino.
- Teniendo en cuenta la calidad del trabajo del Soviet Supremo y del Congreso de Diputados Nacionales de la Federación Fura, para que no satisfaga únicamente intereses parlamentarios.
- Considerando que la seguridad de Rusia y sus naciones es el más alto valor, que está por encima del seguimiento formal de normas que son contradictorias.

Objetivos:

- Mantener la unidad de la Federación Rusa.
- Sacar al país de la crisis económica y política.

- Garantizar la seguridad estatal y social de la Federación Rusa.
- Restaurar el prestigio del poder del Estado.
- Sobre la base de los artículos 1, 2, 5 y 121-5 de la Constitución de la Federación Rusa y de los resultados del referéndum del 25 de abril de 1993, decreto:

1. Interrumpir las funciones legislativas, administrativas y de control del Congreso de los Diputados del Pueblo y del Soviet Supremo de la Federación Rusa. Hasta que se constituya el nuevo Parlamento bicameral –la Asamblea Federal de la Federación Rusa–, y hasta que comience a cumplir sus funciones, la dirección será asegurada por los decretos del presidente y las disposiciones del Gobierno de la Federación Rusa.
   La Constitución de la Federación Rusa y el Código de Leyes de la Federación seguirán en vigor siempre y cuando no contradigan al presente decreto.
   Se garantizan los derechos y libertades de los ciudadanos de la Federación Rusa establecidos en la Constitución.
2. La comisión constitucional y el consejo constitucional presentarán antes del 12 de diciembre de 1993 el proyecto de Constitución de la Federación Rusa, según las recomendaciones del grupo de trabajo de la comisión constitucional.
3. Antes de la aprobación de la Constitución, de la Ley de la Federación Rusa sobre elecciones a la Asamblea Federal y de la celebración de elecciones sobre ésta:

   - Las autoridades implantarán los órganos de poder federales para el período transitorio, tal y como establece el proyecto constitucional de la Federación Rusa aprobado en la reunión constitucional del 12 de julio de 1993.
   - Las competencias de la Asamblea de la Federación Rusa pasarán al Consejo Federal, según las normas previstas para el período transitorio.

4. Poner en marcha la celebración de elecciones de diputados a la Duma, según la elaboración realizada por los diputados nacionales y la comisión constitucional.
   Realizar, de acuerdo con esta decisión, elecciones a la Duma. La Asamblea Federal tendrá que estudiar la cuestión de las elecciones presidenciales de la Federación Rusa.
5. Fijar la fecha de las elecciones a la Duma el 11 o 12 de diciembre de 1993.
6. Formar una Comisión Central electoral que se encargue, junto con las comisiones electorales inferiores, de la organización de las elecciones y de garantizar los derechos electorales de todos los ciudadanos durante las elecciones a la Duma.
   Todas las autoridades deberán ayudar a las comisiones electorales, no permitiendo ningún acto o acción que intente hacer fracasar las elecciones a la Duma, independientemente de quien partan esas intenciones. Las personas que intenten poner obstáculos a la celebración de elecciones tendrán responsabilidades penales conforme al artículo 132 del código penal de la RSFSR.
7. Todos los gastos generados en la realización de las elecciones correrán a cuenta del presupuesto republicano de la Federación Rusa.
8. Se conservarán las funciones de las autoridades en las distintas regiones.
9. No se convocarán nuevas sesiones del Congreso de Diputados nacionales de la Federación Rusa. Los diputados nacionales de la Federación Rusa cesarán en sus funciones, garantizándoseles sus derechos de ciudadanos como ex-diputados, incluso aquellos de carácter laboral.
10. Proponer al Tribunal Constitucional no convocar sesiones hasta que empiece a trabajar la Asamblea Federal.
11. El Consejo de Ministros, Gobierno de la Federación Rusa, facilitará la actividad de aquellas autoridades no cesadas. Asumirá igualmente el control de todas las organizaciones y establecimientos subordinados al Soviet Supremo. Tomará aquellas medidas necesarias para garantizar un puesto de trabajo a todos los ex-diputados.

12. El Banco Central seguirá los decretos del Presidente y las decisiones del Gobierno hasta que empiece a trabajar la Asamblea Federal. Tendrá que rendir cuentas de su trabajo.
13. El Fiscal General será designado por el Presidente y tendrá que rendir cuentas cada día hasta que empiece a trabajar la nueva Asamblea Federal. Los sistemas de fiscalías seguirán con sus actividades según la Constitución y el Código de Leyes, teniendo en cuenta los cambios derivados de este decreto.
14. El Ministerio del Interior y el Ministerio de Seguridad y Defensa tomarán todas las medidas que garanticen la seguridad estatal y social en la Federación Rusa e informarán diariamente al Presidente.
15. El Ministerio de Asuntos Exteriores tendrá que informar a la comunidad internacional y al Secretario General de la ONU de que las elecciones al Parlamento se dictan con la aspiración de preservar las reformas democráticas y económicas. Esta decisión se ajusta totalmente a las normas del régimen constitucional de la Federación Rusa, especialmente al principio del poder del Pueblo, y siguiendo la voluntad popular expresada en el Referéndum del 25 de abril de 1993.
16. El decreto sobre la reforma constitucional de la Federación Rusa se trasladará a la Asamblea Federal para su estudio.
17. Este decreto entrará en vigor en el momento de su firma.

Espero que todos los que aprecien el destino de Rusia y la prosperidad de sus ciudadanos entiendan la necesidad de organizar elecciones para el Parlamento con el fin de terminar con la larga crisis política, emprendiendo un camino de paz y de garantía de derechos. Pido a los ciudadanos rusos apoyo para su Presidente en este cambio tan significativo para el país.

El Presidente de la Federación Rusa
Boris Yeltsin.
Moscú. Kremlin. 21 de septiembre de 1993.

En A. P. Surkov (dir.), *Moskova osen 93. Jronika protivostoyania*, Moscú, Republica, 1994, págs. VII-XIII.

BIBLIOGRAFÍA

COSTA, José María y Óscar AYALA BOGARÍN, *Operación Gedeón: Los secretos de un golpe frustrado*, Asunción, Don Bosco, 1996.

HARBESON, John W. (ed.), *The Military in African Politics*, Nueva York, Praeger, 1987.

HUNTINGTON, Samuel P., *The Clash of Civilizations and the Remeking of World Order*, Nueva York, Simon and Schuster, 1996.

LOWENTHAL, Abraham F. y Gregory F. TREVERTON (comps.), *América Latina en un mundo nuevo*, México, Fondo de Cultura Económica, 1996.

MCDONNELL, Lawrence, *October revolution*, Staplehurst, Spellmount Limited, 1994.

PEÑAS ESTEBAN, Francisco Javier, *Occidentalización, fin de la Guerra Fría y relaciones internacionales*, Madrid, Alianza, 1997.

TAIBO, Carlos, *La Rusia de Yeltsin*, Madrid, Síntesis, 1995.

— , *La Explosión soviética*, Madrid, Espasa, 2000.

VARGAS LLOSA, Álvaro, *La contenta barbarie*, Barcelona, Planeta, 1993.

VILLALON, Leonardo A., "África 1991: conflictos sociales de origen étnico", en *Anuario Internacional CIDOB 1990*, Barcelona, CIDOB, 1991.

YELTSIN, Boris, *Los diarios del presidente*, Barcelona, Plaza & Janés, 1995.

ÚLTIMOS LIBROS PUBLICADOS

113. La vara quebrada de la justicia. Un estudio histórico de la delincuencia madrileña entre los siglos XVI y XVIII
Ángel Alloza.

111. Estado débil y ladrones poderosos en la España del siglo XVIII. Historia de un peculado en el reinado de Felipe V
Santos Madrazo.

110. La desintegración de Yugoslavia
Carlos Taibo.

109. África en el sistema internacional. Cinco siglos de frontera
Francisco Javier Peñas (ed.).

108. Guía de conceptos sobre migraciones, racismo e interculturalidad
Gabriela Malgesini y Carlos Giménez.

107. Emergencia del islamismo en el Magreb.
Las raíces sociopolíticas de los movimientos islamistas
Joan Lacomba.

106. La gestación de Hugo Chávez. 40 años de luces y sombras
en la historia venezolana
Manuel Caballero.

105. Historia de la OTAN. De la guerra fría al intervencionismo humanitario
Fernando Hernández Holgado.

104. El abecé de la paz y los conflictos.
Educación para la paz
John Paul Lederach.

103. Empleo y nueva relación salarial
en la Unión Monetaria
Francisco Rodríguez.

102. Aprendiendo a resolver conflictos en la infancia.
Manual de educación para la paz y la noviolencia
Stephanie Judson.

101. Un mundo vulnerable. Ensayos sobre ecología,
ética y tecnociencia
Jorge Riechmann.

100. Reflexiones sobre un presente acelerado. Regiones económicas,
subdesarrollo e izquierdas
Ugo Pipitione.

99. La guerra que aprendieron los españoles. República y guerra civil en los textos de bachillerato (1938-1983)
José Antonio Álvarez Osés, Ignacio Cal Freire, Juan Haro Sabater y Mª Carmen González Muñoz.

97. El espejismo de la formación ocupacional. Reflexiones sobre su vinculación con el empleo
José Luis Reina.

95. El conflicto de Chechenia. Una guía de urgencia
Carlos Taibo.

94. La dignidad quebrada. Las raíces del acoso sexual en el trabajo
Begoña Pernas, Marta Román, Josefina Olza y María Naredo.

93. Cultivos y alimentos transgénicos. Una guía crítica
Jorge Riechmann.

92. El campo en la cabeza. Pervivencia del agrarismo en la construcción de la identidad
Alejandro Miquel Novajra.

91. El lienzo de Penélope. España y la desazón constituyente (1810-1978)
José Manuel Roca.

90. La cosecha pendiente. De la intervención económica a la infraestructura cultural y comunitaria en el medio rural
Kepa Fernández de Larrinoa (ed.).

89. Opinión pública y desarrollo. La respuesta social ante las ayudas internacionales
José María Peredo Pombo.

88. Políticas postmodernas. Crónicas desde la zona oscura
José María Ripalda.

87. Política y comunicación
Fernando Ariel del Val, Víctor Moraru y José M. Roca.

86. El empleo precario. Seguridad de la economía e inseguridad del trabajo
Andrés Bilbao.

85. El POUM en la historia. Andreu Nin y la revolución española
Wilebaldo Solano.

84. Para entender el conflicto de Kosova
Carlos Taibo.

83. Geografía de la innovación. Ciencia, tecnología y territorio en España
Alicia Durán (coord.).

82. Argumentos recombinantes. Sobre cultivos y alimentos transgénicos
Jorge Riechmann.

81. Relaciones de género y desarrollo. Hacia la equidad de la cooperación
Ana Rosa Alcalde e Irene López (coords.).

80. Mujeres y solidaridad. Estrategias de supervivencia en el África subsahariana
Luis Mª Mora y Verónica Pereyra.

78. Entre la economía y la naturaleza. La controversia sobre la valoración monetaria del medio ambiente y la sustentabilidad del sistema económico
Óscar Carpintero Redondo.

77. La controversia del desarrollo. Críticas desde la antropología
Juan Carlos Gimeno y Pilar Monreal (eds.).

76. La siempre fiel. Un siglo de relaciones hispanocubanas (1898-1998)
Joaquín Roy.

75. Tecnología e innovación para el nuevo siglo. Un análisis del caso vasco
A. Durán, F. Rocha, A. Zapatero, M. Gómez Uranga y L. Ozerín.

74. Hacia el estado del malestar. Neoliberalismo y política sanitaria en España
Marciano Sánchez Bayle.

73. El derecho ciudadano a la renta básica. Economía crítica del Estado del bienestar
José Iglesias Fernández.

72. Guía educativa para el consumo crítico. Materiales para una acción educativa sur-norte. Efectos sociales y ambientales del consumo
Laura Albareda, David Bertrán, Xavier Montagut, Eduard Navarro y Ricard Scoles (Sodepaz/Sodepau).

71. Guía de educación para el desarrollo. Y tú... ¿cómo lo ves?
Acsur-Las Segovias.

70. Españoles en los Balcanes. Misiones civiles y militares en la antigua Yugoslavia
Miguel Ángel Villena.

69. Las transiciones en la Europa central y oriental. ¿Copias de papel carbón?
Carlos Taibo.

68. Integración y desarrollo en Centroamérica. Más allá del libre comercio
José Antonio Sanahuja y José Ángel Sotillo (coords.).

67. La socialización del miedo. Un análisis del gasto militar y del control social
José Javier Jiménez Martínez y José Toribio Barba.

66. Vivamos la diversidad. Materiales para una acción educativa intercultural
Visquem la diversitat.

65. Cooperación descentralizada. ¿Un nuevo modelo de relaciones Norte-Sur?
José Ramón González Parada (coord.).

64. Necesitar, desear, vivir. Sobre necesidades, desarrollo humano, crecimiento económico y sustentabilidad
Jorge Riechmann (coord.)

63. La izquierda a la intemperie. Dominación, mito y utopía
José M. Roca (ed.), Enrique Del Olmo, Dan Gallin, Luis Miguel Sáenz, Juan M. Vera y Inmanuel Wallerstein.

62. Islam y democracia en el mundo que viene
Emilio Menéndez del Valle.

61. La ayuda externa en el desarrollo de Guinea Ecuatorial
Fernando Abaga Edjang.

60. Las energías renovables. Un enfoque
político ecológico
Emilio Menéndez Pérez.

59. La revolución enredada. Nicaragua 1977-1996
Salvador Martí i Puig.

58. Guerra y sanciones a Irak. Naciones Unidas
y el nuevo orden mundial
Carlos Varea y Ángeles Maestro (eds.).

57. Sociedad y política en el Magreb
Joan Lacomba.

56. El genocidio bosnio. Documentos para un análisis
Colectiva.

55. Identidad y conflicto. Aproximación a la tradición
oral en Guinea Ecuatorial
Jacint Creus.

54. La encrucijada del desarrollo humano.
Una visión económica de los cambios pendientes
sobre la ayuda al desarrollo y el 0,7% del PIB
Fernando Bruna.

53. Yugoslavia y los ejércitos. La legitimidad militar en tiempos de genocidio
Xavier Aguirre Aramburu.

52. Asia y América Latina. Entre el desarrollo y la frustración
Ugo Pipitone.

51. La juventud española y la cooperación para el desarrollo
Ignacio Pérez-Soba Díez del Corral.

50. El comercio de la ayuda al desarrollo. Historia y evaluación de los créditos FAD
Carlos Gómez Gil.

49. El sistema sanitario en España. Evolución, situación actual, problemas y perspectivas.
Marciano Sánchez Bayle (ed.).

48. Economía informal y desarrollo. Teorías y análisis del caso peruano
Omar de León

47. El lenguaje de los hechos. Ocho ensayos en torno a Buenaventura Durruti
Antonio Morales (ed.).

46. Cuestiones sobre la democracia. Conceptos, elementos y principios básicos
David Beetham y Kevin Boyle.

45. El trabajo en la encrucijada.
Artesanos urbanos en la Europa de la Edad Moderna
Victoria López y José A. Nieto (eds.).

44. Hijos de la violencia.
Campesinos de Colombia sobreviven a "golpes" de paz
Alejandro García.

43. La política exterior y de cooperación de España hacia el Magreb
Miguel Hernando de Larramendi y Jesús A. Núñez Villaverde.

42. La formación científica de las mujeres.
¿Por qué hay tan pocas científicas?
Renée Clair (ed.).

41. Antropología y pobreza urbana
Pilar Monreal.

40. Izquierda unida y sus mundos. Una visión crítica
Carlos Taibo.

39. Educar en y para los derechos humanos. Dinámicas y actividades
Seminario de Educación para la Paz. APDH.

38. Sistema sexo-género. Unidad didáctica
Seminario de Educación para la Paz. APDH.

37. La pena de muerte y su abolición en España
Amnistía Internacional (ed.).

36. Educación en derechos humanos.
Propuestas didácticas
Amnistía Internacional (ed.).

35. Dunas en la playa. Reflexiones en torno al poder
Rais Busom y J. Jorge Sánchez López (eds.).

34. Chiapas. Del dolor a la esperanza
EZLN - Subcomandante Marcos.

33. Hacia la reconversión ecológica
del transporte en España
Antonio Estevan y Alfonso Sanz.

32. Nacionalismo y ecología. Conflicto e institucionalización
en el movimiento ecologista vasco
Iñaki Bárcena, Pedro Ibarra y Mario Zubiaga.

31. Milagro o quimera. La economía chilena durante
la dictadura
Xabier Arrizabalo.

30. La alternativa del juego I.
Juegos y dinámicas de educación para la paz
Paco Cascón Soriano y Carlos Martín Beristain.

29. La seguridad en la nueva Europa
Esther Barbé.

28. La lucha final. Los partidos de la izquierda radical durante
la transición española
Consuelo Laiz.

27. La otra cara de la política económica. España, 1982-1994
Juan Torres López (dir.).

26. La alternativa del juego II.
Juegos y dinámicas de educación para la paz
Seminario de Educación para la Paz. APDH.

25. Educar para la paz. Una propuesta posible
Seminario de Educación para la Paz. APDH.

24. Del Moncada a Chiapas.
Historia de la lucha armada en América Latina
Daniel Pereyra.

22. Proceso contra la violencia política
Natxo Arregi.

21. Pensando en la violencia. Desde Walter Benjamin, Hannah Arendt, René Girard y Paul Ricoeur
J.A. Binaburo y X. Etxeberría (eds.).

19. Los esfuerzos de Sísifo. La integración económica en América Latina y el Caribe
Jordi Vilaseca i Requena.

18. Manual para una economía ecológica
Roberto Bermejo.

17. El proyecto radical. Auge y declive de la izquierda revolucionaria en España (1964-1992)
José Manuel Roca (ed.).

16. Las fuerzas armadas en la crisis del sistema soviético
Carlos Taibo.

15. La formación de la mentalidad sumisa
Vicente Romano.

14. Munduaren egoera, 1993
L.R. Brown (ed.).

13. Por la paz. Anuario 1992-1993. El continente americano
Fundación per la Pau.

12. Sindicalismo y transformación social
José María Olaizola y Chema Berro.

11. Después de la Conferencia de Río.
El futuro del control medioambiental
Hilary F. French.

10. Armamento y seguridad. Dimensiones económicas
y ambientales
Michael Renner.

08. Manifiesto ecosocialista. Por una alternativa
verde en Europa
C. Antunes, P. Juquin, P. Kemp, I. Stengers,
W. Telkämper y F.O. Wolf.

07. Energía para el mañana. Conferencia sobre "Energía
y equidad para un mundo sostenible"
Aedenat, A. Estevan, P. Hennicke, F. Krause, G. Loeser,
J.M. Naredo y otros.

06. La izquierda y Europa. Una aproximación crítica al Tratado de Maastricht

Aedenat, J. Albarracín, F. Alburquerque y otros.

04. La Europa oriental sin red. De la revolución de 1989 a la Comunidad de Estados Independientes

Carlos Taibo.

03. El planeta negro. Aproximación histórica a las culturas africanas

Ferrán Iniesta.

ESTE LIBRO
SE ACABÓ DE IMPRIMIR
EN NOVIEMBRE DE DOS MIL